高等职业教育"十二五"规划教材

审计岗位实务

SHENJI GANGWEI SHIWU

◎主编　李　静

重庆大学出版社

内容提要

本书以最新的独立审计准则及指南为参考依据，以风险导向审计下的审计工作为项目来展开内容介绍，将全书分为上、中、下三篇。主要内容包括审计知识准备、审计职业素养准备、审计工作准备、风险评估与风险应对，四个业务循环审计和货币资金审计，审计报告及审计工作底稿的整理等十二个项目。全书力求重点突出，通俗易懂。

本书可作为高职高专会计、审计相关专业的审计课程的教材，也可以作为其他相关专业人员的学习参考书。

图书在版编目(CIP)数据

审计岗位实务/李静主编. 一重庆:重庆大学出版社,2013.1

高等职业教育"十二五"规划教材

ISBN 978-7-5624-7146-2

Ⅰ.①审… Ⅱ.①李… Ⅲ.①审计学—高等职业教育—教材 Ⅳ.①F239.0

中国版本图书馆 CIP 数据核字(2012)第 301579 号

审计岗位实务

主编 李 静

责任编辑:尚东亮 版式设计:尚东亮

责任校对:谢 芳 责任印制:赵 晟

*

重庆大学出版社出版发行

出版人:邓晓益

社址:重庆市沙坪坝区大学城西路 21 号

邮编:401331

电话:(023)88617183 88617185(中小学)

传真:(023)88617186 88617166

网址:http://www.cqup.com.cn

邮箱:fxk@cqup.com.cn(营销中心)

全国新华书店经销

自贡兴华印务有限公司印刷

*

开本:787×960 1/16 印张:20 字数:359 千

2013 年 1 月第 1 版 2013 年 1 月第 1 次印刷

印数:1—3 000

ISBN 978-7-5624-7146-2 定价:37.00 元

编写委员会

主　任:林　彬　福建商业高等专科学校党委书记

副主任:黄克安　福建商业高等专科学校校长、教授、硕士生导师、政协福建省委常委、国务院政府特殊津贴专家、国家级教学名师

吴贵明　福建商业高等专科学校副校长、教授、博士后、硕士生导师、省级教学名师

秘书长:刘莉萍　福建商业高等专科学校教务处副处长、副教授

委　员:(按姓氏笔画排序)

王　瑜　福建商业高等专科学校旅游系主任、教授、省级教学名师

叶林心　福建商业高等专科学校商业美术系副教授、福建省工艺美术大师、高级工艺美术师

庄惠明　福建商业高等专科学校经济贸易系党总支书记兼副主任(主持工作)、副教授、博士后、硕士生导师

池　玫　福建商业高等专科学校外语系主任、教授、省级教学名师

池　琛　中国抽纱福建进出口公司总经理

张荣华　福建冠福家用现代股份有限公司财务总监

陈增明　福建商业高等专科学校教务处长、副教授、省级教学名师

陈建龙　福建省长乐力恒锦纶科技有限公司董事长

陈志明　福建商业高等专科学校信息管理工程系主任、副教授

陈成广　东南快报网站主编

苏学成　北京伟库电子商务科技有限公司中南大区经理

林　娟　福建商业高等专科学校基础部主任、副教授

林　萍　福建商业高等专科学校思政部主任、副教授、省级教学名师

林常青　福建永安物业公司董事长

林军华　福州最佳西方财富大酒店总经理

洪连鸿　福建商业高等专科学校会计系主任、副教授、省级教学名师

章月萍　福建商业高等专科学校工商管理系主任、副教授、省级教学名师

黄启儒　福建海峡服装有限公司总经理

董建光　福建交通(控股)集团副总经理(副厅级)

谢盛斌　福建锦江科技有限公司人力行政副总经理

廖建国　福建商业高等专科学校新闻传播系主任、副教授

序

胡锦涛总书记在清华大学百年校庆讲话中提出，人才培养、科学研究、服务社会、文化传承创新是现代大学的四大功能。高校是人才汇集的高地、智力交汇的场所，在这里，古今中外的思想、理论、学说相互撞击、相互交融，理论实践相互充实、相互升华，百花齐放、百家争鸣，并以其强大的导向功能辐射影响全社会，堪称社会新思想、新理论、新观念的发源地和集散中心。教师扮演着人类知识传承者和社会责任担当者的角色，更应践行"立德、立功、立言"人生三不朽。

当下许多教师，特别是青年教师尚未脱离从家门到校门、从校门再到校门的"三门学者"的路径依赖，致使教学内容单调、研究成果片面。要在教学上有所成绩、学术上有所建树、事业上有所成就，不仅要做"出信息、出对策、出思想"的"三出学者"，更要从"历史自觉"的高度有效克服自身存在的"历史不足"，勇于探索出一条做一名"出门一笑大江横""出类拔萃显气度""出人头地见风骨"的"三出学者"路径。作为高职高专院校的教师，要培养学生成为"应用型""高端技能型"人才，更要亲密接触社会、基层获取实践经验，做到既博览群书又博采众长，既"书中学"更"做中学"，成为既有理论又有实践经验的综合型人才。

百年商专形成了"铸造做人之行，培育做事之品"的"品行教育"特色。学校在做强硬实力的同时，不遗余力致力于软实力建设。要求教师一要敢于接触社会，不能"两耳不闻窗外事，一心只读圣贤书"，要广泛接触社会，了解社情民意，与企事业单位"亲密接触"；二要勇于深入基层，唯有对基层、对实际有深入的了解，才能做到"春江水暖鸭先知"，才能适时将这些知识与信息传播给学生；三要勤于实践锻炼。教师只有自觉增强实践能力，接受新信息、新知识、新概念，了解新理念，跟踪新技术，不断更新自身的知识体系和能力结构，才能更加适应外界环境变化和学生发展的需求。俗话说："要给学生一杯水，自己就要有一桶水"，现在看来，教师拥有"一桶水"远远不够了，教师应该是"一条奔腾不息的河流"！教师要有"绝知此事要躬行"的手、要有"留心处处皆学问"的眼、要有"跳出庐山看庐山"的胆，在"悬思—苦索—顿悟"之后，以角色自信和历史自觉，厚积薄发，沉淀思想、观点、经验、体悟。

百年商专，在数代前贤和师生的共同努力下，取得了无数的荣誉，形成了自己的特色和性格,拥有了自己的尊严和声誉,奠定了自己的地位和影响,也创出了自己的品牌和名气。不同时代的商专人都应为丰富商专的内涵作出自己的贡献。当下的"商专人"更应以"商专人"为荣,靠精神、靠文化、靠人才、靠团结、靠拼搏,敬业精业、齐心协力、同舟共济,强基固础、争先创优,攻艰克难、奋发有为。在共同感受学生成长、丰富自己人生、铸就学校未来的同时,服务社会、奉献社会,为我国的高职教育作出自己一份贡献。

源于此,学校在长乐企业鼎力支持下建立"校本教材出版基金",鼓励和支持有丰富教学与企业经验、较高学术水平与教材编写能力的教师和相关行业企业专家共同编写校本教材。本系列校本教材在编写过程中,力求实现体现"校企合作、工学结合"的基本内涵;符合高职教育专业建设和课程体系改革的基本要求,以"基于工作过程或以培养学生实际动手能力"为主线设计教材总体架构;符合实施素质教育和加强实践教学的要求;反映科学技术、社会经济发展和教育改革的要求;体现当前教学改革和学科发展的新知识、新理念、新模式。

斯言不尽,代以为序。

福建商业高等专科学校党委书记　林　彬

2011 年 12 月

前言

《审计岗位实务》是一门理论性和实务性极强的课程。随着我国市场经济的发展,审计在保证会计信息公允性和真实性方面的作用日益凸显,审计理论与实务受到了社会公众前所未有的关注和重视。随着2006年新的审计准则的颁布和实施,我国独立审计管理与方法也随之产生重大的变化,审计准则将真正实现国际趋同。为了满足新形式下高等专科学校的审计教学需要,我们在吸收当前审计教学的最新成果和总结审计教学经验的基础上编写了本教材。目的是编写一本与高职教育人才培养模式相适应的审计教材,突出高职教育的特点,使学生在掌握审计理论的基础上培养审计实践能力。

本教材以最新的独立审计准则及指南为参考依据,以风险导向审计模式下的审计岗位分工为项目来展开内容介绍,将全书分为上、中、下三篇,共十二个项目。主要讲解财务报表审计程序、审计证据的获取和审计结论的形成过程,具体包括审计知识准备、审计职业素养准备、审计工作准备、风险评估与风险应对、销售与收款循环审计、采购与付款循环审计、存货与仓储循环审计、筹资与投资循环审计、货币资金审计、完成审计工作、撰写审计报告、整理及归档审计档案。全书力求重点突出、简明扼要、通俗实用。

由于审计理论与实践的复杂性,相关法规、制度的广泛性,因此在编写过程中,我们借鉴了大量的文献资料。本书在编写的过程中,蔡秋玉、林书航老师给予极大的帮助。同时,福建弘华会计师事务所刘驭德所长对本书的审稿做了大量的协助工作。

尽管我们力求谨慎准确,但是由于编写的时间紧迫,加之编者水平有限,书中不妥之处在所难免,恳请各位同行、读者批评指正。

编　者

2012年8月

BUSINESS

目 录

上篇 审计准备

中篇 审计实施

下篇 审计终结

上篇 审计准备

本篇主要介绍审计的相关概念，审计人员在执业过程中应该遵循的执业准则和职业道德，使学生能够对审计工作有一些初步认识。

项目1 审计知识准备

知识目标：

通过本项目的学习，使学生认识审计的含义、审计的相关基本理论，学会分析审计的总目标和具体目标，判断不同审计证据的可靠性。

技能目标：

通过本项目的学习，让学生能区分审计责任和会计责任，能运用不同的审计程序获取不同的审计证据；能在审计过程中整合审计知识及其他相关知识。

任务1 审计相关概念

任务引入1-1：什么是审计？什么是财务报表审计？对于初学者来说，这是必须首先要弄清楚的。

一、审计的概念

审计是经济监督的重要手段，要学会从事审计实务工作，首先要理解审计的概念。审计作为一种监督机制，其实践活动历史悠久。公认具有代表性且被广泛引用的是美国会计学会1972年在其颁布的《基本审计概念公告》中给出的审计定义，即"审计是指为了查明有关经济活动和经济现象的认定与所制定标准之间的一致程度，而客观地收集和评估证据，并将结果传递给有利害关系的使用者的系统过程”。这一概念实际上阐述了审计的实质。

从审计的产生与发展过程来看，审计实质上是一种经授权或委托的经济监督活动，是一个审计机构及其人员，依据应遵守的审计准则和相关法律、法规，围绕审计目标，使用适当的审计技术方法和审计程序，来比较特定审计对象与既定审计标准（审计依据）的符合程度，并收集相关的审计证据和形成审计工作记录，进而形成审计结论的过程。

二、财务报表审计的含义

财务报表审计是审计人员通过执行审计工作，来证实财务报表是否按照规定的标准编制。规定的标准通常是企业会计准则和相关会计制度。财务报表通常包括资产负债表、利润表、现金流量表、所有者权益（或股东权益）变动表以及财务报表附注。

任务2 审计目标

任务引入1-2：做任何事情都要首先设立目标，审计工作也不例外。审计目标的确定随着人们对审计工作的进一步认识而逐渐变化。那么，今天审计的目标是什么？

一、审计目标的概念

审计目标是指人们在特定的社会历史环境中，期望通过审计实践活动达到的最终结果，或者说是指审计活动的目的与要求。

一般来说，各类审计目标都必须满足其服务领域的特殊需要，审计目标的确定，除受审计对象的制约以外，还取决于审计的社会属性、审计的基本职能和审计授权者或委托者对审计工作的要求。同时，审计目标规定了审计的基本任务，决定了审计的基本过程和应办理的审计手续。

二、财务报表审计的目标

财务报表审计目标，包括财务报表审计的总目标以及各类交易、账户余额、列报相关的具体审计目标。

(一)审计的总目标

审计的总目标是注册会计师通过执行审计工作,对财务报表的合法性和公允性发表审计意见。其中,合法性是指财务报表是否按照适用的会计准则和相关会计制度的规定编制;公允性是指财务报表是否在所有重大方面公允反映被审计单位的财务状况、经营成果和现金流量。

(二)审计的具体目标

审计的具体目标是审计总目标的具体化,是针对被审计单位管理层责任和管理层认定确立的。

1. 认定的含义

认定是指管理层对财务报表组成要素的确认、计量、列报作出的明确或隐含的表达。认定与审计目标密切相关,注册会计师的基本职责就是确定被审计单位管理层对其财务报表的认定是否恰当。

管理层在财务报表上的认定有些是明确表达的,有些则是隐含表达的。例如,管理层在资产负债表中列报存货及其金额,意味着作出了下列明确的认定:①记录的存货是存在的;②存货以恰当的金额包括在财务报表中,与之相关的计价或分摊调整已恰当记录。同时,管理层也作出下列隐含的认定:①所有应当记录的存货均已记录;②记录的存货都由被审计单位拥有。

管理层对财务报表各组成要素均作出了认定,注册会计师的审计工作就是要确定管理层的认定是否恰当。

2. 管理层对报表的认定

(1)与各类交易和事项相关的认定

管理层对财务报表的各类交易和事项的认定通常分为下列类别:

①发生:记录的交易和事项已发生且与被审计单位有关。

②完整性:所有应当记录的交易和事项均已记录。

③准确性:与交易和事项有关的金额及其他数据已恰当记录。

④截止:交易和事项已记录于正确的会计期间。

⑤分类:交易和事项已记录于恰当的账户。

(2)与期末账户余额相关的认定

管理层对期末账户余额的认定通常分为下列类别:

①存在:记录的资产、负债和所有者权益是存在的。

②权利和义务:记录的资产由被审计单位拥有或控制,记录的负债是被审

计单位应当履行的偿还义务。

③完整性:所有应当记录的资产、负债和所有者权益均已记录。

④计价和分摊:资产、负债和所有者权益以恰当的金额包括在财务报表中,与之相关的计价或分摊调整已恰当记录。

(3)与列报相关的认定

管理层对列报的认定通常分为下列类别:

①发生及权利和义务:披露的交易、事项和其他情况已发生,且与被审计单位有关。

②完整性:所有应当包括在财务报表中的披露均已包括。

③分类和可理解性:财务信息已被恰当地列报和描述,且披露内容表述清楚。

④准确性和计价:财务信息和其他信息已公允披露,且金额恰当。

3.审计具体目标

审计具体目标是根据被审计单位管理层认定设计的,也与上述三个层次的认定相对应。换言之,审计人员应根据被审计单位管理层责任和管理层认定,分解审计总目标,设计审计具体目标,进而设计和实施审计程序,运用审计方法搜集和评价审计证据,达成审计目标,完成审计工作。

注册会计师了解了认定,就很容易确定每个项目的具体审计目标,并以此作为评估重大错报风险以及设计和实施进一步审计程序的基础。

(1)与各类交易和事项相关的审计目标

①发生:由发生认定推导的审计目标是已记录的交易是真实的。

发生认定所要解决的问题是管理层是否把那些不曾发生的项目记入财务报表,它主要与财务报表组成要素的高估有关。

②完整性:由完整性认定推导的审计目标是已发生的交易确实已经记录。

发生和完整性两者强调的是相反的关注点。发生目标针对潜在的高估,而完整性目标则针对漏记交易。

③准确性:由准确性认定推导出的审计目标是已记录的交易是按正确金额反映的。

④截止:由截止认定推导出的审计目标是接近于资产负债表日的交易记录于恰当的期间。例如,如果本期交易推到下期,或下期交易提到本期,均违反了截止目标。

⑤分类:由分类认定推导出的审计目标是被审计单位记录的交易经过适当

分类。

(2)与期末账户余额相关的审计目标

①存在:由存在认定推导的审计目标是记录的金额确实存在。

②权利和义务:由权利和义务认定推导的审计目标是资产归属于被审计单位,负债属于被审计单位的义务。

③完整性:由完整性认定推导的审计目标是已存在的金额均已记录。

④计价和分摊:资产、负债和所有者权益以恰当的金额包括在财务报表中,与之相关的计价或分摊调整已恰当记录。

(3)与列报相关的审计目标

①发生及权利和义务:将没有发生的交易、事项,或与被审计单位无关的交易和事项包括在财务报表中,则违反该目标。

②完整性:如果应当披露的事项没有包括在财务报表中,则违反该目标。

③分类和可理解性:财务信息已被恰当地列报和描述,且披露内容表述清楚。

④准确性和计价:财务信息和其他信息已公允披露,且金额恰当。

课堂讨论:在审计过程中,如何区分本审计单位管理层的责任和注册会计师的责任呢?

任务3　审计证据与审计程序

任务引入1-3:在审计过程中,审计人员为了实现审计目标,形成审计意见,就需要获取审计证据,以支持最终的审计结论。审计证据有哪些特性?如何获取审计证据?

一、审计证据

(一)审计证据的含义

审计证据是指注册会计师为了得出审计结论、形成审计意见而使用的所有信息,包括财务报表依据的会计记录中含有的信息和其他信息。

(二)审计证据的特性

1. 审计证据的充分性

审计证据的充分性是对审计证据数量的衡量,主要与注册会计师确定的样本量有关。

2. 审计证据的适当性

审计证据的适当性是对审计证据质量的衡量,即审计证据在支持各类交易、账户余额、列报(包括披露,下同)的相关认定或发现其中存在错报方面具有相关性和可靠性。

(1)审计证据的相关性

①特定的审计程序可能只为某些认定提供相关的审计证据,而与其他认定无关。②针对同一项认定可以从不同来源获取审计证据或获取不同性质的审计证据。③只与特定认定相关的审计证据并不能替代与其他认定相关的审计证据。

(2)审计证据的可靠性

审计证据的可靠性是指审计证据的可信程度。审计证据的可靠性受其来源和性质的影响,并取决于获取审计证据的具体环境。

注册会计师在判断审计证据的可靠性时,通常会考虑下列原则:①从外部独立来源获取的审计证据比从其他来源获取的审计证据更可靠。②内部控制有效时内部生成的审计证据比内部控制薄弱时内部生成的审计证据更可靠。③直接获取的审计证据比间接获取或推论得出的审计证据更可靠。④以文件、记录形式(无论是纸质、电子或其他介质)存在的审计证据比口头形式的审计证据更可靠。⑤从原件获取的审计证据比从传真件或复印件获取的审计证据更可靠。

3. 充分性和适当性之间的关系

只有充分且适当的审计证据才是有证明力的。注册会计师需要获取的审计证据的数量也受审计证据质量的影响。审计证据质量越高,需要的审计证据数量可能越少。但如果审计证据的质量存在缺陷,那么注册会计师仅靠获取更多的审计证据可能无法弥补其质量上的缺陷。同样的,如果注册会计师获取的证据不可靠,那么证据数量再多也难以起到证明作用。

二、审计程序

审计程序(Audit procedure)是指审计师在审计工作中可能采用的,用以获取充分、适当的审计证据以发表恰当的审计意见的程序,也称为审计技术方法。

《中国注册会计师审计准则第 1301 号——审计证据》,将审计技术方法定义和规定为以下八个方面。

(一)检查记录或文件

检查记录或文件是指注册会计师对被审计单位内部或外部生成的,以纸质、电子或其他介质形式存在的记录或文件进行审查。检查记录或文件包括注册会计师对会计记录和其他书面文件可靠程度的审阅与复核。审阅是为了发现有无不正常现象而批判性地阅读书面资料的审计技术,其目的在于确认书面文件是否真实、合法;复核是确认各种书面文件之间钩稽关系的审计技术,通过书面文件之间的对照检查,确认双方对交易或事项的记录是否一致、计算是否正确。

(二)检查有形资产

检查有形资产是指注册会计师对资产实物进行审查。运用这种方法的目的在于确定被审计单位实物形态的资产是否真实存在并且与账面数量相符,查明有无短缺、毁损及其他舞弊行为。它主要适用于存货和现金的检查,也适用于有价证券、应收票据和固定资产等。监盘是其常用的操作技术。

(三)观察

观察是指注册会计师察看相关人员正在从事的活动或执行的程序。注册会计师按照审计具体目标的要求,前往被审计单位的工作现场,察看业务活动的方法、程序及实施情况,以掌握整个业务活动或执行程序的实际情况,获取审计证据。

(四)询问

询问是指注册会计师以书面或口头方式,向被审计单位内部或外部的知情人员获取财务信息和非财务信息,并对答复进行评价的过程。

(五)函证

函证是指注册会计师为了获取影响财务报表或相关披露认定的项目的信息,通过直接来自第三方对有关信息和现存状况的声明,获取和评价审计证据的过程。实施函证的目的是证实影响财务报表或相关披露认定的账户余额或其他信息,从外部独立来源来获取强有力的审计证据。

(六)重新计算

重新计算是指注册会计师以人工方式或使用计算机辅助审计技术,对记录或文件中的数据计算准确性进行核对。注册会计师往往需要对文件或记录中的数字大量地实施重新计算，以验证其是否正确，获取必要的审计证据。

（七）重新执行

重新执行是指注册会计师以人工方式或使用计算机辅助审计技术，重新独立执行作为被审计单位内部控制组成部分的程序或控制。实施重新执行可以验证被审计单位内部控制的有效性，获取内部控制是否有效的审计证据。

（八）分析程序

分析程序是指注册会计师通过研究不同财务数据之间以及财务数据与非财务数据之间的内在关系，对财务信息作出评价。分析程序还包括调查识别出的、与其他相关信息不一致或与预期数据严重偏离的波动和关系。如果不发生影响财务数据或非财务数据以及数据之间相互关系的事项（如异常业务或事项的发生、会计政策变更、重大错报等），那么数据之间的关系将会合理存在。利用这一前提，注册会计师通过数据之间的内在关系的研究，就可以发现影响事项、获取审计证据，对鉴证对象信息作出评价。

课堂讨论：审计证据证明力的强弱如何来区分？在审计过程中是不是都必须找到证明力最强的证据呢？

任务4　审计工作过程与审计工作底稿

任务引入1-4：审计工作过程如何进行？在审计过程中获取到的审计证据如何整理？

一、审计工作过程

审计方法从早期的账项基础审计，演变到今天的风险导向审计。风险导向审计模式要求注册会计师在审计过程中，以重大错报风险的识别、评估和应对为工作主线。相应地，审计工作过程大致分为以下几个阶段。

（一）接受业务委托

会计师事务所应当按照执业准则的规定，谨慎决策是否接受或保持某客户关系和具体审计业务。在接受新客户的业务之前，决定是否保持现有业务或考虑接受现有客户的新业务时，会计师事务所应当执行一些客户接受与保持的程序，以获取如下信息：①考虑客户的诚信，没有信息表明客户缺乏诚信；②具有执行业务必要的素质、转业胜任能力、时间和资源;③能够遵守道德规范。

会计师事务所执行客户接受或保持的程序的目的,旨在识别和评估会计师事务所面临的风险。一旦决定接受业务委托,注册会计师应当与客户就审计约定条款达成一致意见。对于连续审计,注册会计师应当就是否需要根据具体情况修改业务约定条款,以及是否需要提醒客户注意现有的业务约定书作出决策。

(二)计划审计工作

计划审计工作十分重要,计划周全不仅可以降低审计风险、提高审计质量,还可以大大减低审计成本、提高审计效率。一般来说,计划审计工作主要包括:在本期审计业务开始时开展的初步业务活动、制定总体审计策略、制定具体审计计划等。需要指出的是,计划审计工作不是审计业务的一个孤立阶段,而是一个持续的、不断修正的过程,贯穿于整个审计业务的始终。

(三)实施风险评估过程

所谓风险评估程序,是指注册会计师实施的了解被审计单位及其环境,并识别和评估财务报表重大错报的程序。风险评估程序是必要程序,为注册会计师在许多关键环节作出职业判断提供了重要基础。一般来说,实施风险评估程序的主要工作包括:了解被审计单位及其环境;识别和评估财务报表层次,以及各类交易、账户余额、列报认定层次的重大错报风险,包括确定需要特别考虑的重大错报风险,以及仅通过实施实质性程序无法应对的重大错报风险。

(四)实施控制测试和实质性程序

注册会计师实施风险评估程序本身并不足以为审计意见提供充分、适当的审计证据,注册会计师还应当实施进一步审计程序,包括控制测试和实质性程序。

(五)完成审计工作撰写审计报告

注册会计师在完成财务报表所有循环的进一步审计程序后,还应当按照有关审计准则的规定做好审计完成阶段的工作,并根据所获取的各种审计证据运用专业判断,形成适当的审计意见。本阶段的工作主要有:审计期初余额,比较数据、期后事项和或有事项;考虑持续经营能力问题和获取管理层声明;汇总审计差异,并提请被审计单位调整或披露;复核审计工作底稿和财务报表;与管理层和治理层沟通;评价所有审计证据,形成审计意见;编制审计报告,等等。

二、审计工作底稿

审计工作底稿,是指审计人员在审计工作过程中形成的全部审计工作记录和获取的资料。它是审计证据的载体,可作为审计过程和结果的书面证明,也是形成审计结论的依据。

(一)审计工作底稿的要素

①审计工作底稿的标题;
②审计过程记录;
③审计结论;
④审计标识及其说明;
⑤索引号及编号;
⑥编制者姓名及编制日期;
⑦复核者姓名及复核日期;
⑧其他应说明事项。

(二)审计工作底稿归档的期限

审计工作底稿的归档期限为审计报告日后六十天内。如果 CPA 未能完成审计业务,审计工作底稿的归档期限为审计业务中止后的六十天内。根据业务质量控制准则第 66 条的规定,如果针对客户的同一财务信息执行不同的委托业务,出具两个或多个不同的报告,事务所应当将其视为不同的业务,根据制定的政策和程序,在规定的归档期限内分别将业务工作底稿归整为最终业务档案。

(三)审计工作底稿的保存年限

事务所应当自审计报告日起,对审计工作底稿至少保存十年。如果 CPA 未能完成审计业务,事务所应当自审计业务中止日起,对审计工作底稿至少保存十年。

对于连续审计的情况,当期归整的永久性档案虽然包括以前年度获得的资料(有可能是十年以前),但由于其作为本期档案的一部分,并作为支持审计结论的基础,因此,CPA 对于这些当期有效的档案,应视为当期取得。如果这些资料在某一个审计期间被替换(如被审计单位因增加注册资本而变更了营业执照),被替换资料应从被替换的年度起保存十年。

任务5 内部控制

任务引入1-5:在审计过程中,进一步审计程序包括了内控制度测试评价和实质性测试程序。要对被审计单位的内部控制进行测试和评价,就需要先了解内部控制是什么? 由哪些要素构成?

一、内部控制的含义及其目标

内部控制是被审计单位为了合理保证财务报告的可靠性、经营的效率和效果以及对法律法规的遵守,由治理层、管理层和其他人员设计与执行的政策及程序。设计和实施内部控制的责任主体是治理层、管理层和其他人员,组织中的每一个人都对内部控制负有责任。

建立健全内部控制可以合理保证:①财务报告的可靠性,这一目标与管理层履行财务报告编制责任密切相关;②经营的效率和效果,即经济有效地使用企业资源,以最优方式实现企业的目标;③在所有经营活动中遵守法律法规的要求,即在法律法规的框架下从事经营活动。实现内部控制上述目标的手段是设计并执行控制政策和程序。

二、内部控制的要素

内部控制主要包括控制环境、风险评估过程、信息系统与沟通、控制活动和对控制的监督五个要素。

(一)控制环境

控制环境是指对建立、加强或削弱特定政策、程序及其效率产生影响的各种因素,包括治理职能和管理职能,以及治理层和管理层对内部控制及其重要性的态度、认识和措施。良好的控制环境是实施有效内部控制的基础。

(二)风险评估过程

被审计单位的风险评估过程包括识别与财务报告相关的经营风险,以及针对这些风险所采取的措施。管理层应当确定可以承受的风险水平,识别这些风险并采取一定的应对措施。风险评估过程的作用是识别、评估和管理影响被审计单位实现经营目标能力的各种风险。

(三)信息系统与沟通

1.与财务报告相关的信息系统

与财务报告相关的信息系统,包括用以生成、记录、处理和报告交易、事项和情况,对相关资产、负债和所有者权益履行经营管理责任的程序和记录。

2.与财务报告相关的沟通

与财务报告相关的沟通包括使员工了解各自在与财务报告有关的内部控制方面的角色和职责、员工之间的工作联系,以及向适当级别的管理层报告例外事项的方式。

(四)控制活动

1.授权

授权的目的在于保证交易在管理层授权范围内进行,包括一般授权和特别授权。

2.业绩评价

业绩评价主要包括被审计单位分析评价实际业绩与预算(或预测、前期业绩)的差异,综合分析财务数据与经营数据的内在关系,将内部数据与外部信息来源相比较,评价职能部门、分支机构或项目活动的业绩,以及对发现的异常差异或关系采取必要的调查与纠正措施。

3.信息处理

信息处理控制可以是人工的、自动化的,或是基于自动流程的人工控制。信息处理控制分为两类,即信息技术的一般控制和应用控制。

4.实物控制

实物控制主要包括对资产和记录采取适当的安全保护措施,对访问计算机程序和数据文件设置授权,以及定期盘点并将盘点记录与会计记录相核对。实物控制的效果影响资产的安全,从而对财务报表的可靠性及审计产生影响。

5.职责分离

职责分离主要包括被审计单位如何将交易授权、交易记录以及资产保管等职责分配给不同员工,以防范同一员工在履行多项职责时可能发生的舞弊或错误。当信息技术运用于信息系统时,职责分离可以通过设置安全控制来实现。

(五)对控制的监督

对控制的监督是指被审计单位评价内部控制在一段时间内运行有效性的过程,该过程包括及时评价控制的设计和运行,以及根据情况的变化采取必要的纠正措施。

任务6 审计重要性与审计风险

任务引入1-6:在审计过程中,如何界定被审计单位的错报是需要调整的?审计人员如何降低自身的审计风险?这需要了解重要性和审计风险两个重要概念。

一、审计重要性

重要性是审计学的一个基本概念。重要性取决于在具体环境下对错报金额和性质的判断。如果一项错报单独或连同其他错报可能影响财务报表使用者依据财务报表作出的经济决策,则该项错报是重大的。

(一)审计重要性涵义的理解

如何正确理解这一定义,必须注意以下几点:

1. 重要性的概念是针对会计报表而言的

判断一项业务重要与否,应视其在会计报表中的错报或漏报对会计报表使用者所作决策的影响程度而定,若它足以改变或影响报表使用者的判断,则该项业务就是重要的,否则就是不重要的。

2. 重要性的概念必须从会计报表的使用者角度来考虑

因为会计报表是为了满足会计报表使用者的信息需求而编制的,它包括投资者、债权人、政府管理部门及社会公众等,他们需要利用会计报表提供的信息作出各种判断与决策。这里,会计报表使用者是指具有一定的理解能力并能够理性地作出判断和决策的行为者。

3. 重要性的判断离不开特定的环境

不同企业面临着不同的环境,因而判断重要性的标准也不相同。例如某一金额对某个企业的会计报表来说是重要的,但对另一个企业的会计报表而言可能是不重要的;同时,对某一特定企业,重要性也会因时间的不同而改变。

4. **重要性与可容忍误差之间的关系**

审计人员应根据审计计划对重要性进行评估,确定其与实质性测试的可容忍误差之间的关系。实际上,账户层次的重要性水平就是实质性测试的可容忍误差。

(二)审计重要性的两个层次要求

审计人员在审计过程中必须从会计报表层次和相关账户、交易层次来考虑重要性。一是会计报表层次。独立审计的目的是对会计报表的合法性、公允性与一贯性发表重要审计意见,这就要求审计人员在审计时必须考虑会计报表层次的重要性,只有这样,才能得出会计报表是否合法、公允与一贯的整体性结论。二是账户和交易层次。由于会计报表所提供的信息来源于各账户或交易,审计人员只有通过验证各账户或交易,才能得出会计报表的信息来源是否合法、公允与一贯的整体性结论。

二、审计风险的含义

审计风险是指财务报表存在重大错报而注册会计师发表不恰当审计意见的可能性。审计风险并不包含下面这种情况,即财务报表不含有重大错报,而注册会计师错误地发表了财务报表含有重大错报的审计意见的风险。

注册会计师对财务报表不存在重大错报提供合理保证。合理保证意味着审计风险始终存在。可见,合理保证与审计风险互为补数,即合理保证与审计风险之和等于 100%。如果注册会计师将审计风险降至可接受的低水平,则对财务报表不存在重大错报获取了合理保证。

(一)审计风险模型

审计风险取决于重大错报风险和检查风险。审计风险、重大错报风险和检查风险之间的关系用模型表示为:审计风险 = 重大错报风险 × 检查风险

1. **重大错报风险**

重大错报风险是指财务报表在审计前存在重大错报的可能性。在设计审计程序以确定财务报表整体是否存在重大错报时,注册会计师应当从财务报表层次和各类交易、账户余额、列报(包括披露,下同)认定层次考虑重大错报风险。

财务报表层次重大错报风险与财务报表整体存在广泛联系,它可能影响多

项认定。此类风险通常与控制环境有关，如管理层缺乏诚信、治理层形同虚设而不能对管理层进行有效监督等；但也可能与其他因素有关，如经济萧条、企业所在行业处于衰退期。此类风险难以被界定于某类交易、账户余额、列报的具体认定，相反，此类风险增大了一个或多个不同认定发生重大错报的可能性，与由舞弊引起的风险特别相关。

注册会计师应当评估认定层次的重大错报风险，并根据既定的审计风险水平和评估的认定层次重大错报风险确定可接受的检查风险水平。某些类别的交易、账户余额、列报及其认定重大错报风险较高。例如，技术进步可能导致某项产品陈旧，进而导致存货易于发生高估错报（计价认定）；对高价值的、易转移的存货缺乏实物安全控制，可能导致存货的存在性认定出错；会计计量过程受重大计量不确定性影响，可能导致相关项目的准确性认定出错。注册会计师应当考虑各类交易、账户余额、列报认定层次的重大错报风险，以便于针对认定层次计划和实施进一步审计程序。

2. 检查风险

检查风险是指某一认定存在错报，该错报单独或连同其他错报是重大的，但注册会计师未能发现这种错报的可能性。

3. 检查风险与重大错报风险的反向关系

在既定的审计风险水平下，可接受的检查风险水平与认定层次重大错报风险的评估结果呈反向关系。评估的重大错报风险越高，可接受的检查风险越低；评估的重大错报风险越低，可接受的检查风险越高。

（二）审计风险与审计重要性的关系

注册会计师应当关注财务报表的重大错报，但没有责任发现对财务报表整体不产生重大影响的错报。

在考虑财务报表中的错报是否构成重大错报时，注册会计师应当考虑已识别但未更正的单个或累计的错报是否对财务报表整体产生重大影响。

注册会计师有责任按照审计准则的规定实施审计工作，获取财务报表在整体上不存在重大错报的合理保证，无论该错报是由于舞弊还是错误导致。但注册会计师没有责任发现对财务报表整体不产生重大影响的错报。

重要性与审计风险相关，注册会计师应当合理确定重要性水平。重要性与审计风险之间存在反向关系。重要性水平越高，审计风险越低；重要性水平越低，审计风险越高。

(三)审计风险的控制

注册会计师应当通过计划和实施审计工作,获取充分、适当的审计证据,将审计风险降至可接受的低水平。这是控制审计风险的总体要求。

在审计风险模型中,重大错报风险是企业的风险,不受注册会计师的控制。注册会计师只能通过实施风险评估程序来正确评估重大错报风险,并根据评估的两个层次的重大错报风险分别采取应对措施。需要明确的是,该风险评估只是一个判断,而不是对风险的精确计量。

注册会计师应当评估财务报表层次的重大错报风险,并根据评估结果确定下列总体应对措施。这些应对措施包括:①向项目组强调在获取和评价审计证据过程中保持职业怀疑态度的必要性;②分派更有经验或具有特殊技能的审计人员,或利用专家的工作;③提供更多的督导;④在选择进一步审计程序时,应当注意使某些程序不被管理层预见或事先了解;⑤对拟实施审计程序的性质、时间和范围作出总体修改。

注册会计师应当获取认定层次充分、适当的审计证据,以便能够在审计工作完成时,以可接受的低审计风险对财务报表整体发表审计意见。对于各类交易、账户余额、列报认定层次的重大错报风险,注册会计师可以通过控制检查风险将审计风险降至可接受的低水平。

检查风险取决于审计程序设计的合理性和执行的有效性。注册会计师通常无法将检查风险降低为零,其原因主要有两点:一是注册会计师通常并不对所有的交易、账户余额和列报进行检查;二是注册会计师可能选择了不恰当的审计程序,或是审计程序执行不当,或是错误理解了审计结论。第二方面的问题可以通过适当计划、在项目组成员之间进行恰当的职责分配、保持职业怀疑态度以及监督、指导和复核助理人员所执行的审计工作得以解决。

任务7 审计抽样

任务引入1-7:在审计过程中,面对众多的审计对象和材料,审计人员如何来取证?这就需要了解审计抽样的有关内容。

一、审计抽样

审计抽样是指注册会计师对某类交易或账户余额中低于百分之百的项目

实施审计程序,使所有抽样单元都有被选取的机会。审计抽样使注册会计师能够获取和评价与被选取项目的某些特征有关的审计证据,以形成或帮助形成对从中抽取样本的总体结论。

审计抽样应当具备三个基本特征:

①对某类交易或账户余额中低于百分之百的项目实施审计程序;

②所有抽样单元都有被选取的机会;

③审计测试的目的是为了评价该账户余额或交易类型的某一特征。

审计抽样并非在所有审计程序中都可以使用。

二、抽样风险和非抽样风险

抽样风险和非抽样风险通过影响重大错报风险的评估和检查风险的确定而影响审计风险。

1. 抽样风险

抽样风险是指注册会计师根据样本得出的结论,与对总体全部项目实施与样本同样的审计程序得出的结论存在差异的可能性,也就是抽出的样本不能代表总体的风险。

实施控制测试的抽样风险是信赖过度风险和信赖不足风险。信赖过度风险是指推断的控制有效性高于其实际有效性的风险。信赖过度风险与审计的效果有关。对于注册会计师而言,信赖过度风险更容易导致注册会计师发表不恰当的审计意见,因而更应予以关注。

也就是说,无论在控制测试还是在细节测试中,抽样风险都可以分为两种类型:一类是影响审计效果的抽样风险,包括控制测试中的信赖过度风险和细节测试中的误受风险;另一类是影响审计效率的抽样风险,包括控制测试中的信赖不足风险和细节测试中的误拒风险。只要使用了审计抽样,抽样风险就总会存在。

对特定样本而言,抽样风险与样本规模反方向变动:样本规模越小,抽样风险越大;样本规模越大,抽样风险越小。

无论是控制测试还是细节测试,注册会计师都可以通过扩大样本规模降低抽样风险。

2. 非抽样风险

非抽样风险是指由于某些与样本规模无关的因素而导致注册会计师得出错误结论的可能性。

在审计过程中,可能导致非抽样风险的原因包括下列情况:

①注册会计师选择的总体不适合于测试目标。比如,测试应收账款销售完整性的时候,选择了主营业务收入日记账作为总体。

②注册会计师未能适当地定义控制偏差或错报,导致注册会计师未能发现样本中存在的偏差或错报。

③注册会计师选择了不适于实现特定目标的审计程序。

④注册会计师未能适当地评价审计发现的情况。例如,注册会计师错误解读审计证据导致没有发现误差;对所发现误差的重要性的判断有误,从而忽略了性质十分重要的误差,也可能导致得出不恰当的结论。

⑤其他原因。

三、统计抽样与非统计抽样

统计抽样是指同时具备下列特征的抽样方法:①随机选取样本;②运用概率论评价样本结果,包括计量抽样风险。

统计抽样的样本必须具有这两个特征,不同时具备上述两个特征的抽样方法为非统计抽样。

四、统计抽样的方法

1. 属性抽样

属性抽样是一种用来对总体中某一事件发生率得出结论的统计抽样方法。属性抽样在审计中最常用的用途是测试某一控制的偏差率,以支持注册会计师评估的控制有效性。在属性抽样中,设定控制的每一次发生或偏离都被赋予同样的权重,而不管交易金额的大小。

2. 变量抽样

变量抽样是一种用来对总体金额得出结论的统计抽样方法。变量抽样通常回答下列问题:金额是多少?账户是否存在错报?变量抽样在审计中的主要用途是进行实质性细节测试,以确定记录金额是否合理。

一般而言,属性抽样得出的结论与总体的发生率有关,而变量抽样得出的结论与总体金额有关。有一个例外,即统计抽样中概率比例规模抽样(Probability Proportionate to Size Sampling),却是运用属性抽样原理得出以金额表示的结论。

项目2　审计职业素养准备

知识目标：

通过本项目的学习，使学生了解注册会计师执业准则体系，掌握注册会计师法律责任的成因，懂得注册会计师职业道德的具体要求。

技能目标：

通过本项目的学习，让学生能在执业过程中，遵守注册会计师职业道德的具体要求，避免法律责任。

任务1　注册会计师执业准则体系

任务引入2-1：作为审计人员，应该知道在执业过程中，整个行业的准则体系构成。

注册会计师执业准则体系（见图2.1）

中国注册会计师执业准则体系包括鉴证业务准则、相关服务准则和会计师事务所质量控制准则。

鉴证业务准则分为中国注册会计师审计准则、中国注册会计师审阅准则和中国注册会计师其他鉴证业务准则（分别简称审计准则、审阅准则和其他鉴证业务准则）。其中，审计准则是整个执业准则体系的核心。

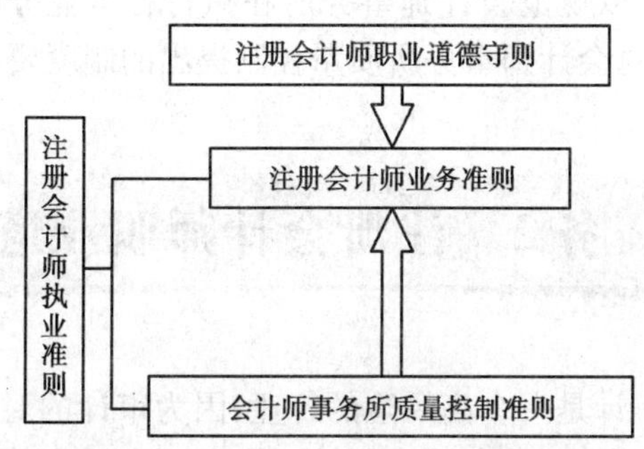

图 2.1 注册会计师执业准则体系

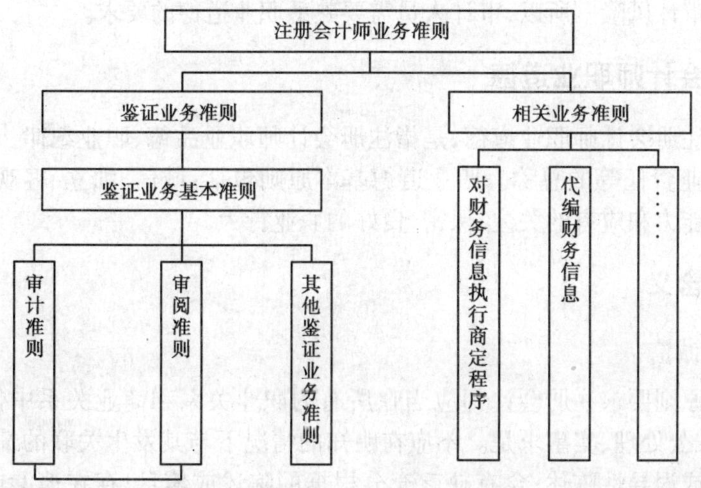

图 2.2 注册会计师业务准则体系

审计准则用以规范注册会计师执行历史财务信息的审计业务。在提供审计服务时,注册会计师提供合理保证,并以积极方式提出结论。

审阅准则用以规范注册会计师执行历史财务信息的审阅业务。在提供审阅服务时,注册会计师提供有限保证,并以消极方式提出结论。

其他鉴证业务准则用以规范注册会计师执行历史财务信息审计或审阅以外的其他鉴证业务,根据鉴证业务的性质和业务约定的要求,提供有限保证或合理保证。

相关服务准则用以规范注册会计师代编财务信息、执行商定程序,提供管理咨询等其他服务。在提供相关服务时,注册会计师不提供任何程度的保证。

质量控制准则用以规范会计师事务所在执行各类业务时应当遵守的质量控制政策和程序，是对会计师事务所质量控制提出的制度要求。

任务2　注册会计师职业道德

任务引入2-2：审计是一个高风险的行业，因为审计的对象以及被审计单位的经营风险的客观存在，所以审计过程是一个需要审计主体不断进行职业判断的过程。一旦审计人员不能很好地遵守职业道德的要求执行审计工作，容易带来很大的审计风险。所以，审计人员需要熟悉职业道德的要求。

一、注册会计师职业道德

所谓注册会计师职业道德，是指注册会计师职业品德、职业纪律、专业胜任能力及职业责任等的总称。职业道德基本原则包括：诚信、独立、客观和公正、专业胜任能力和应有的关注、保密、良好的职业行为。

二、具体含义

（一）诚信

诚信原则要求注册会计师应当在所有的职业关系和商业关系中保持正直和诚实，秉公处理、实事求是。不应在明知的情况下与其发生关联的情况：含有严重虚假或误导性陈述；含有缺乏充分根据的陈述或信息；存在遗漏或含糊其辞的信息。

（二）独立

独立是指不受外来力量控制、支配，按照一定之规行事。包括实质上的独立（内心状态，要求注册会计师在提出结论时不受有损于职业判断的因素影响）和形式上的独立（要求注册会计师避免出现重大的事实和情况，使得一个理性且掌握充分信息的第三方在权衡这些事实和情况后，很可能推定会计师事务所或项目组成员的诚信、客观或职业怀疑态度已经受到损害）。

（三）客观公正

要求注册会计师不应因偏见、利益冲突以及他人的不当影响而损害职业判断。应充分考虑以下因素：

①注册会计师可能被施加压力,这些压力可能损害其客观性;

②在制定准则以识别实质上或形式上可能影响注册会计师客观性的关系时,应体现合理性;

③应避免那些导致偏见或受到他人影响,从而损害客观性的关系;

④注册会计师有义务确保参与专业服务的人员遵守客观性原则;

⑤注册会计师既不得接受,也不得提供可被合理认为对其职业判断或对其业务交往对象产生重大不当影响的礼品或款待,尽量避免使自己专业声誉受损的情况发生。

(四)专业胜任能力和应有的关注

1. 专业胜任能力

注册会计师应当保持专业胜任能力,将专业知识和技能始终保持在应有的水平,确保为客户提供具有专业水准的服务。

①不应承接不能胜任的业务;

②胜任能力包括获取和保持;

③利用专家工作。

2. 应有的关注

应有的关注,要求注册会计师勤勉尽责,按照执业准则和职业道德规范的要求,认真、全面、及时地完成工作任务。在审计过程中,注册会计师应当保持职业怀疑态度,运用专业知识、技能和经验,获取和评价审计证据。

(五)保密

保密原则要求注册会计师应当对因职业关系和商业关系而获知的信息予以保密。避免出现下列行为:

①未经客户授权或法律法规允许,向会计师事务所以外的第三方披露其所获知的涉密信息。

②利用所获知的涉密信息为自己或第三方谋取利益。

注意:

a. 注册会计师在社会交往中应当遵循保密原则,应当警惕无意泄密的可能性;

b. 决定是否披露信息时应考虑的因素;

c. 在终止客户关系后,仍应对获知的信息保密;

d. 保密义务的豁免。

注册会计师在下列情况下可以披露客户的涉密信息：

①法律法规允许披露，并且取得客户或工作单位的授权；

②法律法规要求披露，包括为法律诉讼仲裁准备文件或提供证据，以及向有关监管机构报告发现的违法行为；

③接受注册会计师协会或监管机构的质量检查，答复其询问和调查；

④法律法规、执业准则和职业道德规范规定的其他情形。

（六）良好职业行为

职业行为原则要求注册会计师应当遵守相关法律法规，避免发生任何注册会计师已知悉或应当知悉的有损职业声誉的行为。如果一个理性且掌握充分信息的第三方，在权衡注册会计师当时所获得的所有具体事实和情况后，有可能认定某一行为将对职业声誉产生负面影响，注册会计师应当避免这种行为。

在推介自身和工作时，注册会计师不应损害职业形象。注册会计师应当诚实、实事求是，不应存在下列行为：

①夸大宣传提供的服务、拥有的资质和获得的经验；

②贬低或无根据地比较其他注册会计师的工作。

三、对职业道德原则产生不利影响的具体情形

1. 产生自身利益不利影响的情形

①鉴证业务项目组成员在鉴证客户中拥有直接经济利益；

②会计师事务所过分依赖向某一客户的收资；

③鉴证业务项目组成员与鉴证客户存在重要的秘密商业关系；

④会计师事务所担心可能失去某一重要客户；

⑤审计项目组成员与审计客户进行雇用协商；

⑥会计师事务所与鉴证业务相关的或有收费安排；

⑦在评价其所在会计师事务所的人员以前提供专业服务的结果时，注册会计师发现重大错误。

或有收费，是指一种按照预先确定的计费基础收取费用的方式。在这种方式下，收费与否或多少取决于交易的结果或执行工作的结果。如果某项收费由法院或政府公共管理机构制定，则该收费不属于或有收费。

2. 产生自我评价不利影响的情形

①会计师事务所设计或运用财务系统后，对该财务系统运行的有效性出具鉴证报告；

②会计师事务所编制用于生成有关记录的原始数据，又将这些数据作为鉴证对象；

③鉴证业务项目组成员现在是或最近曾是客户的董事或高级管理人员；

④鉴证业务项目组成员现在受雇于或最近曾受雇于客户，且在客户中担任能够对鉴证对象产生重大影响的职务；

⑤会计师事务所为鉴证客户提供的其他服务，直接影响鉴证业务中的鉴证对象信息。

3. 产生过度推介不利影响的情形

①会计师事务所推介审计客户的股份；

②在鉴证客户与第三方发生诉讼或纠纷时，注册会计师担任该客户的辩护人。

4. 产生密切关系不利影响的情形

①项目组成员与客户的董事或高级管理人员存在直系亲属或近亲属关系；

②项目组成员与客户某员工存在直系亲属或近亲属关系，而该员工所处职位能够对业务对象产生重大影响；

③客户的董事或管理层，或所处职位能够对业务对象产生重大影响的员工最近曾是会计师事务所的合伙人；

④注册会计师接受客户的礼品，或享受优惠待遇，除非所涉价值微小；

⑤会计师事务所的高级员工长期与某一鉴证客户发生关联。

除以上情形外，注册会计师应当保持应有的职业谨慎，考虑其他可能存在的对职业道德基本原则产生不利影响的亲密关系。

5. 产生外在压力不利影响的情形

①会计师事务所受到客户解除业务关系的不利影响；

②如果会计师事务所坚持不同意审计客户对某项交易的会计处理，审计客户可能不将计划中的非鉴证服务合同提供给该会计师事务所；

③会计师事务所受到客户的起诉不利影响；

④会计师事务所受到因降低收费而不恰当缩小工作范围的压力；

⑤由于客户的员工对所涉事项更具专长，会计师事务所面临同意客户员工判断的压力；

⑥注册会计师被会计师事务所合伙人告知，除非同意审计客户的不恰当会计处理，否则将不被提升。

任务3　注册会计师法律责任

任务引入2-3:在审计过程中,因为被审计单位的经营失败或者注册会计师为严格按照执业准则的要求执业,都会导致审计人员承担不同程度的法律责任。

一、什么是注册会计师法律责任

注册会计师法律责任是指注册会计师在承办业务的过程中,未能履行合同条款,或者未能保持应有的职业谨慎,或出于故意未按专业标准出具合格报告,致使审计报告使用者遭受损失,依照有关法律法规,注册会计师或注册会计师事务所应承担的责任。

二、对注册会计师方面责任的认定

违约:合同的一方或几方未能达到合同条款的要求。如违反了与被审计单位订立的保密协议。

过失:在一定条件下,缺少应具有的合理的谨慎。评价CPA的过失,是以其他合格CPA在相同条件下可做到的谨慎为标准的。如事务所在商定的期间内,未能提交审计报告。又可分为以下几种情形:

①普通过失。也称为一般过失,通常没有保持职业上应有的合理的谨慎;对CPA则没有完全遵循专业准则的要求,未按特定审计项目取得必要和充分的审计证据的情况,可视为一般过失。

②重大过失。连起码的职业谨慎都不保持,对业务或事务不加考虑,满不在乎;对于CPA而言,则根本没有遵循专业准则或没有按专业准则的基本要求执行审计。

③共同过失。即对他人过失,受害方自己未能保持合理的谨慎,因而蒙受损失。如在审计中未能发现现金等资产短少时,被审计单位以过失为由控告注册会计师,而注册会计师又可以说现金等问题是由缺乏适当的内部控制造成的,并以此为由来反击被审计单位的诉讼。

欺诈:又称"注册会计师舞弊",是以欺骗或坑害他人为目的的一种故意的错误行为。为了达到欺骗他人的目的,明知委托单位的财务报表有重大错报,却加以虚伪的陈述,出具无保留意见的审计报告。

三、注册会计师承担法律责任的种类

注册会计师因违约、过失或欺诈可能承担的责任有行政责任、民事责任或刑事责任。这三种责任可单处,也可并处。

行政处罚对注册会计师个人来说,包括警告、暂停执业、吊销注册会计师证书;对会计师事务所而言,包括警告、没收违法所得、罚款、暂停执业、撤销等。

民事责任主要是指赔偿受害人损失。

刑事责任主要是指按有关法律程序判处一定的徒刑。

一般来说,因违约和过失可能使注册会计师负行政责任和民事责任,因欺诈可能会使注册会计师负民事责任和刑事责任。

课堂讨论:注册会计师在执业过程中,如何才能避免法律诉讼?

项目3　审计工作准备

知识目标：

通过本项目的学习，使学生了解初步业务活动的内容并熟悉审计业务约定书的格式。

技能目标：

通过本项目的学习，让学生会填制初步业务活动程序表和业务承接及保持评价表。

任务　初步业务活动

任务引入3-1：注册会计师在开展审计工作之前，需要做哪些前期的准备工作，这需要我们首先认识审计初步业务活动的内容。

一、初步业务活动的含义、目的和开展时间

（一）含义

初步业务活动是指注册会计师在本期审计业务开始时开展的有利于计划和执行审计工作，实现审计目标的活动的总称。

（二）初步业务活动的目的

第一，确保注册会计师已具备执行业务所需要的独立性和专业胜任才能；

第二，确保不存在因管理层诚信问题而影响注册会计师保持该项业务意愿的情况；

第三，确保与被审计单位不存在对业务约定条款的误解。

（三）初步业务活动的开展时间

初步业务活动按照审计业务客户情形的不同，可分为：首次接受审计委托的初步业务活动；连续审计情形下的初步业务活动。这两种情形下的初步业务活动在开展的时间上有所不同。

1. 首次接受审计委托开展初步业务活动的时间

首次接受审计委托分为两种：一种是接受新客户而建立客户关系的审计业务委托；另一种是承接现有客户（因对其提供了其他服务）的审计业务委托。

《准则第 1201 号——计划审计工作》中规定："在首次接受审计委托前，注册会计师应当执行下列程序：……"由此可见，首次接受审计委托开展初步业务活动的时间，无论是哪一种审计业务委托都是相同的。接受新客户的审计业务委托，必须在首次接受审计委托前，即确定建立客户关系之前来开展初步业务活动；对提供了其他服务的现有客户所提出的审计业务委托，即使会计师事务所对现有客户的情况有所了解，也必须在首次接受审计业务委托前，实施必要的审计程序，开展初步业务活动，不可以简化省略。因为审计业务与其他业务所提供的保证程度不同。

2. 连续审计情形下开展初步业务活动的时间

连续审计分为两种，一种是签订长期审计业务约定书的连续审计，另一种是续签、重新签订审计业务约定书的连续审计。

如前所述，《准则第 1201 号——计划审计工作》对连续审计业务规定："注册会计师应当在本期审计业务开始时开展下列初步业务活动。"该准则指南中对此作出解释："在连续审计的业务中，这些初步业务活动通常是在上期审计工作结束后不久或将要结束时就已开始了。"

可以看出，准则及准则指南并没有区别连续审计的两种不同情况，进而无法明确指出在这两种不同情况下开展初步业务活动的时间。

通常而言，在签订长期审计业务约定书的连续审计情况下，注册会计师在前一期审计工作结束前即开始本期的审计计划工作。因而，新准则实施后，开展初步业务活动的时间应当是在前一期审计工作结束前或结束后不久，本期审计计划工作之前，以确定是否保持客户关系和具体审计业务。只有确定了保持客户关系和具体审计业务，才能开始制定本期的审计计划。

对于续签、重新签订审计业务约定书的连续审计，则应当在做出续签、重新签订的决定之前开展初步业务活动。

二、初步业务活动的程序

初步业务活动程序表

初步业务活动程序	索引号	执行人
1. 如果是首次接受业务委托,实施下列程序: (1)与委托人面谈,讨论下列事项: ①审计的目标; ②审计报告的用途; ③管理层对财务报表的责任; ④审计范围; ⑤执行审计工作的安排,包括出具审计报告的时间要求; ⑥审计报告格式和对审计结果的其他沟通形式; ⑦管理层提供必要的工作条件和协助; ⑧注册会计师不受限制地接触任何与审计有关的记录、文件和所需要的其他信息; ⑨与审计涉及的客户内部审计人员和其他员工工作的协调(必要时); ⑩审计收费,包括收费的计算基础和收费安排。 (2)初步了解客户及其环境,进行初步业务风险评估并予以记录。 (3)征得客户书面同意后,与前任注册会计师沟通。		
2. 如果是连续审计,实施下列程序: (1)了解审计的目标、审计报告的用途、审计范围和时间安排等是否发生变化; (2)查阅以前年度审计工作底稿,重点关注非标准审计报告、管理建议书和重大事项概要等; (3)初步了解客户及其环境发生的重大变化,进行初步业务风险评估并予以记录; (4)考虑是否需要修改业务约定条款,是否需要提醒客户注意现有的业务约定条款。		
3. 评价是否具备执行该项审计业务所需要的独立性和专业胜任能力。		
4. 完成业务承接评价表或业务保持评价表。		
5. 签订审计业务约定书(适用于首次接受业务委托,以及连续审计中修改长期审计业务约定书条款的情况)。		

三、业务承接(保持)评价

要确定是否承接或保持业务,需要考虑下列事项:

①客户的性质和诚信情况；
②客户的经营风险和财务状况；
③项目组的时间和资源；
④审计范围和审计时间；
⑤项目组的专业胜任能力；
⑥项目组的独立性(是否关联关系、是否承受外界压力等)；
⑦预计收费和回款的可能性。

业务承接/保持评价表

被审计单位：________________　　索引号：________________
项目：________________　　截止日/期间：________________
编制：________________　　复核：________________
日期：________________　　日期：________________

一、客户基本情况

1. 法定名称：________________
地址：________________
电话：________________ 传真：________________ 电子信箱：________________
网址：________________
联系人：________________
2. 主要业务：________________
3. 所有制性质(国有/外商投资/民营/其他)________________
组织形式________________
4. 所有权结构、股东名称、注册资本、实收资本、公司成立日期
____
5. 子公司、合营企业、联营企业、分公司的基本情况
____
6. 所处行业是否属于高风险行业、发展趋势和竞争情况
____
7. 会计记录是否完整
____

续表

8. 内部控制情况 ________________________________ ________________________________

注：本表主要适用于首次接受业务委托。对于连续审计业务，注册会计师应侧重记录客户及其环境的变化情况。

二、审计业务基本情况

审计报告用途	□通用目的 □特殊目的：____________
已审计财务报表的预期使用者	
提交审计报告的时间	

三、评价客户的诚信

客户的诚信	记录内容
考虑因素： 1. 主要股东、关键管理人员、关联方及治理层的身份和商业信誉； 2. 客户的经营性质； 3. 主要股东、关键管理人员及治理层对内部控制环境和会计准则等的态度； 4. 客户是否过分考虑将会计师事务所的收费维持在尽可能低的水平； 5. 注册会计师的工作范围受到不适当的限制的迹象； 6. 客户可能涉嫌洗钱或其他刑事犯罪行为的迹象； 7. 变更会计师事务所的原因； …… 信息来源： ①与为客户提供专业会计服务的现任或前任人员进行沟通，并与其讨论； ②向会计师事务所其他人员、监管机构、金融机构、法律顾问和客户的同行等第三方询问； ③从互联网等相关数据库中搜索客户的背景信息等。	
评价结论：	

四、可审性评价结论

根据上述对会计记录、内部控制和客户的诚信的了解，评价客户是否具有可审性。

五、评价独立性

评价项目	是/否
1. 识别并记录会计师事务所是否存在自身利益威胁、自我评价威胁、过度推介威胁、密切关系威胁和外在压力威胁等损害独立性的情形。这些情形包括但不限于： ①向该客户收取的全部费用是否在会计师事务所收入总额中占有很大比重？ ②是否存在或有收费？ ③是否存在逾期收费？ ④会计师事务所的审计人员是否曾接受客户提供的贵重礼品或超规格招待？ ⑤会计师事务所是否与客户发生诉讼或可能发生诉讼？ ⑥会计师事务所高级管理人员是否与客户的董事或高级管理人员存在直系亲属或近缘亲属关系？ ⑦会计师事务所高级管理人员是否与客户对财务报表产生重大影响的员工存在直系亲属或近缘亲属关系？ ⑧客户的董事或高级管理人员，或所处职位能够对财务报表产生重大影响的员工近期是否曾是会计师事务所的合伙人？ ⑨会计师事务所是否在客户中拥有经济利益？ ⑩会计师事务所是否为客户提供可能威胁独立性的服务，包括行使管理层职责的服务、代理记账或代编报表等服务？ ⑪会计师事务所是否在法律诉讼中以客户名义进行辩护或在共同的推广活动中以客户名义进行宣传？ ⑫是否存在会计师事务所同一名高级职员多年执行该客户审计业务的情况？	

续表

2. 如果对上述问题回答“是”,说明采取的防范措施。
评价结论:

六、评价专业胜任能力、时间和资源

时间和资源	是/否/不适用	详细情况
1. 根据会计师事务所目前的人力资源情况,是否拥有足够的具有必要素质和专业胜任能力的人员组成项目组? 2. 是否能够在提交报告的最后期限内完成业务?		
专业胜任能力		
1. 项目组关键人员是否熟悉客户所处行业及主要业务,是否能够获取对客户及其环境的整体了解? 2. 项目组关键人员是否充分了解适用于客户所处行业的会计处理?如否,是否能够获取相关知识?说明途径。 3. 执行业务是否需要特定专业知识?如是,是否能够获取这些知识或利用专家的工作?说明途径。 4. 如果需要项目质量控制复核,是否具备符合标准和资格要求的项目质量控制复核人员?		
评价结论:		

七、总体评价

<table>
<tr><td>对该项业务的总体评价：

基于我们目前对客户的了解，该客户的风险水平为：
□高风险　　□中等风险　　□低风险</td></tr>
</table>

八、审计收费可回收性评价

<table>
<tr><td>1. 预计审计收费：____________________
2. 成本能否收回：____________________</td></tr>
</table>

九、结论

<table>
<tr><td>项目负责人：
基于上述方面，我们__________（接受或不接受）此项业务。
签名：____________________
日期：____________________</td><td>风险管理负责人（必要时）：
基于上述方面，我们（接受或不接受）此项业务。
签名：____________________
日期：____________________</td></tr>
<tr><td colspan="2">最终结论：____________________</td></tr>
</table>

四、开展初步业务活动应注意的问题

(一)注意初步业务活动与其他准则的关系

首先,鉴证业务基本准则对具体准则起着统驭的作用,指导着具体准则的制定。鉴证业务基本准则中的“业务承接”与审计准则中的“初步业务活动”遥相呼应,是初步业务活动制定的依据。

其次,注意初步业务活动与其他审计准则和质量控制准则的联系。《准则第1201号——计划审计工作》中的初步业务活动与多个审计准则和质量控制准则相关联,应将该准则与其他准则的相关内容结合起来使用,才能完整、准确地把握初步业务活动。

(二)注意初步业务活动与了解被审计单位及其环境的关系

二者的目的不同。初步业务活动是签约前为了确定是否建立和保持客户关系;了解被审计单位及其环境是签约后为了识别和评估重大错报风险,设计和实施进一步审计程序。二者都是审计工作不同时段的必要审计程序。不能因为签约前必须开展初步业务活动而简化或取代签约后了解被审计单位及其环境;也不能因为签约后必须了解被审计单位及其环境而放弃签约前的初步业务活动。

(三)注意初步业务活动与风险导向审计的关系

当前的风险导向审计虽然审计重心前移,但所关注的是签约后的审计风险。初步业务活动关注的是签约前的审计风险。可以说初步业务活动是风险导向审计的必要补充。正确认识二者关系,可以从源头上控制和降低审计风险,避免法律后果。

五、签订业务约定书

经过初步业务活动评价,若具有专业胜任能力,能够保持独立性,客户经营风险不高,收费有保证,时间和资源够用,审计质量能够控制,则与客户签订审计业务约定书,约定双方责任与义务。然后根据约定时间进场,实施风险评估,根据风险评估结果,制订总体审计策略和具体审计计划,实施审计。

审计业务约定书参考格式(合同式)

审计业务约定书

甲方:ABC股份有限公司

乙方:××会计师事务所

兹由甲方委托乙方对20×1年度财务报表进行审计,经双方协商,达成以下约定:

一、业务范围与审计目标

1. 乙方接受甲方委托，对甲方按照企业会计准则和《××会计制度》编制的20×1年12月31日的资产负债表，20×1年度的利润表、股东权益变动表和现金流量表以及财务报表附注（以下统称财务报表）进行审计。

2. 乙方通过执行审计工作，对财务报表的下列方面发表审计意见：(1)财务报表是否按照企业会计准则和《××会计制度》的规定编制；(2)财务报表是否在所有重大方面公允反映甲方的财务状况、经营成果和现金流量。

二、甲方的责任与义务

（一）甲方的责任

1. 根据《中华人民共和国会计法》及《企业财务会计报告条例》，甲方及甲方负责人有责任保证会计资料的真实性和完整性。因此，甲方管理层有责任妥善保存和提供会计记录（包括但不限于会计凭证、会计账簿及其他会计资料），这些记录必须真实、完整地反映甲方的财务状况、经营成果和现金流量。

2. 按照企业会计准则和《××会计制度》的规定编制财务报表是甲方管理层的责任，这种责任包括：①设计、实施和维护与财务报表编制相关的内部控制，以使财务报表不存在由于舞弊或错误而导致的重大错报；②选择和运用恰当的会计政策；③作出合理的会计估计。

（二）甲方的义务

1. 及时为乙方的审计工作提供其所要求的全部会计资料和其他有关资料（在20×2年×月×日之前提供审计所需的全部资料），并保证所提供资料的真实性和完整性。

2. 确保乙方不受限制地接触任何与审计有关的记录、文件和所需的其他信息。

【下段适用于集团财务报表审计业务，使用时需按每位客户/约定项目的特定情况而修改，如果加入此段，应相应修改下面其他条款编号。】

【3. 为满足乙方对甲方合并财务报表发表审计意见的需要，甲方须确保：

乙方和为组成部分执行审计的其他会计师事务所的注册会计师（以下简称其他注册会计师）之间的沟通不受任何限制。

组成部分是指甲方的子公司、分部、分公司、合营企业、联营企业等。如果甲方管理层、负责编制组成部分财务信息的管理层（以下简称组成部分管理层）对其他注册会计师的审计范围施加了限制，或客观环境使其他注册会计师的审计范围受到限制，甲方管理层和组成部分管理层应当及时告知乙方。

乙方及时获悉其他注册会计师与组成部分治理层和管理层之间的重要沟通(包括就内部控制重大缺陷进行的沟通)。

乙方及时获悉组成部分治理层和管理层与监管机构就财务信息事项进行的重要沟通。

在乙方认为必要时,允许乙方接触组成部分的信息、组成部分管理层或其他注册会计师(包括其他注册会计师的审计工作底稿),并允许乙方对组成部分的财务信息实施审计程序。】

3. 甲方管理层对其作出的与审计有关的声明予以书面确认。

4. 为乙方派出的有关工作人员提供必要的工作条件和协助,主要事项将由乙方于外勤工作开始前提供清单。

5. 按本约定书的约定及时足额支付审计费用以及乙方人员在审计期间的交通、食宿和其他相关费用。

三、乙方的责任和义务

(一)乙方的责任

1. 乙方的责任是在实施审计工作的基础上对甲方财务报表发表审计意见。乙方按照中国注册会计师审计准则(以下简称审计准则)的规定进行审计。审计准则要求注册会计师遵守职业道德规范,计划和实施审计工作,以对财务报表是否不存在重大错报获取合理保证。

【下段适用于集团财务报表审计业务,使用时需按每位客户/约定项目的特定情况而修改,如果加入此段,应相应修改下面其他条款编号。】

【2. 乙方不对非由乙方审计的组成部分的财务信息单独出具审计报告;有关的责任由对该组成部分执行审计的其他注册会计师及其所在的会计师事务所承担。】

2. 审计工作涉及实施审计程序,以获取有关财务报表金额和披露的审计证据。选择的审计程序取决于乙方的判断,包括对由于舞弊或错误导致的财务报表重大错报风险的评估。在进行风险评估时,乙方考虑与财务报表编制相关的内部控制,以设计恰当的审计程序,但目的并非对内部控制的有效性发表意见。审计工作还包括评价管理层选用会计政策的恰当性和作出会计估计的合理性,以及评价财务报表的总体列报。

3. 乙方需要合理计划和实施审计工作,以使乙方能够获取充分、适当的审计证据,为甲方财务报表是否不存在重大错报获取合理保证。

4. 乙方有责任在审计报告中指明所发现的甲方在某重大方面没有遵循企业会计准则和《××会计制度》编制财务报表且未按乙方的建议进行调整的

事项。

5. 由于测试的性质和审计的其他固有限制，以及内部控制的固有局限性，不可避免地存在着某些重大错报在审计后可能仍然未被乙方发现的风险。

6. 在审计过程中，乙方若发现甲方内部控制存在乙方认为的重要缺陷，应向甲方提交管理建议书。但乙方在管理建议书中提出的各种事项，并不代表已全面说明所有可能存在的缺陷或已提出所有可行的改善建议。甲方在实施乙方提出的改善建议前应全面评估其影响。未经乙方书面许可，甲方不得向任何第三方提供乙方出具的管理建议书。

7. 乙方的审计不能减轻甲方及甲方管理层的责任。

(二)乙方的义务

1. 按照约定时间完成审计工作，出具审计报告。乙方应于20×2年×月×日前出具审计报告。

2. 除下列情况外，乙方应当对执行业务过程中知悉的甲方信息予以保密：①取得甲方的授权；②根据法律法规的规定，为法律诉讼准备文件或提供证据，以及向监管机构报告发现的违反法规行为；③接受行业协会和监管机构依法进行的质量检查；④监管机构对乙方进行行政处罚(包括监管机构处罚前的调查、听证)以及乙方对此提起行政复议。

四、审计收费

1. 本次审计服务的收费是以乙方各级别工作人员在本次工作中所耗费的时间为基础计算的。乙方预计本次审计服务的费用总额为人民币××万元。

2. 甲方应于本约定书签署之日起××日内支付×%的审计费用，其余款项于[审计报告草稿完成日]结清。

3. 如果由于无法预见的原因，致使乙方从事本约定书所涉及的审计服务实际时间较本约定书签订时预计的时间有明显的增加或减少时，甲乙双方应通过协商，相应调整本约定书第四条第1项下所述的审计费用。

4. 如果由于无法预见的原因，致使乙方人员抵达甲方的工作现场后，本约定书所涉及的审计服务不再进行，甲方不得要求退还预付的审计费用；如上述情况发生于乙方人员完成现场审计工作，并离开甲方的工作现场之后，甲方应另行向乙方支付人民币××元的补偿费，该补偿费应于甲方收到乙方的收款通知之日起××日内支付。

5. 与本次审计有关的其他费用(包括交通费、食宿费等)由甲方承担。

五、审计报告和审计报告的使用

1. 乙方按照《中国注册会计师审计准则第1501号——审计报告》和《中国注册会计师审计准则第1502号——非标准审计报告》规定的格式和类型出具审计报告。

2. 乙方向甲方致送审计报告一式××份。

3. 甲方在提交或对外公布审计报告时,不得修改乙方出具的审计报告及其后附的已审计财务报表。当甲方认为有必要修改会计数据、报表附注和所作的说明时,应当事先通知乙方,乙方将考虑有关的修改对审计报告的影响,必要时,将重新出具审计报告。

六、本约定书的有效期限

本约定书自签署之日起生效,并在双方履行完毕本约定书约定的所有义务后终止。但其中第三(二)2、四、五、八、九、十项并不因本约定书终止而失效。

七、约定事项的变更

如果出现不可预见的情况,影响审计工作如期完成,或需要提前出具审计报告,甲、乙双方均可要求变更约定事项,但应及时通知对方,并由双方协商解决。

八、终止条款

1. 如果根据乙方的职业道德及其他有关专业职责、适用的法律法规或其他任何法定的要求,乙方认为已不适宜继续为甲方提供本约定书约定的审计服务时,乙方可以采取向甲方提出合理通知的方式终止履行本约定书。

2. 在终止业务约定的情况下,乙方有权就其于本约定书终止之日前对约定的审计服务项目所做的工作收取合理的审计费用。

九、违约责任

甲、乙双方按照《中华人民共和国合同法》的规定承担违约责任。

十、适用法律和争议解决

本约定书的所有方面均应适用中华人民共和国法律进行解释并受其约束。本约定书履行地为乙方出具审计报告所在地,因本约定书所引起的或与本约定书有关的任何纠纷或争议(包括关于本约定书条款的存在、效力或终止,或无效之后果),双方选择以下第________种解决方式:

1. 向有管辖权的人民法院提起诉讼;

2. 提交××仲裁委员会仲裁。

十一、双方对其他有关事项的约定

本约定书一式两份,甲、乙方各执一份,具有同等法律效力。

甲方:ABC 股份有限公司(盖章)　　　乙方:××会计师事务所(盖章)

授权代表:(签名并盖章)　　　授权代表:(签名并盖章)

二〇×二年×月×日　　　二〇×二年×月×日

一、单项选择题

1. 在下列审计类型中,具有营利性的审计是(　　)。

A. 国家审计机关对于国家投资的高速公路的审计

B. 大型企业集团内部审计部门对于下属子公司的经营审计

C. 国家审计机关对于党政干部的离任审计

D. 注册会计师接受委托对按照计税基础编制的财务报表进行的审计

2. 下列关于政府审计与注册会计师审计的论断中,正确的是(　　)。

A. 二者的经费和收入来源相同

B. 二者的审计目标基本一致

C. 二者都是外部审计,都具有较强的独立性

D. 二者对发现问题的处理方式相同

3. 风险导向审计要求注册会计师将审计资源分配到的领域是(　　)。

A. 最容易导致会计报表出现固有风险的领域

B. 最容易导致会计报表出现控制风险的领域

C. 最容易导致会计报表出现检查风险的领域

D. 最容易导致会计报表出现重大错报的领域

4. 下列业务不属于注册会计师法定业务范围的是(　　)。

A. 对企业内部控制进行审查,出具管理建议书

B. 对财务报表的组成部分进行审计,出具有关的报告

C. 办理企业合并、分立、清算事宜中的审计业务,出具有关的报告

D. 对按照特殊编制基础编制的财务报表进行审计,出具有关的报告

5. 注册会计师进行年度财务报表审计时,应对被审计单位的内部审计进行了解,并可以利用内部审计的工作成果,这是因为(　　)。

A. 内部审计和注册会计师审计在工作上是完全一致的

B. 利用内部审计工作成果可以提高注册会计师的工作效果

C. 内部审计的独立性比注册会计师审计差

D. 内部审计是被审计单位内部控制的重要组成部分

6. 在下列情况下,注册会计师披露客户信息违反了保密原则的是(　　)。

A. 为后任注册会计师提供审计准则所要求的沟通内容,沟通前未征得客户的同意

B. 为法律诉讼出示文件或提供证据

C. 在事务所的手册中列示为客户的某项目做咨询成功的案例和相关业务数据,且已取得客户的授权

D. 接受注册会计师协会或监管机构的质量检查提供为客户的审计工作底稿

7. 注册会计师在审查销售业务时,发现甲公司销售给乙公司一批商品的销售收入记录了 100 万元,通过实质性程序确认,该笔销售实际取得收入 90 万元(将 10% 的商业折扣也计入了销售收入),那么违反了营业收入的(　　)认定。

A. 发生　　B. 完整性　　C. 准确性　　D. 计价和分摊

8. 被审计单位当年建造完工厂房已投入使用并办理了固定资产竣工决算手续,但注册会计师发现在建造厂房的"工程成本"中有多笔管理部门的职工福利开支费,显然,被审计单位固定资产报表项目不正确的"认定"是(　　)。

A. 存在　　B. 完整性

C. 计价和分摊　　D. 分类和可理解性

9. 在审计实务中,注册会计师往往要求被审计单位出具(　　),以明确与财务报表有关的管理层责任。

A. 管理层保证书　　B. 管理建议书

C. 内部控制重大缺陷沟通函　　D. 管理层声明书

10. 下列有关财务报表审计目标的说法中错误的是(　　)。

A. 注册会计师作为独立第三方,运用专业知识、技能和经验对财务报表进行审计并发表审计意见,旨在增强预期使用者对财务报表信赖程度

B. 财务报表审计目标,是对被审计单位财务报表的真实性和公允性发表意见

C. 财务报表审计目标界定了注册会计师的责任范围,直接影响注册会计师计划和实施审计程序的性质、时间和范围

D. 财务报表审计目标对注册会计师的审计工作发挥着导向作用

11. 下列有关管理层、治理层和注册会计师责任的说法中错误的是(　　)。

A. 防止或发现舞弊是注册会计师的责任

B. 治理层有责任监督管理层建立和维护内部控制

C. 注册会计师有责任按照审计准则的规定实施审计工作，获取财务报表在整体上不存在重大错报的合理保证

D. 管理层有责任建立良好的控制环境，维护有关政策和程序，以保证有序和有效地开展业务活动

12. 重要性是注册会计师执业判断的结果。在确定上市公司财务报表重要性水平时，不同的注册会计师可以采取不同的方法，但以下(　　)方法是不适当的。

A. 根据对重要股东的函证或询问结果综合确定重要性

B. 根据所属会计师事务所的惯例确定重要性

C. 先选择一个恰当的基准，再乘以适当的百分比，得出重要性水平

D. 根据自己的从业经验确定重要性

13. 在考虑重要性和审计风险时，以下有关说法中不正确的是(　　)。

A. 在评估重大错报风险时，可以不考虑相关内部控制

B. 应当确定识别的重大错报风险是与财务报表整体相关，进而影响多项认定，还是与特定的各类交易、账户余额或披露的认定相关

C. 应当在了解被审计单位及其环境的整个过程中识别风险

D. 在评估重大错报风险时，应将所了解的控制与特定认定相联系

14. 会计师事务所开展初步业务活动，以确保在计划审计工作时执行审计工作的注册会计师具备(　　)的要求。

A. 按适当的方式收费　　B. 对客户的商业机密保密

C. 独立性和专业胜任能力　　D. 合理利用专家工作

15. 某产品2010年的毛利率与2009年相比有所上升，XYZ公司提供了以下解释，其中与毛利率变动不相关的是(　　)。

A. 该产品的销售价格与2009年相比有所上升

B. 该产品的产量与2009年相比有所增加

C. 该产品的销售收入占当年主营业务收入的比例与2009年相比有所上升

D. 该产品使用的主要原材料的价格与2009年相比有所下降

16. 在确定审计证据的相关性时，下列事项不属于注册会计师应当考虑的是(　　)。

A. 特定的审计程序可能只为某些认定提供相关的审计证据，而与其他

认定无关

B. 针对同一项认定可以从不同来源获取审计证据或获取不同性质的审计证据

C. 从外部独立来源获取的审计证据比从其他来源获取的审计证据更可靠

D. 只与特定认定相关的审计证据并不能替代与其他认定相关的审计证据

17. 有关审计证据可靠性的下列表述中,注册会计师认同的是(　　)。

A. 从外部独立来源获取的审计证据没有从其他来源获取的审计证据可靠

B. 内部证据在外部流转并获得其他单位承认,则具有较强的可靠性

C. 被审计单位管理层声明书有助于审计结论的形成,具有较强的可靠性

D. 口头形式的审计证据比以文件、记录形式存在的证据更可靠

18. 注册会计师获取的下列以文件记录形式的证据中,证明力最强的是(　　)。

A. 银行存款函证回函　　B. 购货发票

C. 产品入库单　　D. 应收账款明细账

19. 如果不存在未能完成审计业务的情况,则审计工作底稿的归档期限应为审计报告日后的(　　)天内。

A. 30　　B. 60　　C. 90　　D. 180

二、多项选择题

1. 就审计的独立性进行分析,在各种形式的审计中,下列说法中正确的有(　　)。

A. 政府审计的独立性高于注册会计师审计

B. 内部审计的独立性低于注册会计师审计与政府审计

C. 政府审计是单方向独立,它仅仅与被审计单位独立,与审计委托者不独立

D. 注册会计师审计是双向独立,它独立于被审计单位和审计委托者

2. 在下列各项业务中,属于注册会计师提供的相关服务的有(　　)。

A. 对合同遵循情况进行审查并出具报告

B. 对预测性财务报告进行审核

C. 税务代理

D. 担任常年会计顾问

3. 下列有关注册会计师避免法律诉讼的具体措施中正确的有(　　)。

A. 保持良好的职业道德,严格遵循专业标准的要求执行业务,出具报告

B. 深入了解被审计单位所在行业的情况及被审计单位的业务

C. 会计师事务所承接任何业务时,都必须按照业务约定书准则的要求与委托人签订业务约定书

D. 注册会计师必须审慎选择被审计单位,尤其对陷入财务和法律困境的被审计单位要特别注意

4. 以下关于保存工作底稿期限的说法中,不正确的有(　　)。

A. 对于相关服务业务的工作底稿,应自归档日起至少保存 8 年

B. 对于审阅业务的工作底稿,自工作底稿归档日起至少保存 10 年

C. 对鉴证业务的工作底稿,应自业务报告日起至少保存 10 年

D. 对于其他鉴证业务的工作底稿,应自业务报告日起至少保存 7 年

5. 注册会计师通过审计发现的下列情况中,被审计单位没有违反权利和义务认定的有(　　)。

A. 将经营租入的设备作为自有固定资产

B. 将融资租入的设备作为自有固定资产

C. 将已出租的专利权作为自有无形资产

D. 将委托代销的商品作为企业的存货

6. 注册会计师应选择以下审计程序来证明投资性房地产的“权利和义务”认定(　　)。

A. 检查建筑物权证、土地使用权证等证明文件,确定建筑物、土地使用权是否归被审计单位所有

B. 与被审计单位讨论,以确定划分为投资性房地产的建筑物、土地使用权是否符合会计准则的规定

C. 结合银行借款等的检查,了解建筑物、土地使用权是否存在抵押、担保情况

D. 采用公允价值模式的,说明公允价值的确定依据和方法,以及公允价值变动对损益的影响

7. 下列各项中,属于注册会计师需要确认的应收账款“计价和分摊”认定的审计程序有(　　)。

A. 应收账款确实为被审计单位拥有

B. 计提和冲销的坏账准备金额是正确的

C. 应收账款总账与明细账是一致性的

D. 应收账款均已记录

8. 注册会计师所确定的以下具体审计目标中,(　　)是根据管理层关于完整性认定推论得出的。

A. 主营业务收入明细账余额合计是否与总账余额相符

B. 存货是否已适当地计提跌价损失准备

C. 在途存货是否包括在存货项目内

D. 有关短期借款的入账是否及时

9. 以下有关审计目标的说法中正确的有(　　)。

A. 审计目标包括财务报表审计目标以及与各类交易、账户余额和披露相关的审计目标两个层次

B. 财务报表审计能够提高财务报表的可信赖程度

C. 在财务报表审计中,被审计单位管理层和治理层与注册会计师承担着不同的责任,不能相互混淆和替代

D. 审计目标界定了注册会计师的责任范围,决定了注册会计师如何发表审计意见

10. 由于注册会计师通常并不对所有的交易、账户余额和披露进行检查,以及其他原因,检查风险不可能降低为零。其原因包括注册会计师可能选择了不恰当的审计程序、审计程序执行不当,或者错误理解了审计结论。可以帮助注册会计师解决的方法有(　　)。

A. 注册会计师制定适当的计划

B. 监督、指导和复核助理人员所执行的审计工作

C. 保持职业怀疑态度

D. 在项目组成员之间进行恰当的职责分配

11. 下列有关获取审计证据方法的表述中,正确的有(　　)。

A. 询问是注册会计师以书面或口头方式,向被审计单位内部或外部的知情人员获取信息,并对其答复进行评价的过程

B. 知情人员对询问的答复可能为注册会计师提供尚未获悉的信息

C. 注册会计师有可能会根据询问的结果修改或追加审计程序

D. 询问运用于对内部控制的测试时,能够为测试内部控制运行的有效性提供充分的证据

12. 下列各项审计证据中,属于来自被审计单位内部证据的有(　　)。

A. 被审计单位已对外报送的财务报表

B. 被审计单位提供的银行对账单

C. 被审计单位律师关于未决诉讼的声明书

D. 被审计单位管理层声明书

三、简答题

1. V上市实体(以下简称V公司)系ABC会计师事务所的常年审计客户。2009年11月,ABC会计师事务所与V公司(金融机构)续签了审计业务约定书,审计V公司2009年度财务报表。假定存在以下情形:

(1)V公司由于财务困难,应付ABC会计师事务所2008年度审计费用100万元一直没有支付。经双方协商,ABC会计师事务所同意V公司延期至2010年年底支付。在此期间,V公司按银行同期贷款利率支付资金占用费。

(2)V公司由于财务人员短缺,2009年向ABC会计师事务所借用一名注册会计师,由该注册会计师将经会计主管审核的记账凭证录入计算机信息系统。ABC会计师事务所未将该注册会计师包括在V公司2009年度财务报表审计项目组。

(3)甲注册会计师已连续5年担任V公司年度财务报表审计的签字注册会计师。根据有关规定,在审计V公司2009年度财务报表时,ABC会计师事务所决定不再由甲注册会计师担任签字注册会计师。但在成立V公司2009年度财务报表审计项目组时,ABC会计师事务所要求其继续担任外勤审计负责人。

(4)由于V公司降低2009年度财务报表审计费用近1/3,导致ABC会计师事务所审计收入不能弥补审计成本,ABC会计师事务所决定不再对V公司下属的两个重要的销售分公司进行审计,并以审计范围受限为由出具了保留意见的审计报告。

(5)ABC会计师事务所针对审计过程中发现的问题,向V公司提出了会计政策选用和会计处理调整的建议,并协助其解决相关账户调整问题。

要求:请根据《中国注册会计师职业道德守则》的规定,分别判断上述5种情形是否对ABC会计师事务所的独立性产生不利影响,并简要说明理由。

2. 注册会计师在对A公司进行审计时,发现该公司的内部控制制度具有严重缺陷,在此种情况下,注册会计师是否能依赖下列证据:

(1)原材料验收单;

(2)存货监盘记录表(不涉及检查相关的所有权凭证);

(3)被审计单位管理层声明书;

(4)通过分析程序发现异常波动。

中篇
审计实施

本篇主要介绍审计的实施过程，包括风险导向审计模式下进行的风险评估和风险应对，重点是相关业务循环审计工作的实施。

项目4 风险评估与风险应对

知识目标：

通过本项目的学习，使学生掌握审计计划和审计策略的要素，会进行简单的控制测试和实质性程序。

技能目标：

通过本项目的学习，让学生学会风险评估和风险应对策略，会编制审计计划。

引导案例：

案例1：2001年的安然事件是近年来震惊国际资本市场的重大案件。安然公司的破产导致了作为世界“五大”之一的安达信会计师事务所的终结，并引发了全球性的注册会计师行业诚信危机和一系列重大变革的出台。其原因在于公司虚假经营、虚构利润、隐瞒亏损。例如，利用“特别目的实体”高估利润、低估负债；通过空挂应收票据，高估资产和股东权益；通过合伙企业操纵利润；利用合伙企业网络组织自我交易，隐藏巨额亏损。

案例2：2002年6月25日，世界通信公司财务真相被揭露，涉嫌虚报巨额利润。经调查，2001年到2002年第一季度，公司凭空捏造出38.52亿美元利润。在真相被揭穿的次日，世界通信公司股票价格由鼎盛时期的60多美元降到9美分。美国证券交易委员会以民事欺诈的罪名将其告上法庭。

在上述案例中，被审计公司利用虚构业务、虚增收入、夸大利润、隐瞒亏损和负债、虚增资产和股东权益等手段进行舞弊，并且这种舞弊是由管理层策划并执行的“一条龙造假”，可以轻易绕过内部控制的约束。交易的实质性测试失灵。注册会计师如果不注重从宏观层面把握财务风险，而是直接实施控制测试和实质性的测试，容易产生审计失败。因此，注册会计师需要把视角放在企业内部的监管之外，放在企业的目标、战略和相关的经营风险方面，审计时要跳出账簿、跳出内控，根据现代财务舞弊的特点进入以查找管理舞弊为核心的风险导向审计模式。

思考：审计人员在审计过程中，如何以风险评估应对审计过程中出现的种种问题？具体步骤和要求是什么？

财务报表审计流程

工作过程	业务承接	风险评估	控制测试（不是必经程序）	实质性程序	编制审计报告
工作行动	1. 委托事项沟通 2. 业务承接评价 3. 签订审计业务约定书	1. 询问 2. 分析程序 3. 观察和检查	1. 询问 2. 观察 3. 检查 4. 穿行测试	1. 检查记录或文件 2. 检查有形资产 3. 观察 4. 询问 5. 函证 6. 重新计算 7. 重新执行 8. 分析程序	1. 汇总调整分录 2. 工作底稿复核 3. 编制审计报告
工作成果	业务约定书及其他初步工作底稿	风险评估工作底稿	控制测试工作底稿	实质性程序工作底稿	调整分录汇总表 审计报告

任务1 风险评估

任务引入：在风险导向审计模式下，如何进行风险评估是我们需要解决的问题。

在风险导向审计模式下，为使审计业务有效执行，使审计风险降低至可接受的低水平，审计人员必须实施风险评估程序获取审计证据，以识别和评估因被审计单位经营管理及其环境因素导致的财务报表发生重大错报的可能性和领域,并针对风险评估结果,编制审计计划、制订总体应对措施和进一步审计程序,以应对重大错报风险,这个识别和评价财务报表发生重大错报的可能性和领域的过程就叫风险评估。风险评估过程包括了解被审计单位及其环境(不包括内部控制制度)、了解被审计单位内部控制、项目组讨论评估并汇总报表和认定层次的重大错报风险。

一、了解被审计单位及其环境

(一)总体要求

注册会计师应当从下列方面了解被审计单位及其环境:①行业状况、法律环境与监管环境以及其他外部因素;②被审计单位的性质;③被审计单位对会计政策的选择和运用;④被审计单位的目标、战略以及相关经营风险;⑤被审计单位财务业绩的衡量和评价;⑥被审计单位的内部控制。

(二)了解被审计单位行业状况、法律环境与监管环境以及其他外部因素

1.行业状况

了解行业状况有助于注册会计师识别与被审计单位所处行业有关的重大错报风险。

注册会计师应当了解被审计单位的行业状况,主要包括:

①所处行业的市场供求与竞争;②生产经营的季节性和周期性;③产品生产技术的变化;④能源供应与成本;⑤行业的关键指标和统计数据。

具体而言,注册会计师可能需要了解以下情况:①被审计单位所处行业的总体发展趋势是什么?②处于哪一发展阶段,如起步、快速成长、成熟或衰退阶段?③所处市场的需求、市场容量和价格竞争如何?④该行业是否受经济周期波动的影响,以及采取了什么行动使波动产生的影响最小化?⑤该行业受技术发展影响的程度如何?⑥是否开发了新的技术?⑦能源消耗在成本中所占比重,能源价格的变化对成本的影响?⑧谁是被审计单位最重要的竞争者,他们各自所占的市场份额是多少?⑨被审计单位与其竞争者相比主要的竞争优势是什么?⑩被审计单位业务的增长率和财务业绩与行业的平均水平及主要竞争者相比如何,存在重大差异的原因是什么?⑪竞争者是否采取了某些行动,如购并活动、降低销售价格、开发新技术等,从而对被审计单位的经营活动产生影响?

那么,这个风险是否重大呢?可能会有多个方面考虑。另外,如果评价出风险较大,那么,审计程序就“可能”会多一些。如果这种风险很大,但存货在企

业中金额很小,对整体影响是很小的,那么,就算出现了错误,对报表整体影响也很小,那么,我们需要执行的审计程序也可能是很有限的。

2. 法律环境及监管环境

注册会计师应当了解被审计单位所处的法律环境及监管环境,主要包括:①适用的会计准则、会计制度和行业特定惯例;②对经营活动产生重大影响的法律法规及监管活动;③对开展业务产生重大影响的政府政策,包括货币、财政、税收和贸易等政策;④与被审计单位所处行业和所从事经营活动相关的环保要求。

3. 其他外部因素

注册会计师应当了解影响被审计单位经营的其他外部因素,主要包括:①宏观经济的景气度;②利率和资金供求状况;③通货膨胀水平及币值变动;④国际经济环境和汇率变动。

4. 了解的重点和程度

注册会计师应当考虑将了解的重点放在对被审计单位的经营活动可能产生重要影响的关键外部因素以及与前期相比发生的重大变化上。

(三)了解被审计单位的性质

1. 所有权结构

对被审计单位所有权结构的了解有助于注册会计师识别关联方关系并了解被审计单位的决策过程。

注册会计师应当了解所有权结构以及所有者与其他人员或单位之间的关系,考虑关联方关系是否已经得到识别,以及关联方交易是否得到恰当核算。

同时,注册会计师可能需要对其控股母公司(股东)的情况作进一步的了解,包括控股母公司的所有权性质、管理风格及其对被审计单位经营活动及财务报表可能产生的影响;控股母公司与被审计单位在资产、业务、人员、机构、财务等方面是否分开,是否存在占用资金等情况;控股母公司是否施加压力,要求被审计单位达到其设定的财务业绩目标。

2. 治理结构

良好的治理结构可以对被审计单位的经营和财务运作实施有效的监督,从而降低财务报表发生重大错报的风险。

注册会计师应当考虑治理层是否能够在独立于管理层的情况下对被审计单位事务(包括财务报告)作出客观判断。

3. 组织结构

复杂的组织结构可能导致某些特定的重大错报风险。注册会计师应当了解被审计单位的组织结构,考虑复杂组织结构可能导致的重大错报风险,包括财务报表合并、商誉摊销和减值、长期股权投资核算以及特殊目的实体核算等问题。

4. 经营活动

了解被审计单位经营活动有助于注册会计师识别预期在财务报表中反映的主要交易类别、重要账户余额和列报。注册会计师应当了解被审计单位的经营活动。主要包括:①主营业务的性质。例如,主营业务是制造业还是商品批发与零售;是银行、保险还是其他金融服务;是公用事业、交通运输还是提供技术产品和服务等。②与生产产品或提供劳务相关的市场信息。例如,主要客户和合同、付款条件、利润率、市场份额、竞争者、出口、定价政策、产品声誉、质量保证、营销策略和目标等。③业务的开展情况。例如,业务分部的设立情况、产品和服务的交付、衰退或扩展的经营活动的详情等。④联盟、合营与外包情况。⑤从事电子商务的情况。例如,是否通过互联网销售产品和提供服务以及从事营销活动。⑥地区与行业分布。例如,是否涉及跨地区经营和多种经营,各个地区和各行业分布的相对规模以及相互之间是否存在依赖关系。⑦生产设施、仓库的地理位置及办公地点。⑧关键客户。例如,销售对象是少量的大客户还是众多的小客户;是否有被审计单位高度依赖的特定客户(如超过销售总额10%的顾客);是否有造成高回收性风险的若干客户或客户类别(如正处在一个衰退市场中的客户);是否与某些客户订立了不寻常的销售条款或条件。⑨重要供应商。例如,是否签订长期供应合同、原材料供应的可靠性和稳定性、付款条件,以及原材料是否受重大价格变动的影响。⑩劳动用工情况。例如,分地区用工情况、劳动力供应情况、工薪水平、退休金和其他福利、股权激励或其他奖金安排以及与劳动用工事项相关的政府法规。⑪研究与开发活动及其支出。⑫关联方交易。例如,有些客户或供应商是否为关联方;对关联方和非关联方是否采用不同的销售和采购条款。此外,还存在哪些关联方交易,对这些交易采用怎样的定价政策。

5. 投资活动

了解被审计单位投资活动有助于注册会计师关注被审计单位在经营策略和方向上的重大变化。

注册会计师应当了解被审计单位的投资活动。主要包括:①近期拟实施或已实施的并购活动与资产处置情况,包括业务重组或某些业务的终止。注册会计师应当了解并购活动如何与被审计单位目前的经营业务相协调,并考虑他们是否会引发进一步的经营风险。②证券投资、委托贷款的发生与处置。③资本性投资活动,包括固定资产和无形资产投资,近期或计划发生的变动,以及重大的资本承诺等。④不纳入合并范围的投资。例如,联营、合营或其他投资,包括近期计划的投资项目。

6. 筹资活动

了解被审计单位筹资活动有助于注册会计师评估被审计单位在融资方面的压力,并进一步考虑被审计单位在可预见未来的持续经营能力。

注册会计师应当了解被审计单位的筹资活动。主要包括:①债务结构和相关条款,包括担保情况及表外融资。例如,是否存在违反借款合同中限制性条款的情况。②固定资产的租赁,包括通过融资租赁方式进行的筹资活动。③关联方融资。例如,关联方融资的特殊条款。④实际受益股东。例如,实际受益股东是国内的,还是国外的,其商业声誉和经验可能对被审计单位产生的影响。⑤衍生金融工具的运用。

(四)被审计单位对会计政策的选择和运用

1. 重要项目的会计政策和行业惯例

重要项目的会计政策包括,收入确认、存货的计价方法、投资的核算、固定资产的折旧方法、坏账准备、存货跌价准备和其他资产减值准备的确定、借款费用资本化方法、合并财务报表的编制方法等。除会计政策以外,某些行业可能还存在一些行业惯例。当被审计单位采用与行业惯例不同的会计处理方法时,注册会计师应当了解其原因,并考虑采用与行业惯例不同的会计处理方法是否适当。

2. 重大和异常交易的会计处理方法

例如,本期发生的企业合并的会计处理方法。

3. 在新领域和缺乏权威性标准或共识的领域,采用重要会计政策产生的影响

在新领域和缺乏权威性标准或共识的领域,注册会计师应当关注被审计单位选用了哪些会计政策,为什么选用这些会计政策以及选用这些会计政策产生的影响。

4. 会计政策的变更

如果被审计单位变更了重要的会计政策,注册会计师应当考虑变更的原因及其适当性,即考虑:①会计政策的变更是否是法律、行政法规或者适用的会计准则和相关会计制度要求的变更;②会计政策变更是否能够提供更可靠、更相关的会计信息。除此之外,注册会计师还应当关注会计政策的变更是否得到充分披露。

5. 被审计单位何时采用以及如何采用新颁布的会计准则和相关会计制度

例如,新的企业会计准则自2007年1月1日起在上市公司施行,并鼓励其他企业执行。注册会计师应考虑被审计的上市公司是否已按照新会计准则的要求,做好衔接调整工作,并收集执行新会计准则需要的信息资料。

除上述与会计政策的选择和运用相关的事项外,注册会计师还应对被审计单位下列与会计政策运用相关的情况予以关注:①是否采用激进的会计政策、方法、估计和判断;②财会人员是否拥有足够的运用会计准则的知识、经验和能力;③是否拥有足够的资源支持会计政策的运用,如人力资源及培训、信息技术的采用、数据和信息的采集等。注册会计师应当考虑被审计单位是否已对特定事项作了适当的列报和披露。

(五)被审计单位的目标、战略以及相关经营风险

1. 目标、战略与经营风险

目标是企业经营活动的指针。企业管理层或治理层一般会根据企业经营面临的外部环境和内部各种因素,制定合理可行的经营目标。战略是企业管理层为实现经营目标采用的总体层面的策略和方法。

经营风险源于对被审计单位实现目标和战略产生不利影响的重大情况、事项、环境和行动,或源于不恰当的目标和战略。管理层有责任识别和应对这些风险。不能随环境的变化而作出相应的调整固然可能产生经营风险。但是,在调整的过程中也可能导致经营风险。被审计单位如果采用的是比较激进的战略或目标,很可能会有相应的重大错报风险;但是如果企业很保守,也同样会有风险。

注册会计师应当了解被审计单位是否存在与下列方面有关的目标和战略,并考虑相应的经营风险:①行业发展,及其可能导致的被审计单位不具备足以应对行业变化的人力资源和业务专长等风险;②开发新产品或提供新服务,及其可能导致的被审计单位产品责任增加等风险;③业务扩张,及其可能导致的被审计单位对市场需求的估计不准确等风险;④新颁布的会计法规,及其可能导致的被审计单位执行法规不当或不完整,或会计处理成本增加等风险;⑤监管要求,及其可能导致的被审计单位法律责任增加等风险;⑥本期及未来的融资条件,及其可能导致的被审计单位由于无法满足融资条件而失去融资机会等风险;⑦信息技术的运用,及其可能导致的被审计单位信息系统与业务流程难以融合等风险。

2. 经营风险对重大错报风险的影响

并非所有的经营风险都与财务报表相关,注册会计师没有责任识别或评估对财务报表没有影响的经营风险。

并非所有经营风险都会导致重大错报风险。注册会计师应当根据被审计单位的具体情况考虑经营风险是否可能导致财务报表发生重大错报。

3. 被审计单位的风险评估过程

管理层通常制定识别和应对经营风险的策略,注册会计师应当了解被审计单位的风险评估过程。此类风险评估过程是被审计单位内部控制的组成部分。

(六)被审计单位财务业绩的衡量和评价

被审计单位管理层经常会衡量和评价关键业绩指标(包括财务和非财务的)、预算及差异分析、分部信息和分支机构、部门或其他层次的业绩报告以及与竞争对手的业绩比较。此外,外部机构也会衡量和评价被审计单位的财务业绩,如分析师的报告和信用评级机构的报告。

被审计单位内部或外部对财务业绩的衡量和评价可能对管理层产生压力,促使其采取行动改善财务业绩或歪曲财务报表。

因此,注册会计师应当了解被审计单位财务业绩的衡量和评价情况,考虑这种压力是否可能导致管理层采取行动导致增加财务报表发生重大错报的风险。

1. 了解的主要方面

在了解被审计单位财务业绩衡量和评价情况时,注册会计师应当关注下列信息:①关键业绩指标;②业绩趋势;③预测、预算和差异分析;④管理层和员工业绩考核与激励性报酬政策;⑤分部信息与不同层次部门的业绩报告;⑥与竞争对手的业绩比较;⑦外部机构提出的报告。

2. 关注内部财务业绩衡量的结果

内部财务业绩衡量可能显示未预期到的结果或趋势。在这种情况下,管理层通常会进行调查并采取纠正措施。与内部财务业绩衡量相关的信息可能显示财务报表存在错报风险。

3. 考虑财务业绩衡量指标的可靠性

如果拟利用被审计单位内部信息系统生成的财务业绩衡量指标,注册会计师应当考虑相关信息是否可靠,以及利用这些信息是否足以实现审计目标。

认为内部生成的衡量财务业绩的信息是准确的，而实际上信息有误，那么根据有误的信息得出的结论也可能是错误的。

如果注册会计师计划在审计中（如在实施分析程序时）利用财务业绩指标，应当考虑相关信息是否可靠，以及在实施审计程序时利用这些信息是否足以发现重大错报。

需要强调的是，注册会计师了解被审计单位财务业绩的衡量与评价，是为了考虑管理层是否面临实现某些关键财务业绩指标的压力。这些压力既可能源于需要达到市场分析师或股东的预期，也可能产生于达到获得股票期权或管理层和员工奖金的目标。受压力影响的人员可能是高级管理人员（包括董事会）也可能是可以操纵财务报表的其他经理人员，如子公司或分支机构管理层可能为达到奖金目标操纵财务报表。

二、了解被审计单位的内部控制

（一）与审计相关的控制

注册会计师需要了解和评价的内部控制只是与财务报表审计相关的内部控制，并非被审计单位所有的内部控制。

1. 为实现财务报告可靠性目标设计和实施的控制

注册会计师应当运用职业判断，考虑一项控制单独或连同其他控制是否与评估重大错报风险以及针对评估的风险设计和实施进一步审计程序有关。

在运用职业判断时，注册会计师应当考虑下列因素：①注册会计师确定的重要性水平；②被审计单位的性质，包括组织结构和所有制性质；③被审计单位的规模；④被审计单位经营的多样性和复杂性；⑤法律法规和监管要求；⑥作为内部控制组成部分的系统（包括利用服务机构）的性质和复杂性。

2. 其他与审计相关的控制

如果在设计和实施进一步审计程序时拟利用被审计单位内部生成的信息，注册会计师应当考虑用以保证该信息完整性和准确性的控制可能与审计相关。注册会计师以前的经验以及在了解被审计单位及其环境过程中获得的信息，可以帮助注册会计师识别与审计相关的控制。

如果用以保证经营效率、效果的控制以及对法律法规遵守的控制与实施审计程序时评价或使用的数据相关，注册会计师应当考虑这些控制可能与审计相关。

被审计单位通常有一些与审计无关的控制，注册会计师无需对其加以考虑。

用以保护资产的内部控制可能包括与实现财务报告可靠性和经营效率、效果目标相关的控制。注册会计师在了解保护资产的内部控制各项要素时，可以仅考虑其中与财务报告可靠性目标相关的控制。

（二）对内部控制了解的深度

对内部控制了解的深度，是指在了解被审计单位及其环境时对内部控制了解的程度。包括评价控制的设计，并确定其是否得到执行，但不包括对控制是否得到一贯执行的测试。

1. 评价控制的设计

评价控制的设计是指考虑一项控制单独或连同其他控制是否能够有效防止或发现并纠正重大错报。控制得到执行是指某项控制存在且被审计单位正在使用。设计不当的控制可能表明内部控制存在重大缺陷，注册会计师在确定是否考虑控制得到执行时，应当首先考虑控制的设计。如果控制设计不当，不需要再考虑控制是否得到执行。

2. 获取控制设计和执行的审计证据

注册会计师通常实施下列风险评估程序，以获取有关控制设计和执行的审计证据：①询问被审计单位的人员；②观察特定控制的运用；③检查文件和报告；④追踪交易在财务报告信息系统中的处理过程（穿行测试）。这些程序是风险评估程序在了解被审计单位内部控制方面的具体运用。

询问本身并不足以评价控制的设计以及确定其是否得到执行，注册会计师应当将询问与其他风险评估程序结合使用。

3. 了解内部控制的步骤

了解内部控制包括四个重要的步骤。第一步，识别需要降低哪些风险以预防财务报表中发生重大错报。如果某内部控制目标没有实现，风险因素通常被描述为“可能的错误”。第二步，记录相关的内部控制。目的是识别是否存在内部控制降低第一步所列出的风险因素，但没有必要记录和评价与审计无关的内部控制。第三步，评估控制的执行。主要是实施穿行测试，以确信识别的内部控制实际上确实存在。如果存在，注册会计师就可完成对控制设计和执行的评价。第四步，评估内部控制的设计。汇总获得的所有信息，并根据风险因素描绘识别出的（或执行的）控制。完成上述四个步骤之后，注册会计师应当确定内部控制是否存在重大弱点。

4. 了解内部控制与测试控制运行有效性的关系

除非存在某些可以使控制得到一贯运行的自动化控制,注册会计师对控制的了解并不能够代替对控制运行有效性的测试。

由于信息技术处理流程的内在一贯性,实施审计程序确定某项自动控制是否得到执行,也可能实现对控制运行有效性测试的目标。

(三)内部控制的人工和自动化成分

内部控制采用人工系统还是自动化系统,将影响交易生成、记录、处理和报告的方式。在以人工为主的系统中,内部控制一般包括批准和复核业务活动,编制调节表并对调节项目进行跟踪。

当采用信息技术系统生成、记录、处理和报告交易时,交易的记录形式(如订购单、发票、装运单及相关的会计记录)可能是电子文档而不是纸质文件。信息技术系统中的控制可能既有自动控制(如嵌入计算机程序的控制)又有人工控制。人工控制可能独立于信息技术系统,利用信息技术系统生成的信息,也可能限于监督信息技术系统和自动控制的有效运行或者处理例外事项。

如果采用信息技术系统处理交易和其他数据,系统和程序可能包括与财务报表重大账户认定相关的控制或者包括人工控制作用的有效发挥。被审计单位的性质和经营的复杂程度会对采用人工控制和自动控制的成分产生影响。

(四)内部控制的局限性

内部控制存在固有局限性,无论如何设计和执行,只能对财务报告的可靠性提供合理的保证。内部控制存在的固有局限性包括:①在决策时人为判断可能出现错误和由于人为失误而导致内部控制失效。②可能由于两个或更多的人员进行串通或管理层凌驾于内部控制之上而被规避。此外,如果被审计单位内部行使控制职能的人员素质不适应岗位要求,也会影响内部控制功能的正常发挥。

被审计单位实施内部控制的成本效益问题也会影响其职能,当实施某项控制成本大于控制效果而发生损失时,就没有必要设置控制环节或控制措施。

内部控制一般都是针对经常而重复发生的业务而设置的,如果出现不经常发生或未预计到的业务,原有控制就可能不适用。

(五)在整体层面对内部控制了解和评估的总结

在整体层面对被审计单位内部控制的了解和评估,通常由项目组中对被审计单位情况比较了解且较有经验的成员负责。对于连续审计,注册会计师可以重点关注整体层面的内部控制的变化情况，包括由于被审计单位及其环境的变化而导致内部控制发生的变化以及采取的对策。注册会计师还需要特别考虑因舞弊而导致重大错报的可能性及其影响。

注册会计师可以考虑将询问被审计单位人员、观察特定控制的应用、检查文件和报告以及执行穿行测试等风险评估程序相结合，以获取审计证据。在了解上述内部控制的构成要素时，注册会计师需要特别注意这些要素在实际中是否得到执行。

财务报表层次的重大错报风险很可能源于薄弱的控制环境，因此，注册会计师在评估财务报表层次的重大错报风险时，应当将被审计单位整体层面的内部控制状况和了解到的被审计单位及其环境其他方面的情况结合起来考虑。

（六）在业务流程层面了解和评价内部控制

在初步计划审计工作时，注册会计师需要确定在被审计单位财务报表中可能存在重大错报风险的重大账户及其相关认定。为实现此目的，通常采取下列步骤：①确定被审计单位的重要业务流程和重要交易类别；②了解重要交易流程，并记录获得的了解；③确定可能发生错报的环节；④识别和了解相关控制；⑤执行穿行测试，证实对交易流程和相关控制的了解；⑥进行初步评价和风险评估。

三、初步评价和风险评估

（一）对控制的初步评价

在识别和了解控制后，根据执行上述程序和获取的审计证据，注册会计师需要评价控制设计的合理性并确定其是否得到执行。

注册会计师对控制的评价结论可能是：①所设计的内部控制单独或连同其他控制能够防止或发现并纠正重大错报，并得到执行；②控制本身的设计是合理的，但没有得到执行；③控制本身的设计就是无效的或缺乏必要的控制。

由于对控制的了解和评价是在穿行测试完成后，但又在测试控制运行有效性之前进行的，因此，上述评价结论只是初步结论，仍可能随控制测试后实施实质性程序的结果而发生变化。

（二）风险评估需考虑的因素

注册会计师对控制的评价，进而对重大错报风险的评估，需考虑以下因素：

①账户特征及已识别的重大错报风险。

②对被审计单位整体层面控制的评价。

③评价决策。

在对控制进行初步评价及风险评估后，注册会计师需要利用实施上述程序获得的信息，回答以下问题：

①控制本身的设计是否合理。

②控制是否得到执行。

③是否更多地信赖控制并拟实施控制测试。

如果认为被审计单位控制设计合理并得到执行，能够有效防止或发现并纠正重大错报，那么，注册会计师通常可以信赖这些控制，减少拟实施的实质性程序。如果拟更多地信赖这些控制，需要确信所信赖的控制在整个拟信赖期间都有效地发挥了作用，即注册会计师应对这些控制在该期间内是否得到一贯运行进行测试。拟信赖该控制的期间可能是整个年度，也可能是其中某一时段。如果控制测试的结果进一步证实内部控制是有效的，注册会计师可以认为相关账户及认定发生重大错报的可能性较低，对相关账户及认定实施实质性程序的范围也将减少。

注册会计师也可能认为控制是无效的，包括控制本身设计不合理，不能实现控制目标，或者尽管控制设计合理，但没有得到执行。注册会计师不需要测试控制运行的有效性，而直接实施实质性程序。但在评估重大错报风险时，需要考虑控制失效对财务报表及其审计的影响。

需要再次指出的是，除非存在某些可以使控制得到一贯运行的自动化控制，注册会计师对控制的了解和评价并不能够代替对控制运行有效性的测试。

任务2　制定总体审计策略

审计计划分为总体审计策略和具体审计计划两个层次。注册会计师应当针对总体审计策略中所识别的不同事项，制定具体审计计划，并考虑通过有效利用审计资源以实现审计目标。值得注意的是，虽然制定总体审计策略的过程通常在具体审计计划之前，但是两项计划具有内在紧密联系，对其中一项的决定可能会影响甚至改变对另外一项的决定。

一、总体审计策略

注册会计师应当为审计工作制定总体审计策略。总体审计策略用以确定

审计范围、时间和方向,并指导具体审计计划的制定。在制定总体审计策略时,应当考虑以下事项:

(一)审计范围

在确定审计范围时,需要考虑下列具体事项:

①编制财务报表适用的会计准则和相关会计制度;②特定行业的报告要求,如某些行业的监管部门要求提交的报告;③预期的审计工作涵盖范围,包括需审计的集团内组成部分的数量及所在地点;④母公司和集团内其他组成部分之间存在的控制关系的性质,以确定如何编制合并财务报表;⑤其他注册会计师参与审计集团内组成部分的范围;⑥需审计的业务分部性质,包括是否需要具备专门知识;⑦外币业务的核算方法及外币财务报表折算和合并方法;⑧除对合并财务报表审计之外,是否需要对组成部分的财务报表单独进行法定审计;⑨内部审计工作的可利用性及对内部审计工作的拟依赖程度;⑩被审计单位使用服务机构的情况,及注册会计师如何取得有关服务机构内部控制设计、执行和运行有效性的证据;⑪预期利用在以前期间审计工作中获取的审计证据的程度,如获取的与风险评估程序和控制测试相关的审计证据;⑫信息技术对审计程序的影响,包括数据的可获得性和预期使用计算机辅助审计技术的情况;⑬根据中期财务信息审阅及在审阅中所获信息对审计的影响,相应调整审计涵盖范围和时间安排;⑭与为被审计单位提供其他服务的会计师事务所人员讨论可能影响审计的事项;⑮被审计单位的人员和相关数据可利用性。

(二)报告目标、时间安排及所需沟通

为计划报告目标、时间安排和所需沟通,需要考虑下列事项:

①被审计单位的财务报告时间表;②与管理层和治理层就审计工作的性质、范围和时间所举行的会议的组织工作;③与管理层和治理层讨论预期签发报告和其他沟通文件的类型及提交时间,报告和其他沟通文件,既包括书面的,也包括口头的,如审计报告、管理建议书和与治理层沟通函等;④就组成部分的报告及其他沟通文件的类型及提交时间与组成部分的注册会计师沟通;⑤项目组成员之间预期沟通的性质和时间安排,包括项目组会议的性质和时间安排及复核工作的时间安排;⑥是否需要跟第三方沟通,包括与审计相关的法律法规规定和业务约定书约定的报告责任;⑦与管理层讨论在整个审计过程中通报审计工作进展及审计结果的预期方式。

(三)审计方向

总体审计策略的制定应当包括考虑影响审计业务的重要因素,以确定项目

组工作方向,包括确定适当的重要性水平,初步识别可能存在较高的重大错报风险的领域,初步识别重要的组成部分和账户余额,评价是否需要针对内部控制的有效性获取审计证据,识别被审计单位、所处行业、财务报告要求及其他相关方面最近发生的重大变化等。

在确定审计方向时,注册会计师需要考虑下列事项:

①重要性方面。具体包括:

a. 为计划目的确定重要性;

b. 为组成部分确定重要性且与组成部分的注册会计师沟通;

c. 在审计过程中重新考虑重要性;

d. 识别重要的组成部分和账户余额。

②重大错报风险较高的审计领域。

③评估的财务报表层次的重大错报风险对指导、监督及复核的影响。

④项目组人员的选择(在必要时包括项目质量控制复核人员)和工作分工,包括向重大错报风险较高的审计领域分派具备适当经验的人员。

⑤项目预算,包括考虑为重大错报风险可能较高的审计领域分配适当的工作时间。

⑥如何向项目组成员强调在收集和评价审计证据过程中保持职业怀疑必要性的方式。

⑦以往审计中对内部控制运行有效性评价的结果,包括所识别的控制缺陷的性质及应对措施。

⑧管理层重视设计和实施健全的内部控制的相关证据,包括这些内部控制得以适当记录的证据。

⑨业务交易量规模,以基于审计效率的考虑确定是否依赖内部控制。

⑩对内部控制重要性的重视程度。

⑪影响被审计单位经营的重大发展变化,包括信息技术和业务流程的变化、关键管理人员变化,以及收购、兼并和分立。

⑫重大的行业发展情况,如行业法规变化和新的报告规定。

⑬会计准则及会计制度的变化。

⑭其他重大变化,如影响被审计单位的法律环境的变化。

(四)审计资源

注册会计师应当在总体审计策略中清楚地说明审计资源的规划和调配,包括确定执行审计业务所必需的审计资源的性质、时间和范围。

①向具体审计领域调配的资源,包括向高风险领域分派有适当经验的项目组成员,就复杂的问题利用专家工作等;

②向具体审计领域分配资源的数量,包括安排到重要存货存放地观察存货盘点的项目组成员的数量,对其他注册会计师工作的复核范围,对高风险领域安排的审计时间预算等;

③何时调配这些资源,包括是在期中审计阶段还是在关键的截止日期调配资源等;

④如何管理、指导、监督这些资源的利用,包括预期何时召开项目组预备会和总结会,预期项目负责人和经理如何进行复核,是否需要实施项目质量控制复核等。

二、具体审计计划

注册会计师应当为审计工作制定具体审计计划。具体审计计划比总体审计策略更加详细,其内容包括为获取充分、适当的审计证据以将审计风险降至可接受的低水平,项目组成员拟实施的审计程序的性质、时间和范围。可以说,为获取充分、适当的审计证据,而确定审计程序的性质、时间和范围的决策是具体审计计划的核心。具体审计计划应当包括风险评估程序、计划实施的进一步审计程序和其他审计程序。

1. 风险评估程序

具体审计计划应当包括按照《中国注册会计师审计准则第 1211 号——了解被审计单位及其环境并评估重大错报风险》的规定,为了足够识别和评估财务报表重大错报风险,注册会计师计划实施的风险评估程序的性质、时间和范围。

2. 计划实施的进一步审计程序

具体审计计划应当包括按照《中国注册会计师审计准则第 1231 号——针对评估的重大错报风险实施的程序》的规定,针对评估的认定层次的重大错报风险,注册会计师计划实施的进一步审计程序的性质、时间和范围。进一步审计程序包括控制测试和实质性程序。

需要强调的是,随着审计工作的推进,对审计程序的计划会一步步深入,并贯穿于整个审计过程。例如,计划风险评估程序通常在审计开始阶段进行,计划进一步审计程序则需要依据风险评估程序的结果进行。因此,为达到制订具体审计计划的要求,注册会计师需要完成风险评估程序,识别和评估重大错报风险,并针对评估的认定层次的重大错报风险,计划实施进一步审计程序的性质、时间和范围。

通常,注册会计师计划的进一步审计程序可以分为进一步审计程序的总体方案和拟实施的具体审计程序(包括进一步审计程序的具体性质、时间和范围)两个层次。进一步审计程序的总体方案主要是指注册会计师针对各类交易、账户余额和列报决定采用的总体方案(包括实质性方案或综合性方案)。具体审计程序则是对进一步审计程序的总体方案的延伸和细化,它通常包括控制测试和实质性程序的性质、时间和范围。在实务中,注册会计师通常单独制定一套包括这些具体程序的"进一步审计程序表"。待具体实施审计程序时,注册会计师将基于所计划的具体审计程序,进一步记录所实施的审计程序及结果,并最终形成有关进一步审计程序的审计工作底稿。

另外,完整、详细的进一步审计程序的计划包括对各类交易、账户余额和列报实施的具体审计程序的性质、时间和范围,包括抽取的样本量等。在实务中,注册会计师可以统筹安排进一步审计程序的先后顺序,如果对某类交易、账户余额或列报已经做出计划,则可以安排先行开展工作,与此同时再制定其他交易、账户余额和列报的进一步审计程序。

3. 计划其他审计程序

具体审计计划应当包括根据审计准则的规定,注册会计师针对审计业务需要实施的其他审计程序。计划的其他审计程序可以包括上述进一步程序的计划中没有涵盖的、根据其他审计准则的要求注册会计师应当执行的既定程序。

在审计计划阶段,除了按照《中国注册会计师审计准则第 1211 号——了解被审计单位及其环境并评估重大错报风险》进行计划工作,注册会计师还需要兼顾其他准则中规定的、针对特定项目在审计计划阶段应执行的程序及记录要求。例如,《中国注册会计师审计准则第 1141 号——财务报表审计中对舞弊的考虑》《中国注册会计师审计准则第 1324 号——持续经营》《中国注册会计师审计准则第 1142 号——财务报表审计中对法律法规的考虑》及《中国注册会计师审计准则第 1323 号——关联方》等准则中对注册会计师针对这些特定项目在审计计划阶段应当执行的程序及其记录作出了规定。当然,由于被审计单位所处行业、环境各不相同,特别项目可能也有所不同。例如,有些企业可能涉及环境事项、电子商务等,在实务中注册会计师应根据被审计单位的具体情况确定特定项目并执行相应的审计程序。

计划审计工作并非审计业务的一个孤立阶段,而是一个持续的、不断修正的过程,贯穿于整个审计业务的始终。由于未预期事项(条件的变化或在实施审计程序中获取的审计证据等原因),注册会计师在必要时应当对总体审计策略和具体审计计划作出更新和修改。

审计过程可以分为不同阶段,通常前面阶段的工作结果会对后面阶段的工作计划产生一定的影响,而后面阶段的工作过程中又可能发现需要对已制定的相关计划进行相应的更新和修改。通常来讲,这些更新和修改涉及比较重要的事项。例如,对重要性水平的修改,对某类交易、账户余额和列报的重大错报风险的评估和进一步审计程序(包括总体方案和拟实施的具体审计程序)的更新和修改等。一旦计划被更新和修改,审计工作也就应当进行相应的修正。

任务3 评估重大错报风险

一、识别和评估财务报表层次和认定层次的重大错报风险

(一)识别两个层次的重大错报风险

某些重大错报风险可能与特定的各类交易、账户余额、列报的认定相关。例如,被审计单位存在复杂的联营或合资,这一事项表明长期股权投资账户的认定可能存在重大错报风险。又如,被审计单位存在重大的关联方交易,该事项表明关联方及关联方交易的披露认定可能存在重大错报风险。

某些重大错报风险可能与财务报表整体广泛相关,进而影响多项认定。例如,在经济不稳定的国家和地区开展业务、资产的流动性出现问题、重要客户流失、融资能力受到限制等,可能导致注册会计师对被审计单位的持续经营能力产生重大疑虑。又如,管理层缺乏诚信或承受异常的压力可能引发舞弊风险,这些风险与财务报表整体相关。

(二)考虑财务报表的可审计性

注册会计师在了解被审计单位内部控制后,可能对被审计单位财务报表的可审计性产生怀疑。如果通过对内部控制的了解发现下列情况,并对财务报表局部或整体的可审计性产生疑问,注册会计师应当考虑出具保留意见或无法表示意见的审计报告:

①被审计单位会计记录的状况和可靠性存在重大问题,不能获取充分、适当的审计证据以发表无保留意见;

②对管理层的诚信存在严重疑虑。

必要时,注册会计师应当考虑解除业务约定。

二、需要特别考虑的重大错报风险

(一)特别风险的含义

作为风险评估的一部分,注册会计师应当运用职业判断,确定识别的风险哪些是需要特别考虑的重大错报风险(以下简称特别风险)。

(二)确定特别风险时应考虑的事项

在确定哪些风险是特别风险时,注册会计师应当在考虑识别出的控制对相关风险的抵消效果前,根据风险的性质、潜在错报的重要程度(包括该风险是否可能导致多项错报)和发生的可能性,判断风险是否属于特别风险。

在确定风险的性质时,注册会计师应当考虑下列事项:

①风险是否属于舞弊风险;

②风险是否与近期经济环境、会计处理方法和其他方面的重大变化有关;

③交易的复杂程度;

④风险是否涉及重大的关联方交易;

⑤财务信息计量的主观程度,特别是对不确定事项的计量存在较大区间;

⑥风险是否涉及异常或超出正常经营过程的重大交易;

⑦非常规交易和判断事项导致的特别风险。

日常的、不复杂的、经正规处理的交易不太可能产生特别风险。特别风险通常与重大的非常规交易和判断事项有关。

非常规交易是指由于金额或性质异常而不经常发生的交易。例如,企业购并、债务重组、重大或有事项等。由于非常规交易具有下列特征,与重大非常规交易相关的特别风险可能导致更高的重大错报风险:①管理层更多地介入会计处理;②数据收集和处理涉及更多的人工成分;③复杂的计算或会计处理方法;④非常规交易的性质可能使被审计单位难以对由此产生的特别风险实施有效控制。

判断事项通常包括作出的会计估计。如资产减值准备金额的估计、需要运用复杂估值技术确定的公允价值计量等。由于下列原因,与重大判断事项相关的特别风险可能导致更高的重大错报风险:①对涉及会计估计、收入确认等方面的会计原则存在不同的理解;②所要求的判断可能是主观和复杂的,或需要对未来事项作出假设。

（三）考虑与特别风险相关的控制

对特别风险，注册会计师应当评价相关控制的设计情况，并确定其是否已经得到执行。由于与重大非常规交易或判断事项相关的风险很少受到日常控制的约束，注册会计师应当了解被审计单位是否针对该特别风险设计和实施了控制。

三、仅通过实质性程序无法应对的重大错报风险

作为风险评估的一部分，如果认为仅通过实质性程序获取的审计证据无法将认定层次的重大错报风险降至可接受的低水平，注册会计师应当评价被审计单位针对这些风险设计的控制，并确定其执行情况。

在被审计单位对日常交易采用高度自动化处理的情况下，审计证据可能仅以电子文档的形式存在，其充分性和适当性通常取决于自动化信息系统相关控制的有效性，注册会计师应当考虑仅通过实施实质性程序不能获取充分、适当审计证据的可能性。

四、对风险评估的修正

注册会计师对认定层次重大错报风险的评估应以获取的审计证据为基础，并可能随着不断获取审计证据而作出相应的变化。

因此，评估重大错报风险与了解被审计单位及其环境一样，也是一个连续和动态的收集、更新与分析信息的过程，贯穿于整个审计过程的始终。

任务4　风险应对

《中国注册会计师审计准则第1101号——财务报表审计的目标和一般原则》要求注册会计师在审计过程中贯彻风险导向审计的理念，围绕重大错报风险的识别、评估和应对，计划和实施审计工作。《中国注册会计师审计准则第1211号——了解被审计单位及其环境并评估重大错报风险》规范了注册会计师通过实施风险评估程序，识别和评估财务报表层次以及各类交易、账户余额、列报认定层次的重大错报风险。《中国注册会计师审计准则第1231号——针对评估的重大错报风险实施的程序》规范了注册会计师针对已评估的重大错报风

险确定总体应对措施，设计和实施进一步审计程序。因此，注册会计师应当针对评估的重大错报风险实施程序，即针对评估的财务报表层次重大错报风险确定总体应对措施，并针对评估的认定层次重大错报风险设计和实施进一步审计程序，以将审计风险降至可接受的低水平。

一、针对财务报表层次重大错报风险的总体应对措施

（一）总体应对措施

在财务报表重大错报风险的评估过程中，注册会计师应当确定，识别的重大错报风险是与特定的某类交易、账户余额、列报的认定相关，还是与财务报表整体广泛相关，进而影响多项认定。如果是后者，则属于财务报表层次的重大错报风险。

注册会计师应当针对评估的财务报表层次重大错报风险确定下列总体应对措施：

①向审计项目组强调在收集和评价审计证据过程中保持职业怀疑态度的必要性。

②分派更有经验或具有特殊技能的注册会计师，或利用专家的工作。由于各行业在经营业务、经营风险、财务报告、法规要求等方面具有特殊性，审计人员的专业分工细化成为一种趋势。审计项目组成员中应有一定比例的人员曾经参与过被审计单位以前年度的审计，或具有被审计单位所处特定行业的相关审计经验。必要时，要考虑利用信息技术、税务、评估、精算等方面的专家的工作。

③提供更多的督导。对于财务报表层次重大错报风险较高的审计项目，审计项目组的高级别成员，如项目负责人、项目经理等经验较丰富的人员，要对其他成员提供更详细、更经常、更及时的指导和监督，并加强项目质量复核。

④在选择进一步审计程序时，应当注意使某些程序不被管理层预见或事先了解。被审计单位人员，尤其是管理层，如果熟悉注册会计师的审计套路，就可能采取种种规避手段，掩盖财务报告中的舞弊行为。因此，在设计拟实施审计程序的性质、时间和范围时，为了避免既定思维对审计方案的限制，避免对审计效果的人为干涉，从而使得针对重大错报风险的进一步审计程序更加有效，注册会计师要考虑使某些程序不被被审计单位管理层预见或事先了解。

在实务中，注册会计师可以通过以下方式提高审计程序的不可预见性：

①对某些未测试过的低于设定的重要性水平或风险较小的账户余额和认定实施实质性程序。

②调整实施审计程序的时间，使被审计单位不可预期。

③采取不同的审计抽样方法，使当期抽取的测试样本与以前有所不同。

④选取不同的地点实施审计程序，或预先不告知被审计单位所选定的测试地点。

⑤对拟实施审计程序的性质、时间和范围作出总体修改。财务报表层次的重大错报风险很可能源于薄弱的控制环境。薄弱的控制环境带来的风险可能对财务报表产生广泛影响，难以限于某类交易、账户余额、列报，注册会计师应当采取总体应对措施。相应地，注册会计师对控制环境的了解也影响其对财务报表层次重大错报风险的评估。有效的控制环境可以使注册会计师增强对内部控制和被审计单位内部产生的证据的信赖程度。如果控制环境存在缺陷，注册会计师在对拟实施审计程序的性质、时间和范围作出总体修改时应当考虑：

a. 在期末而非期中实施更多的审计程序。控制环境的缺陷通常会削弱期中获得的审计证据的可信赖程度。

b. 主要依赖实质性程序获取审计证据。良好的控制环境是其他控制要素发挥作用的基础。控制环境存在缺陷通常会削弱其他控制要素的作用，导致注册会计师可能无法信赖内部控制，而主要依赖实施实质性程序获取审计证据。

c. 修改审计程序的性质，获取更具说服力的审计证据。修改审计程序的性质主要是指调整拟实施审计程序的类别及组合，比如原先可能主要限于检查某项资产的账面记录或相关文件，而调整审计程序的性质后可能意味着更加重视实地检查该项资产。

d. 扩大审计程序的范围。例如，扩大样本规模，或采用更详细的数据实施分析程序。

（二）总体方案

财务报表层次重大错报风险难以限于某类交易、账户余额、列报的特点，意味着此类风险可能对财务报表的多项认定产生广泛影响，并相应增加注册会计师对认定层次重大错报风险的评估难度。因此，注册会计师评估的财务报表层次重大错报风险以及采取的总体应对措施，对拟实施进一步审计程序的总体方案具有重大影响。

拟实施进一步审计程序的总体方案包括实质性方案和综合性方案。其中，实质性方案是指注册会计师实施的进一步审计程序以实质性程序为主；综合性方案是指注册会计师在实施进一步审计程序时，将控制测试与实质性程序结合使用。当评估的财务报表层次重大错报风险属于高风险水平（并相应采取更强调审计程序不可预见性以及重视调整审计程序的性质、时间和范围等总体应对措施）时，拟实施进一步审计程序的总体方案往往更倾向于实质性方案。

二、针对认定层次重大错报风险的进一步审计程序

（一）进一步审计程序的含义和性质

1. 进一步审计程序的含义

进一步审计程序相对于风险评估程序而言，是指注册会计师针对评估的各类交易、账户余额、列报认定层次重大错报风险实施的审计程序，包括控制测试和实质性程序。

注册会计师应当针对评估的认定层次重大错报风险设计和实施进一步审计程序，包括审计程序的性质、时间和范围。注册会计师设计和实施的进一步审计程序的性质、时间和范围，应当与评估的认定层次重大错报风险具备明确的对应关系。注册会计师实施的审计程序应具有目的性和针对性，有的放矢地配置审计资源，有利于提高审计效率和效果。

2. 进一步审计程序的性质

进一步审计程序的性质是指进一步审计程序的目的和类型。其中，进一步审计程序的目的包括通过实施控制测试以确定内部控制运行的有效性，通过实施实质性程序以发现认定层次的重大错报；进一步审计程序的类型包括检查、观察、询问、函证、重新计算、重新执行和分析程序。

（二）进一步审计程序的时间

1. 进一步审计程序的时间的含义

进一步审计程序的时间是指注册会计师何时实施进一步审计程序，或审计证据适用的期间或时点。因此，当提及进一步审计程序的时间时，在某些情况下指的是审计程序的实施时间，在另一些情况下是指需要获取的审计证据适用的期间或时点。

2. 进一步审计程序的时间的选择

有关进一步审计程序的时间的选择问题，第一个层面是注册会计师选择在何时实施进一步审计程序的问题；第二个层面是选择获取什么期间或时点的审计证据的问题。第一个层面的选择问题主要集中在如何权衡期中与期末实施审计程序的关系；第二个层面的选择问题分别集中在如何权衡期中审计证据与期末审计证据的关系、如何权衡以前审计获取的审计证据与本期审计获取的审计证据的关

系。这两个层面的最终落脚点都是如何确保获取审计证据的效率和效果。

注册会计师可以在期中或期末实施控制测试或实质性程序。这就引出了注册会计师应当如何选择实施审计程序的时间的问题。一项基本的考虑因素应当是注册会计师评估的重大错报风险，当重大错报风险较高时，注册会计师应当考虑在期末或接近期末实施实质性程序；或采用不通知的方式，或在管理层不能预见的时间实施审计程序。

虽然在期末实施审计程序在很多情况下非常必要，但仍然不排除注册会计师在期中实施审计程序可能发挥的积极作用。在期中实施进一步审计程序，可能有助于注册会计师在审计工作初期识别重大事项，并在管理层的协助下及时解决这些事项或针对这些事项制定有效的实质性方案或综合性方案。当然，在期中实施进一步审计程序也存在很大的局限。首先，注册会计师往往难以仅凭在期中实施的进一步审计程序获取有关期中以前的充分、适当的审计证据（例如某些期中以前发生的交易或事项在期中审计结束时尚未完结）；其次，即使注册会计师在期中实施的进一步审计程序能够获取有关期中以前的充分、适当的审计证据，但从期中到期末这段剩余期间还往往会发生重大的交易或事项（包括期中以前发生的交易、事项的延续，以及期中以后发生的新的交易、事项），从而对所审计期间的财务报表认定产生重大影响；再次，被审计单位管理层也完全有可能在注册会计师于期中实施了进一步审计程序之后对期中以前的相关会计记录作出调整甚至篡改，注册会计师在期中实施了进一步审计程序所获取的审计证据已经发生了变化。为此，如果在期中实施了进一步审计程序，注册会计师还应当针对剩余期间获取审计证据。

（三）进一步审计程序的范围

1. 进一步审计程序的范围的含义

进一步审计程序的范围是指实施进一步审计程序的数量，包括抽取的样本量、对某项控制活动的观察次数等。

2. 确定进一步审计程序的范围时考虑的因素

在确定进一步审计程序的范围时，注册会计师应当考虑下列因素：

①确定的重要性水平。确定的重要性水平越低，注册会计师实施进一步审计程序的范围越广。

②评估的重大错报风险。评估的重大错报风险越高，对拟获取审计证据的相关性、可靠性的要求越高，因此，注册会计师实施的进一步审计程序的范围也越广。

③计划获取的保证程度。计划获取的保证程度,是指注册会计师计划通过所实施的审计程序对测试结果可靠性所获取的信心。计划获取的保证程度越高,对测试结果可靠性要求越高,注册会计师实施的进一步审计程序的范围越广。

需要说明的是,随着重大错报风险的增加,注册会计师应当考虑扩大审计程序的范围。但是,只有当审计程序本身与特定风险相关时,扩大审计程序的范围才是有效的。

在考虑确定进一步审计程序的范围时,使用计算机辅助审计技术具有积极的作用。注册会计师可以使用计算机辅助审计技术对电子化的交易和账户文档进行更广泛的测试,包括从主要电子文档中选取交易样本,或按照某一特征对交易进行分类,或对总体而非样本进行测试。

鉴于进一步审计程序的范围往往是通过一定的抽样方法加以确定的,因此,注册会计师需要慎重考虑抽样过程对审计程序范围的影响是否能够有效实现审计目的。注册会计师使用恰当的抽样方法通常可以得出有效结论。但如果存在下列情形,注册会计师依据样本得出的结论可能与对总体实施同样的审计程序得出的结论不同,出现不可接受的风险:①从总体中选择的样本量过小;②选择的抽样方法对实现特定目标不适当;③未对发现的例外事项进行恰当的追查。

此外,注册会计师在综合运用不同审计程序时,除了面临各类审计程序的性质选择问题外,还面临如何权衡各类程序的范围问题。因此,注册会计师在综合运用不同审计程序时,不仅应当考虑各类审计程序的性质,还应当考虑测试的范围是否适当。

三、控制测试

(一)控制测试的性质

控制测试的性质是指控制测试所使用的审计程序的类型及其组合。

计划从控制测试中获取的保证水平是决定控制测试性质的主要因素之一。注册会计师应当选择适当类型的审计程序以获取有关控制运行有效性的保证。计划的保证水平越高,对有关控制运行有效性的审计证据的可靠性要求越高。当拟实施的进一步审计程序主要以控制测试为主,尤其是仅实施实质性程序获取的审计证据无法将认定层次重大错报风险降至可接受的低水平时,注册会计师应当获取有关控制运行有效性的更高的保证水平。

虽然控制测试与了解内部控制的目的不同,但两者采用审计程序的类型通常相同,包括询问、观察、检查和重新执行。

1. 询问

注册会计师可以向被审计单位适当员工询问,获取与内部控制运行情况相关的信息。例如,询问信息系统管理人员有无未经授权接触计算机硬件和软件,向负责复核银行存款余额调节表的人员询问如何进行复核,包括复核的要点是什么、发现不符事项如何处理等。然而,仅仅通过询问不能为控制运行的有效性提供充分的证据,注册会计师通常需要印证被询问者的答复,如向其他人员询问和检查执行控制时所使用的报告、手册或其他文件等。因此,虽然询问是一种有用的手段,但它必须和其他测试手段结合使用才能发挥作用。在询问过程中,注册会计师应当保持职业怀疑态度。

2. 观察

观察是测试不留下书面记录的控制(如职责分离)的运行情况的有效方法。例如,观察存货盘点控制的执行情况。观察也可运用于实物控制,如查看仓库门是否锁好,或空白支票是否妥善保管。通常情况下,注册会计师通过观察直接获取的证据比间接获取的证据更可靠。但是,注册会计师还要考虑其所观察到的控制在注册会计师不在场时可能未被执行的情况。

3. 检查

对运行情况留有书面证据的控制,检查非常适用。书面说明、复核时留下的记号,或其他记录在偏差报告中的标志,都可以被当做控制运行情况的证据。例如,检查销售发票是否有复核人员签字,检查销售发票是否附有客户订购单和出库单等。

4. 重新执行

通常只有当询问、观察和检查程序结合在一起仍无法获得充分的证据时,注册会计师才考虑通过重新执行来证实控制是否有效运行。例如,为了合理保证计价认定的准确性,被审计单位的一项控制是由复核人员核对销售发票上的价格与统一价格单上的价格是否一致。但是,要检查复核人员有没有认真执行核对,仅仅检查复核人员是否在相关文件上签字是不够的,注册会计师还需要自己选取一部分销售发票进行核对,这就是重新执行程序。如果需要进行大量的重新执行,注册会计师就要考虑通过实施控制测试以缩小实质性程序的范围是否有效率。

询问本身并不足以测试控制运行的有效性，注册会计师应当将询问与其他审计程序结合使用，以获取有关控制运行有效性的审计证据。观察提供的证据仅限于观察发生的时点，本身也不足以测试控制运行的有效性。将询问与检查或重新执行结合使用，通常能够比仅实施询问和观察获取更高的保证。例如，被审计单位针对处理收到的邮政汇款单设计和执行了相关的内部控制，注册会计师通过询问和观察程序往往不足以测试此类控制的运行有效性，还需要检查能够证明此类控制在所审计期间的其他时段有效运行的文件和凭证，以获取充分、适当的审计证据。

（二）控制测试的时间

如前所述，控制测试的时间包含两层含义：一是何时实施控制测试；二是测试所针对的控制适用的时点或期间。一个基本的原理是，如果测试特定时点的控制，注册会计师仅得到该时点控制运行有效性的审计证据；如果测试某一期间的控制，注册会计师可获取控制在该期间有效运行的审计证据。因此，注册会计师应当根据控制测试的目的确定控制测试的时间，并确定拟信赖的相关控制的时点或期间。

（三）控制测试的范围

对于控制测试的范围，其含义主要是指某项控制活动的测试次数。注册会计师应当设计控制测试，以获取控制在整个拟信赖的期间有效运行的充分、适当的审计证据。

四、实质性程序

（一）实质性程序的含义

实质性程序是指注册会计师针对评估的重大错报风险实施的直接用以发现认定层次重大错报的审计程序。因此，注册会计师应当针对评估的重大错报风险设计和实施实质性程序，以发现认定层次的重大错报。实质性程序包括对各类交易、账户余额、列报的细节测试以及实质性分析程序。

（二）实质性程序的性质

实质性程序的性质，是指实质性程序的类型及其组合。前已述及，实质性程序有两种基本类型，即细节测试和实质性分析程序。

细节测试是对各类交易、账户余额、列报的具体细节进行测试，目的在于直接识别财务报表认定是否存在错报。细节测试被用于获取与某些认定相关的审计证据，如存在、准确性、计价等。

实质性分析程序从技术特征上讲仍然是分析程序，主要是通过研究数据间关系评价信息，只是将该技术方法用做实质性程序，即用以识别各类交易、账户余额、列报及相关认定是否存在错报。实质性分析程序通常更适用于在一段时间内存在可预期关系的大量交易。

（三）实质性程序的时间

实质性程序的时间选择与控制测试的时间选择有共同点，也有很大差异。共同点在于，两类程序都面临着对期中审计证据和对以前审计获取的审计证据的考虑。两者的差异在于：①在控制测试中，期中实施控制测试并获取期中关于控制运行有效性审计证据的做法更具有一种"常态"；而由于实质性程序的目的在于更直接地发现重大错报，在期中实施实质性程序时更需要考虑其成本效益的权衡。②在本期控制测试中拟信赖以前审计获取的有关控制运行有效性的审计证据，已经受到了很大的限制；而对于以前审计中通过实质性程序获取的审计证据，则采取了更加慎重的态度和更严格的限制。

1. 如何考虑是否在期中实施实质性程序

如前所述，在期中实施实质性程序，一方面消耗了审计资源，另一方面期中实施实质性程序获取的审计证据又不能直接作为期末财务报表认定的审计证据，注册会计师仍然需要消耗进一步的审计资源，使期中审计证据能够合理延伸至期末。丁是这两部分审计资源的总和是否能够显著小于完全在期末实施实质性程序所需消耗的审计资源，是注册会计师需要权衡的。因此，注册会计师在考虑是否在期中实施实质性程序时应当考虑以下因素：

①控制环境和其他相关的控制。控制环境和其他相关的控制越薄弱，注册会计师越不宜在期中实施实质性程序。

②实施审计程序所需信息在期中之后的可获得性。如果实施实质性程序所需信息在期中之后可能难以获取（如系统变动导致某类交易记录难以获取），注册会计师应考虑在期中实施实质性程序；但如果实施实质性程序所需信息在期中之后的获取并不存在明显困难，该因素不应成为注册会计师在期中实施实质性程序的重要影响因素。

③实质性程序的目标。如果针对某项认定实施实质性程序的目标就包括获取该认定的期中审计证据（从而与期末比较），注册会计师应在期中实施实质性程序。

④评估的重大错报风险。注册会计师评估的某项认定的重大错报风险越

高,针对该认定所需获取的审计证据的相关性和可靠性要求也就越高,注册会计师越应当考虑将实质性程序集中于期末(或接近期末)实施。

⑤各类交易或账户余额以及相关认定的性质。例如,某些交易或账户余额以及相关认定的特殊性质(如收入截止认定、未决诉讼)决定了注册会计师必须在期末(或接近期末)实施实质性程序。

⑥针对剩余期间,能否通过实施实质性程序或将实质性程序与控制测试相结合,降低期末存在错报而未被发现的风险。如果针对剩余期间注册会计师可以通过实施实质性程序或将实质性程序与控制测试相结合,较有把握地降低期末存在错报而未被发现的风险(如注册会计师在 10 月份实施预审时考虑是否使用一定的审计资源实施实质性程序,从而形成的剩余期间不是很长),注册会计师可以考虑在期中实施实质性程序;但如果针对剩余期间注册会计师认为还需要消耗大量审计资源才有可能降低期末存在错报而未被发现的风险,甚至没有把握通过适当的进一步审计程序降低期末存在错报而未被发现的风险(如被审计单位于 8 月份发生管理层变更,注册会计师接受后任管理层邀请实施预审时,考虑是否使用一定的审计资源实施实质性程序),注册会计师就不宜在期中实施实质性程序。

2. 如何考虑期中审计证据

如果在期中实施了实质性程序,注册会计师应当针对剩余期间实施进一步的实质性程序,或将实质性程序和控制测试结合使用,以将期中测试得出的结论合理延伸至期末。在如何将期中实施的实质性程序得出的结论合理延伸至期末时,注册会计师有两种选择:其一是针对剩余期间实施进一步的实质性程序;其二是将实质性程序和控制测试结合使用。

如果拟将期中测试得出的结论延伸至期末,注册会计师应当考虑针对剩余期间仅实施实质性程序是否足够。如果认为实施实质性程序本身不充分,注册会计师还应测试剩余期间相关控制运行的有效性或针对期末实施实质性程序。

对于舞弊导致的重大错报风险(作为一类重要的特别风险),被审计单位存在故意错报或操纵的可能性,那么注册会计师更应慎重考虑能否将期中测试得出的结论延伸至期末。因此,如果已识别出由于舞弊导致的重大错报风险,为将期中得出的结论延伸至期末而实施的审计程序通常是无效的,注册会计师应当考虑在期末或者接近期末实施实质性程序。

3. 如何考虑以前审计获取的审计证据

在以前审计中实施实质性程序获取的审计证据，通常对本期只有很弱的证据效力或没有证据效力，不足以应对本期的重大错报风险。只有当以前获取的审计证据及其相关事项未发生重大变动时（例如，以前审计通过实质性程序测试过的某项诉讼在本期没有任何实质性进展），以前获取的审计证据才可能用做本期的有效审计证据。但即便如此，如果拟利用以前审计中实施实质性程序获取的审计证据，注册会计师应当在本期实施审计程序，以确定这些审计证据是否具有持续相关性。

（四）实质性程序的范围

评估的认定层次重大错报风险和实施控制测试的结果是注册会计师在确定实质性程序的范围时的重要考虑因素。因此，在确定实质性程序的范围时，注册会计师应当考虑评估的认定层次重大错报风险和实施控制测试的结果，注册会计师评估的认定层次的重大错报风险越高，需要实施实质性程序的范围越广。如果对控制测试结果不满意，注册会计师应当考虑扩大实质性程序的范围。

在设计细节测试时，注册会计师除了从样本量的角度考虑测试范围外，还要考虑选样方法的有效性等因素。例如，从总体中选取大额或异常项目，而不是进行代表性抽样或分层抽样。

实质性分析程序的范围有两层含义：第一层含义是对什么层次上的数据进行分析，注册会计师可以选择在高度汇总的财务数据层次进行分析，也可以根据重大错报风险的性质和水平调整分析层次。例如，按照不同产品线、不同季节或月份、不同经营地点或存货存放地点等实施实质性分析程序。第二层含义是需要对什么幅度或性质的偏差展开进一步调查。实施分析程序可能发现偏差，但并非所有的偏差都值得展开进一步调查。可容忍或可接受的偏差（即预期偏差）越大，作为实质性分析程序一部分的进一步调查的范围就越小。于是确定适当的预期偏差幅度同样属于实质性分析程序的范畴。因此，在设计实质性分析程序时，注册会计师应当确定已记录金额与预期值之间可接受的差异额。在确定该差异额时，注册会计师应当主要考虑各类交易、账户余额、列报及相关认定的重要性和计划的保证水平。

习　题

一、单项选择题

1. 下列关于财务报表层次重大错报风险的说法不正确的是(　　)。

A. 通常与控制环境有关

B. 与财务报表整体存在广泛联系

C. 可能影响多项认定

D. 可以界定于某类交易、账户余额和披露的具体认定

2. 对于认定层次重大错报风险发生的可能性需要考虑的是(　　)。

A. 管理层风险管理的方法　　B. 来自高层的基调

C. 相关的内部控制活动　　D. 采用的政策和程序

3. 以下关于内部控制的说法中,不正确的是(　　)。

A. 注册会计师对内部控制的了解,主要是评价内部控制的设计和确定内部控制是否得到执行

B. 注册会计师对内部控制的了解一般不能代替其对内部控制运行有效性的测试程序

C. 内部控制的自动化成分在处理涉及主观判断的状况或交易事项时可能比人工控制更为适当

D. 信息技术通常可以降低控制被规避的风险,从而提高被审计单位内部控制的效率和效果

4. 在下列所描述的内部控制中,最有利于被审计单位防止出现漏记购货现象的是(　　)。

A. 生成收货报告的计算机程序,同时也更新采购档案

B. 在更新采购档案之前必须先有收货报告

C. 销售发票上的价格根据价格清单上的信息确定

D. 计算机将各凭证上的账户号码与会计科目表对比,然后进行一系列的逻辑测试

5. 下列说法不正确的是(　　)。

A. 了解内部控制与控制测试是不同的

B. 了解内部控制绝不能取代控制测试

C. 内部控制存在固有局限性，无论如何设计和执行，只能对财务报告的可靠性提供合理的保证

D. 控制测试是确定内部控制运行是否有效，从而确定实质性程序的性质、时间和范围

6. 对于小规模企业，注册会计师通常可主要或全部依赖（　　）获取审计证据，将检查风险降至可接受水平。

A. 控制测试　　B. 实质性程序　　C. 重新执行　　D. 询问

7. 如被审计单位相关内部控制发生显著变动，注册会计师在进行控制测试时，应（　　）。

A. 重点测试变动以后的内部控制

B. 重点测试内部控制的变动对相关财务报表项目的影响

C. 对变动前后的内部控制分别进行测试

D. 对内部控制的变动原因进行详细了解

8. 下列关于控制测试的说法不正确的是（　　）。

A. 控制测试与了解内部控制的目的不同，但二者有时可以采用相同的审计程序类型

B. 控制测试与细节测试的目的不同，但注册会计师可以考虑针对同一交易同时实施控制测试和细节测试，以实现双重目的

C. 如果确定评估的认定层次重大错报风险是特别风险，并拟信赖旨在减轻特别风险的控制，注册会计师可以信赖以前审计获取的证据而不再测试

D. 注册会计师可以考虑在评价控制设计和获取其得到执行的审计证据的同时测试控制运行有效性，以提高审计效率

9. 注册会计师在了解及评价被审计单位内部控制后，实施控制测试的范围是（　　）。

A. 对财务报表有重大影响的内部控制

B. 并未有效运行的内部控制

C. 有重大缺陷的内部控制

D. 拟信赖的内部控制

10. 注册会计师在确定控制测试的时间时，下列说法中不恰当的是（　　）。

A. 对于控制测试，注册会计师在期中实施此类程序具有更积极的作用

B. 注册会计师观察某一时点的控制，则可获取该控制在被审期间有效运行的审计证据

C. 注册会计师即使已获取控制在期中运行有效性的审计证据，仍需将控制运行有效性的审计证据合理延伸至期末

D. 注册会计师如果将询问与检查或重新执行结合使用，通常能够获得控制有效性的审计证据

二、多项选择题

1. 在了解A公司控制环境时，注册会计师应当关注的内容有（　　）。

A. A公司治理层相对于管理层的独立性

B. A公司管理层的理念和经营风格

C. A公司员工整体的道德价值观

D. A公司对控制的监督

2. 在识别和了解业务流程层面的内部控制时，注册会计师会用到询问的方法，下列提法正确的有（　　）。

A. 询问被审计单位各级别的负责人员是识别和了解控制采用的主要方法

B. 业务流程越复杂，注册会计师越有必要询问信息系统人员

C. 为了辨别重要控制，应先询问级别较高的人员，再询问级别较低的人员

D. 了解管理层对控制运行情况的熟悉程度，应先询问级别较低的人员，再询问级别较高的人员

3. 在了解被审计单位内部控制时，注册会计师通常会（　　）。

A. 查阅上期工作底稿

B. 追踪交易在财务报告信息系统中的处理过程

C. 重新执行某项控制

D. 现场观察某项控制的运行

4. 下列关于控制测试的说法中，恰当的有（　　）。

A. 如果注册会计师认为内部控制的设计能够防止或发现并纠正财务报表认定层次的重大错报且已执行时，应对控制运行的有效性实施测试

B. 注册会计师应对被审计单位的所有内部控制测试其有效性

C. 如果被审计单位在所审期间内不同时期使用了不同的控制，注册会计师应当考虑不同时期控制运行的有效性

D. 注册会计师可以考虑在评价控制设计和获取其得到执行的审计证据的同时测试控制运行的有效性，以提高审计效率

5. 尽管注册会计师在对 ABC 公司进行中期审计期间已获取有关控制在期中有效运行的审计证据,他仍应对自期中至期末这一剩余期间的内部控制有效性进行控制测试,以获取充分适当的审计证据。一般来说,需要获取的剩余期间审计证据的数量与下列( )因素成同向变动关系。

A. 评估的认定层次重大错报风险的重大程度

B. 自期中至期末的剩余期间的长度

C. 在信赖控制的基础上拟减少进一步实质性程序的范围

D. 在剩余期间内部控制发生重大变化的范围

6. 出现下列( )情况,注册会计师可不进行控制测试而直接实施实质性程序。

A. 相关的内部控制不存在

B. 相关的内部控制制度未有效执行

C. 控制测试的工作量可能大于进行控制测试所减少的实质性程序的工作量

D. 控制测试的工作量可能小于进行控制测试所减少的实质性程序的工作量

项目5　销售与收款循环审计

知识目标：

通过本项目的学习，使学生了解销售与收款循环的关键内部控制，懂得进行销售与收款循环的重大错报风险的评估，会作相关项目的实质性程序。

技能目标：

通过本项目的学习，让学生能进行销售与收款循环的风险评估，能进行主营业务收入和应收账款实质性程序。

财务报表审计的组织方式大致有两种：一是对财务报表的每个账户余额单独进行审计，此法称为账户法（account approach）；二是将财务报表分成几个循环进行审计，即把紧密联系的交易种类和账户余额归入同一循环中，按业务循环组织实施审计，此法称为循环法（cycle approach）。一般而言，账户法与多数被审计单位账户设置体系及财务报表格式相吻合，具有操作方便的优点，但它将紧密联系的相关账户（如存货和营业成本）人为地予以分割，容易造成整个审计工作的脱节和重复，使得审计效率低下；而循环法则更符合被审计单位的业务流程和内部控制设计的实际情况，不仅可加深审计人员对被审计单位经济业务的理解，而且由于将特定业务循环所涉及的财务报表项目分配给一个或数个审计人员，增强了审计人员分工的合理性，有助于提高审计工作的效率与效果。

业务循环	资产负债表项目	利润表项目
销售与收款循环	应收账款、应收票据、长期应收款、预售款项、应交税费	营业收入、营业税金及附加、销售费用
采购与付款循环	预付款项、固定资产、在建工程、工程物资、固定资产清理、无形资产、开发支出、商誉、长期待摊费用、应付票据、应付账款、长期应付款	管理费用
生产与仓储循环	存货(包括材料采购或在途物资、原材料、材料成本差异、库存商品、发出商品、商品进销差价、委托加工物资、委托代销商品、受托代销商品、周转材料、生产成本、制造费用、劳务成本、存货跌价准备、受托代销商品款等)、应付职工薪酬	营业成本
投资与筹资循环	交易性金融资产、应收利息、应收股利、其他应收款、其他流动资产、可供出售金融资产、持有至到期投资、长期股权投资、投资性房地产、递延所得税资产、其他非流动资产、短期借款、交易性金融负债、应付利息、应付股利、其他应付款、其他流动负债、长期借款、应付债券、专项应付款、预计负债、递延所得税负债、其他非流动负债、实收资本(或股本)、资本公积、盈余公积、未分配利润	财务费用、资产减值损失、公允价值变动收益、投资收益、营业外收入、营业外支出、所得税费用

引导案例 5-1

审计人员在审查某公司与另一公司签订的销售合同时，发现销售合同规定的折扣率为2/10，1/20，*N*/30，买方本月购货500 000元，付款期为15天，折扣额却为10 000元，询问会计人员李某，李某称系根据买方要求而计算的，询问该公司领导，领导并不知情。审计人员到另一公司财务科查账核实，调阅该公司该笔业务的记账凭证，分录如下：

借：应付账款——某公司　　500 000

　贷：其他应付款——诚信商店　　5 000

　　财务费用　　5 000

　　银行存款　　490 000

审计人员询问有关人员为何将5 000元计入其他应付款——诚信商店，会计人员供述是应卖方会计人员李某要求而记的，此款已付给诚信商店，经调查该商店是卖方会计人员李某所开。

分析：

①销售折扣额应该为5 000元，而不是10 000元，说明5 000元有问题存在。

②该公司内部控制不健全。销售折扣的审批人员应为授权人，现领导并不知情，说明该企业会计人员李某兼当授权人。

③借：应付账款——某公司　　5 000

　　贷：其他应付款——诚信商店　　5 000

该分录不符合账户对应关系，没有说明经济业务的来龙去脉，有假账嫌疑。

④审计人员在查清上述问题，取得有关审计证据后，再与会计李某对证，李某承认自己贪污了销售折扣款。审计人员责成该公司收回多付的折扣款，并按有关规定给予李某一定处分。

思考：你能否对销售与收款循环作出审计呢？

任务1　销售与收款循环内部控制测试

现代风险审计要求审计人员评估销售与收款循环中与财务报表相关的风险，而这些风险的种类同大小与销售与收款循环内部控制有密切关系。因此，了解销售与收款循环内部控制包括的关键控制要素，对评估企业销售与收款循环中的风险并据此确定进一步审计程序具有重要意义。

一、销售与收款循环中主要业务活动所涉及的凭证、记录和控制程序

主要业务活动	涉及的凭证及记录	相关的主要部门	相关的认定	重要的控制程序
1.接受客户订购单	客户订购单、销售单	销售单管理部门	销售交易的发生	客户名单已被授权批准
2.批转赊销信用	销售单	信用管理部门	应收账款净额的计价和分摊	信用部门签署意见，目的是降低坏账风险
3.按销售单供货	销售单	仓库	销售交易的发生、完整性	防止仓库在未经授权的情况下擅自发货

续表

主要业务活动	涉及的凭证及记录	相关的主要部门	相关的认定	重要的控制程序
4. 按销售单装运货物	发货凭证	装运部门	销售交易的发生、完整性	避免负责运输货物的职员在未经授权的情况下装运产品
5. 向客户开具账单	销售单、装运凭证、商品价目表、销售发票	开具账单部门	销售交易的完整性、发生、准确性	确保销售发票的正确性
6. 记录销售业务	销售发票及其附件、转账凭证、现金及银行存款收款凭证、应收账款明细账、销售明细账、现金及银行存款明细账、客户月末对账单	会计部门	发生、完整性、计价和分摊	主要关心销售发票是否正确记录，并归属适当的会计期间
7. 办理和记录现金、银行存款收入	汇款通知单、收款凭证、现金日记账、银行存款日记账、应收账款明细账	会计部门	发生、完整性、计价和分摊	最关心的是货币资金失窃的可能性
8. 办理和记录销售退回、折扣和折让	贷项通知单	会计部门、仓库	发生、完整性、计价和分摊	必须授权批准，控制实物流和会计处理
9. 注销坏账与提取坏账准备	坏账审批表	赊销部门、会计部门	计价和分摊	应该获取货款无法收回的确凿证据，适当审批

二、销售与收款循环重大错报风险的评估

被审计单位可能有各种各样的收入来源，处于不同的控制环境，存在复杂的合同安排和会计核算框架问题，比如关于收入确认的时间和依据。

注册会计师应当考虑影响收入交易的重大错报风险,并对被审计单位经营活动中可能发生的重大错报风险保持警觉。收入交易和余额存在的固有风险可能包括:

1. 管理层对收入造假的偏好和动因

被审计单位管理层可能为了完成预算,满足业绩考核的要求,保证从银行获得额外的资金,吸引潜在投资者,或影响公司股价,而在财务报告中虚增收入。

2. 收入的复杂性

例如,被审计单位已开始采用网络销售方式,但如果管理层对网络销售方式可能出现的问题缺乏经验,收入确认上就容易发生错误。

3. 管理层凌驾于控制之上的风险

被审计单位在年末编造虚假销售,然后在次年转回,可能导致当年收入以及当年年末应收账款余额、货币资金余额和应交税费余额的高估。

4. 采用不正确的收入截止

将属于下一会计期间的收入有意或无意地计入本期,或者将属于本期的收入有意或无意地计入下一会计期间,可能导致本期收入以及本期期末应收账款余额、货币资金余额和应交税费余额的高估或低估。

5. 低估应收账款坏账准备的压力

尤其是当欠款金额较大的几个主要客户面临财务困难,或者国外客户汇款受限时,这种压力更大,可能导致资产负债表中应收账款余额的高估。

6. 舞弊和盗窃的风险

如果被审计单位从事贸易业务,重要的销售货款较多地以现金结算时,被审计单位员工发生舞弊和盗窃的风险较高;如果被审计单位拥有多个资金端口,比如超市,由于每天通过多个端口采用人工方式处理大量货币资金,资金端口的安全问题和人工控制的风险便会增加,可能导致货币资金的损失。

7. 款项无法收回的风险

这可能产生于客户用无效的支票或盗取的信用卡进行货款结算。可能导致货币资金或应收账款的高估。

8. 发生错误的风险

①没有及时更新商品价目表,商品可能以错误的价格销售;

②销售量较大时,如果扫描时没有读取商品条形码,收款员使用错误的手册,售出商品的数量发生错误,或收款员给客户的找零发生错误等均会导致风险。

9. 隐瞒盗窃的风险

在被审计单位员工利用销售调整和销售退回隐瞒盗窃现金行为时,将发生隐瞒盗窃的风险,可能导致收入、应收账款的高估和货币资金的低估。

归根结底,与收入交易和余额相关的重大错报风险主要存在于销售交易、现金收款交易的发生、完整性、准确性、截止和分类认定,以及会计期末应收账款、货币资金和应交税费的存在、权利和义务、完整性、计价和分摊认定。

在实施用以识别和评估重大错报风险相关的审计程序后,注册会计师应当充分关注可能表明被审计单位存在重大错报风险的事项和情况,考虑由上述事项或情况导致的风险是否重大,以及该风险导致财务报表发生重大错报的可能性。并且,应当确定,识别的重大错报风险是与特定的某类交易、账户余额、列报的认定相关,还是与财务报表整体广泛相关,进而影响多项认定。

某些重大错报风险可能与财务报表整体广泛相关,进而影响多项认定。比如前述中管理层凌驾于控制之上或承受异常的压力可能引发舞弊风险;某些重大错报风险可能与特定的某类交易、账户余额、列报的认定相关。比如前述中管理层承受低估应收账款坏账准备的压力,该事项表明应收账款账户余额的认定可能存在重大错报风险。

在评估重大错报风险时,注册会计师还应当将所了解的控制与特定认定相联系,并且,应当考虑对识别的销售与收款交易、账户余额和列报认定层次的重大错报风险予以汇报和评估,以确定进一步审计程序的性质、时间和范围。

三、销售与收款循环控制测试(以风险为起点的控制测试)

风 险	计算机控制	人工控制	控制测试
信用控制和赊销			
可能向没有获得赊销授权或超出了其信用额度的客户赊销	订购单上的客户代码与应收账款主文档记录的代码一致。目前未偿付余额加上本次销售额在信用限额范围内。只有上述两项均满足才能按顺序生成发运凭证	信用控制程序包括复核信用申请、收入和信用状况的支持性信息,批准信用限额,授权增设新的账户,以及适当授权超过信用限额的人工控制	通过询问员工、检查相关文件证实上述控制的实施
发运商品			
1. 定购的商品可能没有发出 2. 可能在没有批准发运凭证的情况下发出了商品 3. 已发出商品可能与发运凭证上的商品种类和数量不符 4. 客户可能拒绝承认已收到商品	1. 只要客户订购单获得批准,系统自动生成一份订购单、发运凭证和销售发票,发票内容单独保存在一个临时文件里直到商品发出后才打印 2. 计算机把所有准备发出的商品与销售单上的商品种类和数量进行比对。打印种类或数量不符的例外报告,并暂缓发货	1. 商品打包发运前,对商品和发运凭证内容进行独立核对 2. 在发运凭证上签字以示商品已与发运凭证核对且种类和数量相符 3. 销售人员关注快到期的发运凭证和未完成的订购单,督促尽快向客户发货。保安人员只有当商品附有发运凭证时才能放行 4. 客户要在发运凭证上签字以作为收到商品且商品与订购单一致的证据 5. 管理层复核例外报告和暂缓发货的清单,并解决问题	1. 执行观察、检查程序 2. 检查发运凭证上相关员工和客户的签名,作为发货的证据 3. 检查例外报告和暂缓发货的清单

续表

风 险	计算机控制	人工控制	控制测试
开具发票			
商品发运可能未开具销售发票	1. 临时文件中的发票已经打印,已发运商品已被记录于销售和应收账款 2. 发货以后才能生成销售发票,发票上的连续编号应与发运凭证上的连续编号一致,系统应该利用连续编号比对发票和发运凭证 3. 比对不符的发运凭证,生成例外报告	1. 复核临时文件中打印出来的发票,调查未予发货的理由并予以解决 2. 打印尚未开具发票的发运凭证,并进行复核	1. 检查打印出来的发票是否经过复核 2. 对未予发货或者与发运凭证相对应的发票仍保存在临时文件中的情况进行调查 3. 检查已打印单据是否经过复核,对无发票的发运凭证进行调查
生成的发票可能没有附有有效的订购单,商品的发出或者发票可能重复	利用事先编号的系统比对发票和发运凭证。比对不符,生成例外报告	复核比对不符的发票编号、发运凭证编号和订购单,复核发票重复问题,并予以解决	检查例外报告,以确定是否已经解决比对不符问题
由于定价或产品摘要不正确,以及订购单或发运凭证或销售发票代码输入错误,可能使销售价格不正确	1. 通过逻辑准入系统控制定价主文档的更改 2. 只有得到授权的员工才能进行更改 3. 系统通过使用和检查主文档版本序号,确定正确的定价主文档版本已经被上传 4. 系统检查录入的产品代码的合理性	1. 核对经授权的有效的价格更改清单与计算机获得的价格更改清单一致 2. 如果发票由手工填写或没有定价主文档,则有必要对发票的价格进行独立核对	1. 检查文件以确定价格更改是否经授权 2. 重新执行以确定打印出的更改后价格与授权是否一致(这可以使用计算机辅助审计方法加以实施) 3. 通过检查 IT 的一般控制和收入交易的应用控制,确定正确的定价主文档版本是否已被用来生成发票 4. 检查发票中价格复核人员的签名。通过核对经授权的价格清单与发票上的价格,重新执行检查

续表

风　险	计算机控制	人工控制	控制测试
发票上的金额可能出现计算错误	1. 每张发票的单价、计算、商品代码、商品摘要和客户账户代码均由计算机程序控制 2. 如果由计算机控制的发票开具程序的更改是受监控的，在操作控制帮助下，可以确保使用的是正确的发票生成程序版本 3. 系统代码有密码保护，只有经授权的员工才可以更改 4. 定期打印所有系统上作出的更改	1. 如果由手工开具发票，独立复核发票上计算的增值税和总额的正确性 2. 上述程序的所有更改由上级复核和审批	1. 检查与发票计算金额正确性相关的人员的签名 2. 重新计算发票金额，证实其是否正确 3. 询问发票生成程序更改的一般控制情况，确定是否经授权和现有的版本正在被使用 4. 检查有关程序更改的复核审批程序
记录赊销			
1. 销售发票可能被计入不正确的应收账款账户 2. 销售发票可能未入账	1. 检查客户代码 2. 系统将客户代码、商品发送地址、发运凭证、发票与应收账款主文档中的相关信息进行比对 3. 当开具发票时，系统应将所有应收账款账户的期初余额加上本期赊销交易额与主文档中的期末余额调节一致	1. 在记录交易前要检查交易的合法性 2. 在开具发票和录入应收账款时，会计人员负责核对所有与销售发票相关的单据，以及应收账款主文档的调节情况 3. 向客户发送月末对账单，调查并解决客户质询的差异	1. 在系统中运行测试数据以测试系统录入数据的合法性控制 2. 检查会计人员在核对单据和应收账款主文档调节情况时，留在打印文件上的证据 3. 检查客户质询信件并确定问题是否已得到解决

续表

风 险	计算机控制	人工控制	控制测试
销售发票入账的会计期间可能不正确	如果发票只有在发货时才会生成,系统应根据登记的交易代码自动生成未开具发票的发运凭证清单	1. 定期执行人工销售截止检查程序 2. 应收账款客户主文档中明细余额的汇总金额应与应收账款总分类账核符 3. 如果发票与订购单和发运凭证一同生成,应检查在临时文件中的发票打印件 4. 复核并调查所有与发票不匹配的发运凭证,保证未开具发票的销售也未发出商品	1. 检查发票,重新执行销售截止检查程序 2. 检查应收账款客户主文档中明细余额汇总金额的调节结果与应收账款总分类账是否核对相符,以及负责该项工作的员工签名 3. 重新执行调节程序
上述所有风险		管理层根据关键业绩指标复核实际业绩。例如:实际销售与计划销售;实现的毛利率;应收账款周转天数;当前已逾期的应收账款账龄分析;注销坏账占逾期应收账款的比率	1. 检查用于证明识别和解决与关键业绩指标不符的实际业绩问题的文件 2. 询问管理层针对上述问题所采取的解决措施
记录现金销售			
现金销售可能没有在销售时记录		1. 将收银机或销售点设置在出口处或其附近,并显示金额记录 2. 打印销售小票交予客户 3. 通过监视器监督收款台	实地检查收银台、销售点并询问管理层,以确定在这些地方是否有足够的物理监控

续表

风　险	计算机控制	人工控制	控制测试
收到的现金可能没有存入银行	要求每个收款台都打印每日现金销售汇总表	1. 计算每个收款台收到的现金,并与相关销售汇总表调节相符 2. 独立检查所有收到的现金已存入银行	1. 检查结算记录上负责计算现金和与销售汇总表相调节工作的员工的签名 2. 检查存款单和销售汇总表上的签名,证明已实施复核 3. 重新检查已存入金额和销售汇总表金额
应收账款收款			
客户使用支票支付货款,收取后可能未被存入银行	应收账款的内容和收取的数额都通过终端记录	1. 任何可用于流通的支票必须被严格控制,由收款人在收到款项清单上签字 2. 如果存款清单没有在收取支票时自动生成,由负责生成存款清单人员在支票签收清单上签字,以证明收到了这些款项 3. 独立检查所有收到的支票都被存入银行	1. 检查在收到款项清单上的签字 2. 检查支票签收清单上相关人员的签字 3. 检查支票签收清单和存款清单上相关人员的签字 4. 对所有通过邮寄收到的支票是否都被存入银行重新执行一次检查
客户通过电子货币转账系统或银行汇款支付的款项收取后可能没有被记录		无论客户通过电子货币转账系统还是银行汇款直接支付,均应分别将汇款通知上的金额与银行每日的电子货币转账清单或直接汇款清单进行比对	1. 检查清单上相关人员的签名 2. 重新执行比对程序

续表

风　险	计算机控制	人工控制	控制测试
		记录收款	
收款可能被记入不正确的应收账款账户	在录入应收账款账户的代码时，姓名和其他信息均取自主文档并在终端上显示	1. 将终端显示的信息与汇款通知或支票的相关信息进行比较 2. 向客户发送月末对账单，对客户质询的差异应予以调查并解决	1. 检查客户质询信件并确定问题是否已被解决 2. 询问尚未解决的质询和计划采取的措施
应收账款记录的收款与银行存款可能不一致	在编制存款清单时，系统自动贷记应收账款	定期独立编制银行存款余额调节表	检查负责编制银行存款余额调节表的员工签名
上述所有风险		管理层的监控主要涉及以下方面：将每日现金汇总表和收款清单与银行存款清单相比较；客户对应收账款的质询和解决措施；应收账款主文档汇总金额与应收账款总分类账之间的调节；银行存款余额调节表；在应收账款账龄分析表中反映长期无法收回的金额；将实际业绩与关键业绩指标进行比较	1. 询问这些事项 2. 检查证明实施这些监控程序的记录和文件

任务2 销售与收款循环的实质性程序的总体要求

一、销售与收款交易的实质性分析程序

注册会计师在对交易和余额实施细节测试前实施实质性分析程序，要符合成本效益原则。具体到销售与收款交易和相关余额，其应用包括：

1. 识别需要运用实质性分析程序的账户余额或交易

就销售与收款交易和相关余额而言，通常需要运用实质性分析程序的是销售交易、收款交易、营业收入项目和应收账款项目。

2. 确定期望值

基于注册会计师对经营活动、市场份额、经济形势和发展历程的了解，期望值的确定与营业额、毛利率和应收账款等的预期相关。

3. 确定可接受的差异额

在确定可接受的差异额时，注册会计师首先应当确定管理层使用的关键业绩指标，并考虑这些指标的适当性和监督过程。

4. 识别需要进一步调查的差异并调查异常数据关系

注册会计师应当计算实际和期望值之间的差异，这涉及一些比率和比较。

①观察月度(或每周)的销售记录趋势，与往年或预算相比较。任何异常波动都必须与管理层讨论，如果有必要的话还应作进一步的调查。

②将销售毛利率与以前年度和预算相比较。如果被审计单位各种产品的销售价格是不同的，那么就应当对每种产品或者相近毛利率的产品组进行分类比较。任何重大的差异都需要与管理层沟通。

③计算应收账款周转率和存货周转率，并与以前年度相比较。未预期的差异可能由很多因素引起，包括未记录销售、虚构销售记录或截止问题。

④检查异常项目的销售，例如对大额销售以及未从销售记录过入销售总账的销售应予以调查。对临近年末的异常销售记录更应加以特别关注。

5. 调查重大差异并作出判断

注册会计师在分析上述与预期相联系的指标后，如果认为存在未预期的重

大差异，就可能需要对营业收入发生额和应收账款余额实施更加详细的细节测试。

6. 评价分析程序的结果

注册会计师应当就收集的审计证据是否能支持其试图证实的审计目标和认定形成结论。

二、销售与收款交易的细节测试

（一）销售交易的细节测试

有些交易细节测试程序与环境条件关系不大，适用于各审计项目，有些则不然，要取决于被审计单位内部控制的健全程度和注册会计师实施控制测试的结果。下面介绍销售交易常用的细节测试程序，这些细节测试程序并未包含销售交易全部的细节测试程序。有些程序可以实现多项控制目标，而非仅能实现一项控制目标。

1. 登记入账的销售交易是真实的

对这一目标，注册会计师一般关心三类错误的可能性：一是未曾发货却已将销售交易登记入账；二是销售交易的重复入账；三是向虚构的客户发货，并作为销售交易登记入账。前两类错误可能是有意的，也可能是无意，而第三类错误肯定是有意的。不难想象，将不真实的销售登记入账的情况虽然极少，但其后果却很严重，因为这会导致高估资产和收入。

鉴别高估销售究竟是有意还是无意，这一点非常关键。尽管无意的高估也会导致应收账款的明显增多，但注册会计师通常可以通过函证轻易发觉。对于有意的高估就不同了，由于作假者试图加以隐瞒，使得注册会计师较难发现。在这种情况下，注册会计师就有必要制定并实施适当的细节测试以发现这种有意的高估。

如何以适当的细节测试来发现不真实的销售，取决于注册会计师认为可能在何处发生错误。对“发生”这一目标而言，注册会计师通常只在认为内部控制存在薄弱环节时才实施细节测试。因此，测试的性质取决于潜在的控制弱点的性质：

①针对未曾发货却已将销售交易登记入账这类错误的可能性，注册会计师可以从主营业务收入明细账中抽取若干笔分录，追查有无发运凭证及其他佐证，借以查明有无事实上没有发货却已登记入账的销售交易。如果注册会计师对发运凭证等的真实性也有怀疑，就可能有必要再进一步追查存货的永续盘存

记录，测试存货余额有无减少。

②针对销售交易重复入账这类错误的可能性，注册会计师可以通过检查企业的销售交易记录清单以确定是否存在重号、缺号。

③针对向虚构的客户发货并作为销售交易登记入账这类错误发生的可能性，注册会计师应当检查主营业务收入明细账中与销售分录相应的销货单，以确定销售是否履行赊销审批手续和发货审批手续。

检查上述三类高估销售错误的可能性的另一有效的办法是追查应收账款明细账中贷方发生额的记录。如果应收账款最终得以收回货款或者由于合理的原因收到退货，则记录入账的销售交易一开始通常是真实的；如果贷方发生额是注销坏账，或者直到审计时所欠货款仍未收回，就必须详细追查相应的发运凭证和客户订购单等，因为这些迹象都说明可能存在虚构的销售交易。

当然，只有在注册会计师认为由于缺乏足够的内部控制而可能出现舞弊时，才有必要实施上述细节测试。

2. 已发生的销售交易均已登记入账

销售交易的审计一般侧重于检查高估资产与收入的问题，因此，通常无须对完整性目标实施交易的细节测试。但是，如果内部控制不健全，比如被审计单位没有由发运凭证追查至主营业务收入明细账这一独立内部核查程序，就有必要对完整性目标实施交易的细节测试。

从发货部门的档案中选取部分发运凭证，并追查至有关的销售发票副本和主营业务收入明细账，是测试未开票的发货的一种有效程序。为使这一程序成为一项有意义的测试，注册会计师必须能够确信全部发运凭证均已归档，这一点可以通过检查发运凭证的顺序编号来查明。

由原始凭证追查至明细账与从明细账追查至原始凭证是有区别的。前者用来测试遗漏的交易（“完整性”目标），后者用来测试不真实的交易（“发生”目标）。

测试发生目标时，起点是明细账，即从主营业务收入明细账中抽取一个发票号码样本，追查至销售发票存根、发运凭证以及客户订购单；测试完整性目标时，起点应是发运凭证，即从发运凭证中选取样本，追查至销售发票存根和主营业务收入明细账，以确定是否存在遗漏事项。设计发生目标和完整性目标的细节测试程序时，确定追查凭证的起点即测试的方向很重要。例如，注册会计师如果关心的是发生目标，但弄错了追查的方向（即由发运凭证追查至明细账），就属于严重的审计缺陷。这一点在后面营业收入的实质性程序中还将进一步介绍。

在测试其他目标时,方向一般无关紧要。例如,测试交易业务计价的准确性时,可以由销售发票追查发运凭证,也可以反向追查。

3. 登记入账的销售交易均经正确计价

销售交易计价的准确性包括:按订货数量发货,按发货数量准确地开具账单,以及将账单上的数额准确地记入会计账簿。对这三个方面,每次审计中一般都要实施细节测试,以确保其准确无误。

典型的细节测试程序包括复算会计记录中的数据。通常的做法是,以主营业务收入明细账中的会计分录为起点,将所选择的交易业务的合计数与应收账款明细账和销售发票存根进行比较核对。销售发票存根上所列的单价,通常还要与经过批准的商品价目表进行比较核对,对其金额小计和合计数也要进行复算。发票中列出的商品的规格、数量和客户代码等,则应与发运凭证进行比较核对。另外,往往还要审核客户订购单和销售单中的同类数据。

将计价准确性目标中的控制测试和细节测试程序作一比较,便可作为例证来说明有效的内部控制如何节约了审计时间。很明显,计价目标的控制测试几乎不花太多时间,因为只需审核一下签字或者其他内部核查的证据即可。内部控制如果有效,细节测试的样本量便可以减少,审计成本也因控制测试的成本降低而大为降低。

4. 登记入账的销售交易分类恰当

如果销售分为现销和赊销两种,应注意不要在现销时借记应收账款,也不要在收回应收账款时贷记主营业务收入,同样不要将营业资产的销售(例如固定资产销售)混作正常销售。对那些采用不止一种销售分类的企业,例如需要编制分部报表的企业来说,正确的分类是极为重要的。

销售分类恰当的测试一般可与计价准确性测试一并进行。注册会计师可以通过审核原始凭证确定具体交易业务的类别是否恰当,并以此与账簿的实际记录作比较。

5. 销售交易的记录及时

发货后应尽快开具账单并登记入账,以防止无意中漏记销售交易,确保它们记入正确的会计期间。在实施计价准确性细节测试的同时,一般要将所选取的提货单或其他发运凭证的日期与相应的销售发票存根、主营业务收入明细账和应收账款明细账上的日期作比较。如有重大差异，被审计单位就可能存在销售截止期限上的错误。

6. 销售交易已正确地记入明细账并正确地汇总

应收账款明细账的记录若不正确，将影响被审计单位收回应收账款的能力，因此，将全部赊销业务正确地记入应收账款明细账极为重要。同理，为保证财务报表准确，主营业务收入明细账必须正确地加总并过入总账。在多数审计中，通常都要加总主营业务收入明细账，并将加总数和一些具体内容分别追查至主营业务收入总账和应收账款明细账或库存现金、银行存款日记账，以检查在销售过程中是否存在有意或无意的错报问题。不过这一测试的样本量要受内部控制的影响。从主营业务收入明细账追查至应收账款明细账，一般与为实现其他审计目标所实施的测试一并进行，而将主营业务收入明细账加总，并追查、核对加总数至其总账，则应作为一项单独的测试程序来执行。

（二）收款交易的细节测试

与销售交易的细节测试一样，收款交易的细节测试范围在一定程度上取决于关键控制是否存在以及控制测试的结果。由于销售与收款交易同属一个循环，在经济活动中密切相连，因此，收款交易的一部分测试可与销售交易的测试一并执行，但收款交易的特殊性又决定了其另一部分测试仍需单独实施。

任务3 营业收入的实质性程序

营业收入项目核算企业在销售商品、提供劳务等主营业务活动中所产生的收入，以及企业确认的除主营业务活动以外的其他经营活动实现的收入，包括出租固定资产、出租无形资产、出租包装物和商品、销售材料、用材料进行非货币性交换（非货币性资产交换具有商业实质且公允价值能够可靠计量）或债务重组等实现的收入。营业收入包括主营业务收入和其他业务收入。

一、营业收入的审计目标

审计目标与认定对应关系表

审计目标	财务报表认定					
	发生	完整性	准确性	截止	分类	与列报相关的认定
A. 利润表中记录的营业收入已发生，且与被审计单位有关。	√					
B. 所有应当记录的营业收入均已记录。		√				
C. 与营业收入有关的金额及其他数据已恰当记录。			√			
D. 营业收入已记录于正确的会计期间。				√		
E. 营业收入已记录于恰当的账户。					√	
F. 营业收入已按照企业会计准则的规定在财务报表中作出恰当的列报。						√

二、主营业务收入的实质性程序

主营业务收入审计目标与审计程序对应关系表

审计目标	可供选择的审计程序
(一)主营业务收入	
C	1. 获取或编制主营业务收入明细表： (1)复核加计是否正确，并与总账数和明细账合计数核对是否相符，结合其他业务收入科目与报表数核对是否相符。 (2)检查以非记账本位币结算的主营业务收入的折算汇率及折算是否正确。

续表

审计目标	可供选择的审计程序
ABC	2. 实质性分析程序(必要时): (1)针对已识别需要运用分析程序的有关项目,并基于对被审计单位及其环境的了解,通过进行以下比较,同时考虑有关数据间关系的影响,以建立有关数据的期望值。 ①将本期的主营业务收入与上期的主营业务收入进行比较,分析产品销售的结构和价格变动是否异常,并分析异常变动的原因; ②计算本期重要产品的毛利率,与上期比较,检查是否存在异常,各期之间是否存在重大波动,查明原因; ③比较本期各月各类主营业务收入的波动情况,分析其变动趋势是否正常,是否符合被审计单位季节性、周期性的经营规律,查明异常现象和重大波动的原因; ④将本期重要产品的毛利率与同行业企业进行对比分析,检查是否存在异常; ⑤根据增值税发票申报表或普通发票,估算全年收入,与实际收入金额比较。 收入×税率=销项税额 估算的收入=销项税额÷税率 (2)确定可接受的差异额。 (3)将实际的情况与期望值相比较,识别需要进一步调查的差异。 (4)如果其差额超过可接受的差异额,调查并获取充分的解释和恰当的佐证审计证据(如通过检查相关的凭证等)。 (5)评估分析程序的测试结果。
ABCD	3. 检查主营业务收入的确认条件、方法是否符合企业会计准则,前后期是否一致;关注周期性、偶然性的收入是否符合既定的收入确认原则、方法。
C	4. 获取产品价格目录,抽查售价是否符合价格政策,并注意销售给关联方或关系密切的重要客户的产品价格是否合理,有无以低价或高价结算的方法,相互之间有无转移利润的现象。
ABCD	5. 抽取若干张发货单,审查出库日期、品名、数量等是否与发票、销售合同、记账凭证等一致。
ACD	6. 抽取若干张记账凭证,审查入账日期、品名、数量、单价、金额等是否与发票、发货单、销售合同等一致。
AC	7. 结合对应收账款的审计,选择主要客户函证本期销售额。

续表

审计目标	可供选择的审计程序
A	8. 对于出口销售，应当将销售记录与出口报关单、货运提单、销售发票等出口销售单据进行核对，必要时向海关函证。
D	9. 销售的截止测试： 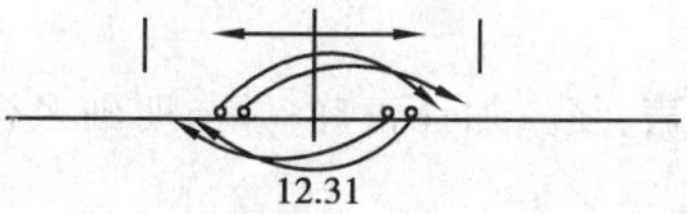 12.31 路径： 1. 明细账——→原始凭证 2. 发票——→运单——→明细账 3. 运单——→发票——→明细账 (1)通过测试资产负债表日前后若干天且金额较大的发货单据，将应收账款和收入明细账进行核对；同时，从应收账款和收入明细账选取在资产负债表日前后若干天且金额较大的凭证，与发货单据核对，以确定销售是否存在跨期现象。 (2)复核资产负债表日前后销售和发货水平，确定业务活动水平是否异常（如与正常水平相比），并考虑是否有必要追加截止程序。 (3)取得资产负债表日后所有的销售退回记录，检查是否存在提前确认收入的情况。 (4)结合对资产负债表日应收账款的函证程序，检查有无未取得对方认可的大额销售。 (5)调整重大跨期销售。 对主营业务收入项目实施截止测试，其目的主要在于确定被审计单位主营业务收入的会计记录归属期是否正确。注册会计师在审计中应该注意把握三个与主营业务收入确认有着密切关系的日期：一是发票开具日期或者收款日期；二是记账日期；三是发货日期（服务业则是提供劳务的日期）。检查三者是否归属于同一适当会计期间是营业收入截止测试的关键所在。 围绕上述三个重要日期，注册会计师可以考虑选择三条审计路线实施主营业务收入的截止测试： 一是以账簿记录为起点。从资产负债表日前后若干天的账簿记录查至记账凭证，检查发票存根与发运凭证，目的是证实已入账收入是否在同一期间已开具发票并发货，有无多记收入。这种方法主要是为了防止高估收入。 二是以销售发票为起点。从资产负债表日前后若干天的发票存根查至发运凭证与账簿记录，确定已开具发票的货物是否已发货并于同一会计期间确认收入。这种方法主要是为了防止低估收入。 三是以发运凭证为起点。从资产负债表日前后若干天的发运凭证查至发票开具情况与账簿记录，确定主营业务收入是否已记入恰当的会计期间。这种方法主要也是为了防止低估收入。

续表

审计目标	可供选择的审计程序
A	10. 存在销货退回的,检查手续是否符合规定,结合原始销售凭证检查其会计处理是否正确,结合存货项目审计关注其真实性。
C	11. 销售折扣与折让: (1)获取或编制折扣与折让明细表,复核加计正确,并与明细账合计数核对相符。 (2)取得被审计单位有关折扣与折让的具体规定和其他文件资料,并抽查较大的折扣与折让发生额的授权批准情况,与实际执行情况进行核对,检查其是否经授权批准,是否合法、真实。 (3)销售折让与折扣是否及时足额提交对方,有无虚设中介、转移收入、私设账外"小金库"等情况。 (4)检查折扣与折让的会计处理是否正确。
ABCDE	12. 检查有无特殊的销售行为,如委托代销、分期收款销售、商品需要安装和检验的销售、附有退回条件的销售、售后租回、售后回购、以旧换新、出口销售等,选择恰当的审计程序进行审核。
	13. 根据评估的舞弊风险等因素增加的审计程序。
(二) 其他业务收入	
C	14. 获取或编制其他业务收入明细表,复核加计是否正确,并与总账数和明细账合计数核对是否相符,结合主营业务收入科目与营业收入报表数核对是否相符。
ABCDE	15. 检查原始凭证等相关资料,分析交易的实质,确定其是否符合收入确认的条件,并检查其会计处理是否正确。
AC	16. 用材料进行非货币性资产交换的,应确定其是否具有商业实质且公允价值能够可靠计量。
	17. 根据评估的舞弊风险等因素增加的审计程序。
(三) 列报	
F	18. 检查营业收入是否已按照企业会计准则的规定在财务报表中作出恰当列报。

案例1:ABC公司2010年的利润表“营业收入”项目为7 650 000元,资产负债表“预售款项”项目为960 000元,各种产品均适用17%增值税税率,经审计发现:

(1)12月31日盘点存货时发现乙产品账面数量大于库存数量200吨,经询问销售部门及仓库保管员得知,12月25日发票已开具,购货方已提货,双方约定1个月后付款,公司以未收到货款为由,没有作任何会计处理,该公司没有保留继续管理权,也未对其实施控制。该产品销售单价为1 600元,单位成本为800元。

解析:根据企业会计准则规定,采用交款提货销售方式,应于款项已收到或取得收款的权利,并已将发票账单的提货单交给购货方时确认收入的实现。因此,该交易符合收入确认的条件,应确认为当期销售。注册会计师应提请该公司调整报表。审计调整分录为:

借:应收账款　　374 400
　　贷:营业收入(主营业务收入——乙产品)　　320 000
　　　　应交税费——应交增值税(销项税额)　　54 400
借:营业成本(主营业务成本)　　160 000
　　贷:存货(库存商品)　　160 000

(2)有一笔预收G公司585 000元的货款,甲产品已于2009年11月发出。

解析:根据企业会计准则规定,采用预收款销售方式,应于商品已经发出时确认收入的实现。对于该笔交易,货物已于2009年11月发出,相关的风险和报酬已经转移,符合收入确认的条件,应当确认为销售收入。注册会计师应提请该公司调整报表。审计调整分录为:

借:预售款项(预收账款)　　585 000
　　贷:营业收入(主营业务收入——甲产品)　　500 000
　　　　应交税费——应交增值税(销项税额)　　85 000

案例2:注册会计师对ABC公司(工业企业)2010年财务报表审计时发现:该公司2010年5月5日销售多余材料一批,该批材料成本为80 000元,售价为100 000元,增值税为7 000元,款项已收讫。该公司账务处理为:

借:银行存款　　117 000
　　贷:主营业务收入　　100 000
　　　　应交税费——应交增值税(销项税额)　　17 000
借:主营业务成本　　80 000
　　贷:原材料　　80 000

解析:出售多余材料不属于工业企业的主营业务,应作其他业务处理。注册会计师应提请被审计单位套正报表附注披露。审计调整分录为:

借:营业收入(主营业务收入)　　100 000
　　贷:营业收入(其他业务收入)　　100 000
借:营业成本(其他业务成本)　　80 000
　　贷:营业成本(主营业务成本)　　80 000

任务4　应收账款的实质性程序

一、应收账款审计目标

审计目标与认定对应关系表

审计目标	财务报表认定				
	存在	完整性	权利和义务	计价和分摊	与列报相关的认定
A. 资产负债表中记录的应收账款是存在的。	√				
B. 所有应当记录的应收账款均已记录。		√			
C. 记录的应收账款由被审计单位拥有或控制。			√		
D. 应收账款以恰当的金额包括在财务报表中,与之相关的计价调整已恰当记录。				√	
E. 应收账款已按照企业会计准则的规定在财务报表中作出恰当列报。					√

二、应收账款的实质性程序

审计目标与审计程序对应关系表

审计目标	可供选择的审计程序
D	1. 取得或编制应收账款明细表: (1)复核加计是否正确,并与总账数和明细账合计数核对是否相符;结合坏账准备科目与报表数核对是否相符。 (2)检查非记账本位币应收账款的折算汇率及折算是否正确。 (3)分析有贷方余额的项目,查明原因,必要时,作重分类调整。 (4)结合其他应收款、预收账款等往来项目的明细余额,调查有无同一客户多处挂账、异常余额或与销售无关的其他款项(如,代销账户、关联方账户或雇员账户),如有,应作出记录,必要时作调整。 (5)标识重要的欠款单位,计算其欠款合计数占应收账款余额的比例。
ABD	2. 检查涉及应收账款的相关财务指标: (1)复核应收账款借方累计发生额与主营业务收入是否配比,并将当期应收账款借方发生额占销售收入净额的百分比与管理层考核指标比较,如存在差异应查明原因。 (2)计算应收账款周转率、应收账款周转天数等指标,并与被审计单位以前年度指标、同行业同期相关指标对比分析,检查是否存在重大异常。
D	3. 获取或编制应收账款账龄分析表: (1)测试计算的准确性。 (2)将加总数与应收账款总分类账余额相比较,并调查重大调节项目。 (3)检查原始凭证,如销售发票、运输记录等,测试账龄核算的准确性。 (4)请被审计单位协助,在应收账款明细表上标出至审计时已收回的应收账款金额,对已收回金额较大的款项进行常规检查,如核对收款凭证、银行对账单、销货发票等,并注意凭证发生日期的合理性,分析收款时间是否与合同相关要素一致。

续表

审计目标	可供选择的审计程序
ACD	4. 向债务人函证应收账款: 除非有充分证据表明应收账款对财务报表不重要或函证很可能无效,否则,应对应收账款进行函证。如果不对应收账款进行函证,应在工作底稿中说明理由。如果认为函证很可能无效,应当实施替代审计程序获取充分、适当的审计证据。 (1)函证的范围和对象。 除非有充分证据表明应收账款对被审计单位财务报表而言是不重要的,或者函证很可能是无效的,否则,注册会计师应当对应收账款进行函证。 注册会计师不需要对被审计单位所有的应收账款进行函证。函证数量的大小、范围是由诸多因素决定的,主要有:应收账款在全部资产中的重要性;被审计单位内部控制的强弱;以前期间的函证结果。 一般情况下,注册会计师应选择以下项目作为函证对象:大额或账龄较长的项目;与债务人发生纠纷的项目;关联方项目;主要客户项目;交易频繁但期末余额较小甚至为零的项目;非正常的项目。 (2)选择函证方式。 函证方式分为积极的函证方式和消极的函证方式。注册会计师可采用积极的或消极的函证方式实施函证,也可将两种方式结合使用。 (3)函证时间的选择。 CPA 通常以资产负债表日为截止日,在资产负债表日后适当时间内实施函证。如果重大错报风险评估为低水平,CPA 可选择资产负债表日前适当日期为截止日实施函证,并对所函证项目自该截止日起至资产负债表日止发生的变动实施实质性程序。 (4)函证的控制。 注册会计师通常利用被审计单位提供的应收账款明细账户名称及客户地址等资料据以编制询证函,但注册会计师应当对选择被询证者、设计询证函以及发出和收回询证函保持控制。 (5)对不符事项的处理。 收回的询证函若有差异,注册会计师要进行分析,查找原因。 (6)函证结果的总结和评价。
A	5. 确认已收回的应收账款金额。
A	6. 对未函证应收账款实施替代审计程序。 抽查有关原始凭据,如销售合同、销售订单、销售发票副本、发运凭证及回款单据等,以验证与其相关的应收账款的真实性。

续表

审计目标	可供选择的审计程序
D	7. 检查坏账的确认和处理。 检查应收账款中是否存在债务人破产或者死亡,以其破产财产或者遗产清偿后仍无法收回,或者债务人长期未履行偿债义务的情况,如果是,应提请被审计单位处理。
A	8. 抽查有无不属于结算业务的债权。 抽查应收账款明细账,并追查至有关原始凭证,查证被审计单位有无不属于结算业务的债权。如有,应建议被审计单位作适当调整。
A	9. 检查应收账款的贴现、质押或出售。 检查银行存款和银行借款等询证函的回函、会议纪要、借款协议和其他文件,确定应收账款是否已被贴现、质押或出售,应收账款贴现业务属质押还是出售,其会计处理是否正确。
ABCD	**10. 对应收账款实施关联方及其交易审计程序。** 标明应收关联方[包括持股5%以上(含5%)股东]的款项,执行关联方及其交易审计程序,并注明合并报表时应予抵销的金额;对关联企业、有密切关系的主要客户的交易事项作专门核查: (1)了解交易事项目的、价格和条件,作比较分析。 (2)检查销售合同、销售发票、货运单证等相关文件资料。 (3)检查收款凭证等货款结算单据。 (4)向关联方、有密切关系的主要客户或其他注册会计师函询,以确认交易的真实性、合理性。
E	11. 检查应收账款是否已按照企业会计准则的规定在财务报表中作出恰当列报。

ABC公司2010年12月31日的资产负债表"应收账款"数额为1 584 000元,应收账款总额为160 000元,坏账准备相应明细余额为16 000元,应收账款Z公司明细账有贷方余额180 000元,经查系Z公司的预付货款,尚未履行供货合同。该公司按应收账款总账余额的1%计提坏账准备。

解析:(1)应收账款明细账的贷方余额反映企业预收的账款,属于负债。注册会计师应提请该公司进行重分类调整。审计调整分录为:

借:应收账款——Z公司　　180 000

　贷:预售款项(预收账款——Z公司)　　180 000

(2)坏账准备应按应收账款明细账借方余额合计的1%计提。

借:资产减值损失　　1 800

　贷:应收账款(坏账准备)　　1 800

三、坏账准备的实质性程序

①取得或编制坏账准备明细表,复核加计正确,与坏账准备总账数、明细账合计数核对相符。

②将应收账款坏账准备本期计提数与资产减值损失相应明细账项目的发生额核对相符。

③检查应收账款坏账准备计提和核销的批准程序,取得书面报告等证明文件,评价计提坏账准备所依据的资料、假设及方法。

④确定坏账准备的披露是否恰当。

【实训项目】对应收账款是否存在进行测试。

【实训要求】

1. 根据资料1选择恰当的函证方式对银河公司应收账款进行函证。

2. 根据资料1、2对大额应收账款编制"函证结果汇总表"(表1)。

3. 根据"函证结果汇总表"对函证结果进行分析并指出下一步审计重点。

4. 根据资料3填全"函证结果汇总表",并进行相关账务调整。

5. 根据以上资料和资料4填制"应收账款审定表"(表2)。

【资料1】

审计人员邹翔于2010年2月10日在对银河公司进行2009年年度财务报表鉴证业务时,鉴于该单位应收账款金额较大,于是决定对该单位应收账款进行函证。该公司应收账款共50户,金额为14 600 000元,其中,大额应收账款明细资料如下:

应收账明细账:

大明公司 借余2 530 000

南方公司 借余1 800 000

长城公司 借余1 436 000

泰和公司 借余1 900 000

明日公司 借余 2 500 000
大地公司 借余 1 600 000
明星公司 借余 1 650 000
长江公司 借余 1 612 000
宏基公司 贷余 1 096 000
东华公司 借余 1 122 000
嘉禾公司 贷余 1 476 000
合计　　　　13 578 000

【资料 2】

上述函证信已于 2 月 27 日全部按规定回函,除下列单位回函不符外,其他均无误。

1. 大明公司称有 2 300 000 元的货款根本不存在。

2. 南方公司称 1 800 000 元的货款已于 2009 年 12 月 28 日付讫。

3. 长城公司称 1 230 000 元的货款已于 2009 年 9 月 8 日付讫。

【资料 3】

1. 南方公司的货款已于次年 1 月 2 日收讫。

2. 长城公司称的货款已被出纳挪用。

3. 大明公司的货款系虚构,并同时虚构收入。

【资料 4】

该公司未审会计报表应收账款项目金额为:14 600 000 元,应收账款总账金额为:14 600 000 元。

表 1　函证结果汇总表　　　索引号:

单位:元

函证编号	债务人名称	债务人地址	函证日期		账面金额	函证结果	差异金额及说明	审计金额
			第一次	第二次				
		略						
		略						
		略						
		略						
		略						
		略						
		略						

续表

函证编号	债务人名称	债务人地址	函证日期		账面金额	函证结果	差异金额及说明	审计金额
			第一次	第二次				
		略						
		略						
		略						
		略						
		略						

表2　应收账款审定表

被审计
单位名称________________
审计项目________________
会计期间
或截止日________________

	签　名	日　期	索引号
编制人			
复核人			页次

索引号	单位名称	未审数	调整数	重分类数	审定数	备　注
	报表数 总账数 大额明细					

审计说明：

审计标识说明：

S　与明细分类账核对一致
G　与总分类账核对一致
T/B　与试算平衡表一致
Λ　纵加核对
<　横加核对

审计结论：

参考答案:

1. 由于大额应收账款占全部应收账款的比例为93%,故可对大额应收账款11户采取积极函证,对其余小额户数可视情况抽取一定户数采取消极函证。

2. 编制大额应收账款编制"函证结果汇总表"如下:

函证结果汇总表 **索引号:**A4-2

单位:元

函证编号	债务人名称	债务人地址	函证日期		账面金额	函证结果	差异金额及说明	审计金额
			第一次	第二次				
1	大明公司	略	2.10		借余2 530 000	不相符	部分货款根本不存在	借余230 000
2	南方公司	略	2.10		借余1 800 000	不相符	货款已于2009年12月28日付讫	借余1 800 000
3	长城公司	略	2.10		借余1 436 000	不相符	部分货款已于2009年9月8日付讫	借余206 000
4	泰和公司	略	2.10		借余1 900 000	相符		借余1 900 000
5	明日公司	略	2.10		借余2 500 000	相符		借余2 500 000
6	大地公司	略	2.10		借余1 600 000	相符		借余1 600 000
7	明星公司	略	2.10		借余1 650 000	相符		借余1 650 000
8	长江公司	略	2.10		借余1 612 000	相符		借余1 612 000
9	宏基公司	略	2.10		贷余1 096 000	相符		贷余1 096 000
10	东华公司	略	2.10		借余1 122 000	相符		借余1 122 000
11	嘉禾公司	略	2.10		贷余1 476 000	相符		贷余1 476 000

3. 下一步审计重点：

(1)大明公司称2 300 000元的货款根本不存在。下一步应重点审计该公司是否为了虚构收入等而虚构该项应收账款。

(2)南方公司称1 800 000元的货款已于2009年12月28日付讫。下一步应重点审计12月28日至次年初是否收到该货款。

(3)长城公司称1 230 000元的货款已于2009年9月8日付讫。下一步的审计重点是查明长城公司的付款方式并追查该笔款项去向。

(4)填全"函证结果汇总表"见上表。

4. 账务调整：

(1)长城公司的货款1 230 000元已被出纳挪用，应进行调整：

借：其他应收款——出纳××　　1 230 000

　贷：应收账款——长城公司　　1 230 000

(2)大明公司的货款2 300 000元系虚构，并同时虚构收入。应调整：

借：主营业务收入　　1 965 811.97

　应交税金——应交增值税(销)　　334 188.03

　贷：应收账款——大明公司　　2 300 000

5. 编制"应收账款审定表"如下：

应收账款审定表

被审计

单位名称　银河公司

审计项目　应收账款

会计期间

或截止日　2009年12月31日

	签　名	日　期	索引号
编制人	邹翔	2010.2.27	A4-1
复核人			页次
			1

单位：元

索引号	单位名称	未审数	调整数	重分类数	审定数	备　注
	报表数	14 600 000	-3 530 000	2 572 000	13 642 000	
	总账数	14 600 000 G				
	大额明细					
	大明公司	2 530 000 S	-2 300 000			
	南方公司	1 800 000 S				
	长城公司	1 436 000 S	-1 230 000			
	泰和公司	1 900 000 S				
	明日公司	2 500 000 S				

续表

索引号	单位名称	未审数	调整数	重分类数	审定数	备 注
	大地公司	1 600 000 S				
	明星公司	1 650 000 S				
	长江公司	1 612 000 S				
	宏基公司	-1 096 000 S		1 096 000		
	东华公司	1 122 000 S				
	嘉禾公司	-1 476 000 S		1 476 000		

审计说明：

(1)长城公司的货款已被出纳挪用,应进行调整：

借:其他应收款——出纳××　　1 230 000

　贷:应收账款——长城公司　　1 230 000

(2)大明公司的货款系虚构,并同时虚构收入。应调整：

借:主营业务收入　　1 965 811.97

　应交税费——应交增值税(销)　　334 188.03

　贷:应收账款——大明公司　　2 300 000

(3)宏基公司和嘉禾公司出现贷余,应进行重分类：

借:应收账款　　2 572 000

　贷:预收账款　　2 572 000

审计标识说明：

S　与明细分类账核对一致

G　与总分类账核对一致

T/B　与试算平衡表一致

∧　纵加核对

<　横加核对

审计结论

经调整后金额可以确认

一、单项选择题

1. 设计信用审批控制主要与应收账款账面余额的(　　)认定相关。

A. 发生　　B. 存在　　C. 完整性　　D. 计价和分摊

2. 如果应收账款明细账出现贷方余额，注册会计师应当提请被审计单位编制重分类分录，以便在资产负债表中反映的项目是（　　）。

A. 应付款项　　B. 预付账款

C. 应收账款　　D. 预收款项

3. 下列有关销售与收款循环所涉及主要业务活动的说法中，错误的是（　　）。

A. 经批准的销售单供货需要和按销售单装运货物职责进行分离，这样有助于避免负责装运货物的职员在未经授权的情况下装运产品

B. 赊销批准是由销售部门的销售主管根据企业管理层的赊销政策在每个客户的已授权信用额度内进行的

C. 客户提出订货要求是整个销售与收款循环的起点，销售单是证明被审计单位管理层有关销售交易"发生"认定的凭据之一，也是销售交易轨迹的起点之一

D. 企业管理层通常要求商品仓库只有在收到经过批准的销售单时才能供货，这样做的目的是为了防止仓库在未经授权的情况下擅自发货

4. 被审计单位发生的下列各项业务中，注册会计师认为不会引起应收账款账面价值发生变化的是（　　）。

A. 收回应收账款　　B. 计提应收账款坏账准备

C. 收回已转销的坏账　　D. 实际发生坏账损失

5. 下列有关被审计单位期末预收账款明细账借方余额的处理，注册会计师的判断正确的是（　　）。

A. 直接调整到期末资产负债表应付账款项目列示

B. 直接调整到期末资产负债表应收账款项目列示

C. 不作任何处理

D. 建议被审计单位作调整分录，转入到应收账款借方

6. 下列有关被审计单位收入的确认中，注册会计师不认可的是（　　）。

A. 售后回购一般情况下不应确认收入。但如果售后回购满足收入的确认条件，销售的商品按照售价确认收入，回购的商品作为购进商品处理

B. 在分期收款销售方式下，虽然实质上是具有融资性质的销售，但是企业仍然不可以在销售收入满足确认条件的情况下，确认主营业务收入

C. 在商品需要安装和检验的销售方式下，购买方在接受交货以及安装和

检验完毕前一般不应确认收入，但如果安装程序比较简单，或检验是为最终确定合同价格而必须进行的程序，则可以在商品发出时，或在商品装运时确认收入

D. 在代销商品方式下，如果委托方与受托方之间的协议明确表明，将来受托方没有将商品售出时可以将商品退回给委托方，或受托方因代销商品出现亏损时可以要求委托方补偿，那么委托方在交付商品时不能确认收入

7. 对被审计单位的销售交易，下列注册会计师认为不属于产生高估销售的是(　　)。

A. 向虚构的顾客发货并进行相应的账务处理

B. 本期已经发生的销售交易均已入账

C. 未曾发货却已将销售交易登记入账

D. 销售交易重复入账

8. L 注册会计师计划测试 M 公司 2010 年度主营业务收入的完整性。以下各项审计程序中，通常难以实现上述审计目标的是(　　)。

A. 抽取 2010 年 12 月 31 日开具的销售发票，检查相应的发运单和账簿记录

B. 抽取 2010 年 12 月 31 日的发运单，检查相应的销售发票和账簿记录

C. 从主营业务收入明细账中抽取 2010 年 12 月 31 日的明细记录，检查相应的记账凭证、发运单和销售发票

D. 从主营业务收入明细账中抽取 2011 年 1 月 1 日的明细记录，检查相应的记账凭证、发运单和销售发票

9. 注册会计师接受委托审计 Y 公司 2010 年度的财务报表，在审计过程中发现 Y 公司 2011 年 1 月 15 日主营业务收入明细账中有一笔红字记录，系冲销 2010 年 12 月 26 日记录的一笔大额收入，对此 A 注册会计师应采取的措施最不恰当的是(　　)。

A. 应检查相关的凭证确认退货的真实性

B. 如果认为退货是真实的，应提请 Y 公司调整 2010 年度的收入

C. 如果认为退货是真实的，可作为 2011 年度收入的抵减，无须调整

D. 如果没有发现退货的原始凭证，应实施追加审计程序判断是否属于虚构收入

10. 在关于应收账款的以下各种情况中，注册会计师无法通过现金、银行存款日记账借方发生额证实其真实性的是(　　)。

A. 询证函发出时,债务人已付款,而被审计单位尚未收到货款

B. 询证函发出时,货物已发出并已作销售处理,但债务人尚未收到货物

C. 债务人因某种原因将货物退回并拒付款项,被审计单位尚未收到退货

D. 债务人对收到的货物的数量、质量及价格等有争议而拒付部分货款

11. 下列各项中,预防员工贪污、挪用销售货款的最有效的方法是(　　)。

A. 收取顾客支票与收取顾客现金由不同人员担任

B. 定期与客户进行对账

C. 请顾客将货款直接汇入公司所指定的银行账户

D. 记录应收账款明细账的人员不得兼任出纳

12. 记录销售有关的控制程序通常包括以下几个方面,其中,最有助于管理层对其销货记录的发生认定的控制程序是(　　)。

A. 控制所有事先连续编号的销售发票

B. 依据附有装运凭证和销售单的销售发票记录销售

C. 检查销售发票是否经适当的授权批准

D. 记录销售的职责应与处理销货交易的其他职责相分离

13. 整个销售与收款循环的起点是(　　)。

A. 按销售单供货　　B. 向客户开具账单

C. 客户提出订货要求　　D. 编制销售单

二、多项选择题

1. 注册会计师为验证被审计单位登记入账的销货是否已发货给真实的顾客,可采用(　　)程序进行测试。

A. 复核销货总账、明细账、应收账款明细账中大额项目和异常项目

B. 将发运凭证与存货永续记录中发运分录核对

C. 将应收账款明细账中贷方收款分录与相关的凭据核对

D. 核对销货明细账、销货发票副联及发运凭证

2. 注册会计师在函证应收账款时,需要考虑选择函证时间,下列有关函证时间的表述中正确的有(　　)。

A. 如果重大错报风险评估为低水平,注册会计师可选择资产负债表日前适当日期为截止日实施函证,并对所函证项目自该截止日起至资产负债表日止发生的变动实施实质性程序

B. 注册会计师通常以资产负债表日为截止日,在资产负债表日前适当时间内实施函证

C. 注册会计师通常以资产负债表日为截止日，在资产负债表日后适当时间内实施函证

D. 如果重大错报风险评估为低水平，注册会计师可选择资产负债表日前适当日期为截止日实施函证，对截止日后到资产负债表日止的情况不进行任何测试

3. 在对被审计单位的主营业务收入进行审计时，注册会计师应重点关注的与被审计单位主营业务收入的确认有密切关系的日期包括(　　)。

A. 发票开具日期　　B. 记账日期

C. 资产负债表日　　D. 发货日期或提供劳务日期

4. 在对主营业务收入的截止测试时，注册会计师应该围绕的审计路线有(　　)。

A. 从报表日前后若干天的发运凭证查至发票开具情况与账簿记录

B. 从报表日前后若干天的账簿记录查至记账凭证，检查发票存根与发运凭证

C. 从销售发票追查至发运凭证

D. 从报表日前后若干天的发票存根查至发运凭证与账簿记录

5. 对于未函证应收账款，注册会计师可以抽查(　　)等有关原始凭据来验证与其相关的应收账款的真实性。

A. 销售合同及销售订单　　B. 销售发票副本

C. 发运凭　　D. 回款单据

6. 注册会计师考虑被审计单位登记入账的销售业务确实已发货给真实的顾客，为验证其真实性，可采用(　　)进行测试。

A. 复核主营业务收入总账、明细账、应收账款明细账中大额项目和异常项目

B. 追查主营业务收入明细账中的分录至销售单、销售发票副联及发运凭证

C. 将应收账款明细账中贷方分录至销售单、销售发票副联及发运凭证

D. 将发运凭证与存货永续记录中的发运记录核对

7. 下列说法中正确的有(　　)。

A. 注册会计师通常通过观察被审计单位有关人员的活动，以及与这些人员进行讨论，来实施对被审计单位相关职责是否分离的控制测试

B. 被审计单位对售出的商品由收款员对每笔销货开具账单后，将发运凭证按顺序归档，且收款员应定期检查全部凭证的编号是否连续

C. 被审计单位在签订销售合同前,指定两名以上专门人员与购货方谈判,并由他们中的首席谈判代表负责签订销售合同

D. 注册会计师如果将收入与资产虚报问题确定为被审计单位销货业务的审计重点,则通常无须对销货业务的完整性进行实质性程序

8. 下列有关注册会计师在对被审计单位销售与收款交易实施控制测试需要注意的内容的说法中,不正确的有(　　)。

A. 注册会计师应把测试重点全部放在测试员工执行数据输入的预防性控制方面

B. 在控制风险被评估为低时,注册会计师需要考虑评估的控制要素的所有方面和控制测试的结果,以便能够得出这样的结论:控制能够实施有效的管理,发现并纠正重大错误和舞弊

C. 如果注册会计师在期中实施了控制测试,那么在期末审计时不用再选择项目测试控制在剩余期间的运行情况

D. 如果情况允许并且希望将重大错报风险评估为低,注册会计师需要对被审计单位重要的控制,尤其是对易出现高舞弊风险的现金收款和存储的控制的有效运行进行测试

9. 被审计单位应当建立对销售与收款内部控制的监督检查制度,其监督检查的重点包括(　　)。

A. 检查是否存在销售与收款业务不相容职务混岗的现象

B. 检查授权批准手续是否健全,是否存在越权审批行为

C. 检查信用政策、销售政策的执行是否符合规定

D. 检查销售退回手续是否齐全、退回货物是否及时入库

10. 为实现登记入账的销售交易确系已经发货给真实的客户,被审计单位设置的关键内部控制有(　　)。

A. 销售发票均经事先编号并已经恰当的登记入账

B. 在发货前,客户的赊销已经被授权批准

C. 销售交易是以经过审核的发运凭证及经过批准的客户订购单为依据登记入账的

D. 销售价格、付款条件、运费和销售折扣的确定已经适当的授权批准

11. 下列关于销售与收款循环中涉及的主要凭证与会计记录,说法正确的有(　　)。

A. 销售单是作为销售方外部处理客户订购单的凭据

B. 贷项通知单是一种用来表示由于销售退回或经批准的折让而引起的

应收销货款减少的凭证

C. 通常,应收账款账龄分析表应该按月编制,反映月末尚未收回的应收账款总额的账龄,详细反映每个客户月末尚未偿还的应收账款数额和账龄

D. 企业可以不设置折扣与折让明细账,将该类业务直接记录于主营业务收入明细账

12. 下列关于销售与收款循环的主要业务活动的说法中,正确的有(　　)。

A. 在办理和记录现金、银行存款收入时,最应关心的是货币资金失窃的可能性

B. 开具账单,是指向客户寄送事先连续编号的销售发票

C. 对于需要注销的坏账,应该获取货款无法收回的确凿证据,经适当审批后及时作会计处理

D. 坏账准备提取的数额必须能够抵补企业以后无法收回的销货款

三、简答题

1. 注册会计师 A 和 B 对 XYZ 股份有限公司 2010 年度财务报表进行审计。该公司 2010 年度未发生购并、分立和债务重组行为,供产销形势与上年相当。该公司提供的未经审计的 2010 年度合并财务报表附注的部分内容如下(金额单位:人民币万元):

(1)坏账核算的会计政策:坏账核算采用备抵法。2010 年前按期末应收账款余额的 10% 计提坏账准备,本年坏账准备按账龄分析法计提。应收账款和坏账准备项目附注:

		2010 年年末余额	
应收账款		16 553.00	
坏账准备		1 655.30	
应收账款账龄分析			
账龄	比例	年初数	年末数
1 年以内	1%	8 392	10 915
1 ~ 2 年	5%	1 186	1 399
2 ~ 3 年	10%	1 161	1 365
3 年以上	60%	1 421	2 874
合计		12 160	16 553

(2)营业收入和营业成本附注:

品　名	营业收入发生额		营业成本发生额	
	2009	2010	2009	2010
X产品	40 000	41 000	38 000	33 800
Y产品	20 000	20 020	19 000	19 019
合计	60 000	61 020	57 000	52 819

要求:假定上述附注内容中的年初数和上年比较数均已审计无误,请你代注册会计师A和B运用专业判断及实质性分析程序方法,指出上述附注内容中存在或可能存在的不合理之处,并简要说明理由。

2. A注册会计师正在对X股份有限公司(以下简称X公司)2010年度财务报表进行审计。X公司为增值税一般纳税人,增值税税率17%。为了确定X公司的销售业务是否记录在恰当的会计期间,决定对销售进行截止测试。截止测试的简化审计工作底稿如下:

销售发票号	销售收入	计入销售明细账日期	发运日	发票日	销售成本
7 891	10万元	2010年12月30日	12月27日	12月27日	6万元
7 892	15万元	2010年12月30日	1月2日	1月3日	9万元
7 893	8万元	2010年12月31日	1月5日	1月6日	4.8万元
7 894	20万元	2011年1月2日	12月31日	12月31日	12万元
7 895	10万元	2011年1月3日	1月2日	1月3日	6万元
7 896	5万元	2011年1月8日	1月7日	1月8日	3万元

要求:

(1)根据上述资料请指出A注册会计师所执行的截止测试的具体方法及其目的。

(2)根据上述资料请分析X公司是否存在提前入账的问题,如果有请编制调整分录。

(3)根据上述资料请分析X公司是否存在推迟入账的问题,并简要说明理由。

四、综合题

1. ABC会计师事务所指派A注册会计师对Y股份有限公司(以下简称Y公司)2009年度财务报表进行审计并出具了标准无保留意见审计报告。A注册会计师于2011年初对Y公司2010年度财务报表进行审计时初步了解到,Y公司2010年度的经营形势、管理及组织结构与2009年度比较未发生重大变化,且未发生重大重组行为,并确定了财务报表层次的重要性水平为300万元。相关资料如下:

资料一:Y公司2010年度利润表和2009年度利润表如下:(金额单位:人民币元)

利润表

2010年度

项　目	2010年度(未审数)	2009年度(审定数)
一、营业收入	172 000 000	120 000 000
减:营业成本	133 000 000	102 000 000
营业税金及附加	860 000	600 000
销售费用	1 640 000	800 000
管理费用	2 045 000	3 000 000
财务费用	2 000 000	1 400 000
资产减值损失	1 430 000	1 500 000
二、营业利润	31 025 000	10 700 000
加:营业外收入	2 030 000	1 104 300
减:营业外支出	55 000	43 000
三、利润总额	33 000 000	11 761 300
减:所得税费用(税率25%)	5 223 000	3 528 300
四、净利润	27 777 000	8 233 000

资料二:Y公司2010年度及2009年度管理费用明细如下:(金额单位:人民币元)

项　目	2010 年度(未审数)	2009 年度(审定数)
工资及福利	780 000	675 000
折旧费	455 000	455 000
办公费	180 000	600 000
劳动保护费	150 000	145 000
业务招待费	250 000	900 000
税金(房产、车船、土地、印花)	230 000	225 000
合计	2 045 000	3 000 000

资料三:注册会计师在对 Y 公司主营业务收入实施实质性程序时,注意到以下销售业务:

(1)Y 公司本年度售给甲企业产品一台,销售价款 234 万元(含税,增值税税率为 17%),Y 公司已开出增值税专用发票,并将提货单交与甲企业,甲企业已开出商业承兑汇票,商业汇票期限为三个月,到期日为次年 2 月 3 日。由于甲企业放置该产品的场地尚未确定,经 Y 公司同意,该产品待次年 1 月 20 日再予提货。Y 公司确认了 200 万元的收入。注册会计师向甲公司发函询证,得到证实。

(2)销售给乙公司产品 1 170 万元(含税,增值税税率为 17%)。发货单、发票、销售合同核对后无异常,截至 2010 年 12 月 31 日,尚未收到货款。2010 年度,Y 公司确认该项销售收入 1 000 万元。注册会计师在对应收乙公司 1 170 万元款项进行函证时,乙公司回函表示已经退货。经检查,Y 公司已于 2011 年 1 月 10 日冲减了当月主营业务收入 1 000 万元,并冲减主营业务成本 850 万元。

资料四:A 注册会计师在对 Y 公司主营业务收入进行测试的同时,一并对应收账款进行了积极式函证,下列情况引起了注册会计师的关注:

(1)丙公司回函称:2010 年 12 月所购货物 585 万元(含税,增值税税率为 17%),根据合同已于 2010 年 12 月 29 日委托银行付款,故不存在欠 Y 公司货款 585 万元的情况。

(2)丁公司回函称:公司虽在 2010 年 12 月与 Y 公司签署了 1 170 万元(含税,增值税税率为 17%)的购货合同,但截至 2010 年 12 月 31 日尚未收到任何货物。

(3)戊公司的询证函因地址错误被退回。

资料五:X 注册会计师在对 Y 公司 2010 年度财务报表进行审计后,发现以下事项:

(1)Y 股份有限公司拥有一项长期股权投资,账面价值 5 000 万元,持股比例 30%。2010 年 12 月 1 日,Y 公司与 K 公司签署投资转让协议,拟以 2 000 万元的价格(市场公允价值)转让该项长期股权投资,已收到价款 1 000 万元,但尚未办理产权过户手续。Y 公司以该项长期股权投资正在转让之中为由,不再计提减值准备。

(2)Y 股份有限公司为 B 公司向银行借款 700 万元提供担保。2011 年 1 月,B 公司破产,无力偿还已到期的该笔银行借款。银行因此向法院起诉,要求 Y 股份有限公司承担连带责任,支付借款本息共 800 万元。2011 年 2 月 10 日,法院终审判决银行胜诉,并于 2 月 25 日执行完毕。

(3)Y 股份有限公司的库存原材料中有账面价值为 20 万元的甲材料(材料的成本 35 万元,已提存货跌价准备 15 万元),由于产品更新换代在市场中该产品的可变现净值为 8 万元。

要求:

(1)为确定重点审计领域,A 注册会计师拟实施分析程序,请对资料一进行分析后,指出利润表中的重点审计项目,并简要说明理由。

(2)请针对资料二进行分析后,指出注册会计师对管理费用应重点审计的项目,并简要说明理由。

(3)针对资料三,请分别判断 Y 公司已经确认的销售收入能否确认。若回答“不确认”或“不能全部确认”,请简要说明理由并提出审计调整建议。(编制审计调整分录时不考虑对所得税费用和利润分配的影响)

(4)针对资料四,请指出注册会计师应实施的进一步审计程序。

(5)针对资料五,不考虑重要性水平,请分别判断是否需要提出审计处理建议。如需建议调整的,请列示调整分录(编制调整分录不考虑对期末结转损益和所得税费用的影响)。

项目6　采购与付款循环审计

知识目标：

通过本项目的学习，使学生了解采购与付款循环的关键内部控制，懂得进行采购与付款循环的重大错报风险的评估，会作相关项目的实质性程序。

技能目标：

通过本项目的学习，让学生能进行采购与付款循环的风险评估，能进行应付账款和固定资产的实质性程序。

引导案例：

某医药制造公司，对生产所需的原材料除价格是主要的考虑因素之外，更为重要的是对原材料的质量要求。当该公司生产所需的原材料需采购时，在原材料市场价格有较大变动或购买新的原材料品种，采购部门需要重新确定供应商时，是通过招投标方式进行的。首先从采购部门建立的供应商档案中确定参加招投标会议的供应商（供应商必须是经国家药监局验收合格后颁发药品生产许可证的企业，这样的供应商生产的原材料应该符合国家医药行业的质量标准），通过比较产品性价比确定几家供应商，由该公司的检验部门对待选供应商的原材料样本进行检验，该公司除执行国家医药行业的质量标准外，也制订了本公司的质量标准。经检验后，采购部门从中确定质优价廉的供应商。采购部门与供应商签订购买合同；购买的原材料到达后再经检验部门抽检，出具检验单；仓库保管部门对数量、品种进行检验并出具入库单，财务部门审核及核对检验单、入库单、购货发票后登记明细账；采购部门制定用款计划，财务部门根据用款计划筹备资金付款。该公司每月首先召开财务分析会议，对当月的财务情况进行分析，其中产品生产成本如果出现异常波动，排除市场价格等因素外，若是因原材料质差价高造成的，在其后召开的由公司各职能部门参加的总经理扩大会议上对采购部门出现的问题进行问责，并与采购部门的经济效益挂钩。

分析：

本案例中的公司在采购与付款业务中的内控规定和做法符合相关规定的地方：首先，公司在采购原材料过程中按照请购、审批、采购、验收、付款等规定的程序办理采购与付款业务；第二，建立了采购与验收环节的管理制度，对采购方式确定、供应商选择、验收程序等作出了明确规定，确保采购过程的透明化；第三，建立了供应商档案，充分了解和掌握供应商信誉、供货能力等有关情况，采取由采购、使用等部门共同参与比质比价的程序；第四，根据规定的验收制度和经批准的订单、合同等采购文件，由独立的验收部门对所采购物品的品种、规格、数量、质量和其他相关内容进行验收，出具验收证明；第五，财会部门在做账务处理和办理付款业务时，对采购发票、结算凭证、验收证明等相关凭证的真实性、完整性、合法性及合规性进行严格审核；第六，通过对职能部门的问责制度对采购与付款的内部控制进行监督检查。

但本案例中的公司采购与付款业务中的内控规定和做法也有不符合规定之处，你是否可以帮助该公司找出不符合的内容呢？是否能够提出改进的建议呢？

任务1　采购与付款循环的内部控制

一、采购与付款循环中主要业务活动所涉及的凭证、记录和控制程序

主要业务活动	涉及的凭证及记录	相关的主要部门	相关的认定	内部控制的要点
1. 请购商品和劳务	请购单	仓库、资产使用部门填写	发生	请购与审批岗位分离，请购单须经负责预算责任的主管人员签字批准

续表

主要业务活动	涉及的凭证及记录	相关的主要部门	相关的认定	内部控制的要点
2. 编制订购单	请购单、已经批准的请购单	采购部门编制	发生和完整性	根据已经批准的请购单编制，并预先编号
3. 验收商品	验收单、订购单	验收部门编制	存在、发生和完整性	将商品与订购单核对，验收单预先连续编号
4. 存储已验收的商品存货	验收单	仓库保管部门编制	存在	储存与验收岗位分离，限制无关人员接近
5. 编制付款凭单确认与记录负债	付款凭单、请购单、订购单、验收单和卖方发票	应付凭单部门编制	存在、发生、完整性、权利和义务以及计价和分摊	核对卖方发票、订购单、验收单，据以编制付款凭单；付款凭单由被授权人签字；付款凭单预先连续编号
6. 确认与记录负债	卖方发票及相关凭证、应付凭单登记簿、转账凭证、付款凭证、应付账款明细账	会计部门	发生、完整性、权利和义务以及计价和分摊	记录应付账款前核对卖方发票、验收单、订购单、付款凭单；记录现金支出的人员不得经手现金、有价证券
7. 付款	付款凭单登记簿、支票、卖方月末对账单	会计部门	完整性、权利和义务以及计价和分摊	付款时，对卖方发票、结算凭证、验收单等凭证核查；付款凭单应经批准；支票应连续编号，并经签字
8. 记录现金银行存款支出	付款凭证、库存现金和银行存款日记账、应付账款明细账	会计部门	发生、完整性、权利和义务以及计价和分摊	现金或银行存款支出与应付账款一致，独立编制银行存款余额调节表

二、采购与付款循环的重大错报风险评估

现代风险导向审计要求注册会计师依据企业风险设计并执行进一步的审计程序,审计人员必须考虑影响销售与收款循环的重大错报风险,对被审计单位经营活动中可能发生的重大错报保持职业怀疑。从内部控制角度分析销售与收款循环中存在的重大错报风险是审计人员对被审计单位重大错报风险评估的一个重要方面。本节将从职能单位组合及职能部门内部具体控制的角度分析购货与付款业务循环中可能存在的重大错报风险,这种分析重大错报风险的模式可为读者进一步分析购货与付款循环其他重大错报风险提供思路。但需指出的是,本节只是列举购货与付款循环业务产生重大错报风险的原因而非导致这种风险产生的全部因素。

在实施控制测试和实质性程序之前,注册会计师需要了解被审计单位采购与付款交易和相关余额的内部控制的设计、执行情况,评估认定层次和财务报表重大错报风险,并对被审计单位特殊的交易活动和可能影响财务报表真实反映的事项保持职业怀疑态度。这将影响到注册会计师决定采取何种适当的审计方法。

影响采购与付款交易和余额的重大错报风险可能包括:

1. 管理层错报费用支出的偏好和动因

被审计单位管理层可能为了完成预算,满足业绩考核要求,保证从银行获得额外的资金,吸引潜在投资者,影响股东,影响公司股价,或通过把私人费用计入公司进行个人赢利而错报支出。常见的方法可能有:

①把通常应当及时计入损益的费用资本化,然后通过资产的逐步摊销予以消化。这对增加当年的利润和留存收益都将产生影响。

②平滑利润。通过多计准备或少计负债和准备,把损益控制在被审计单位管理层希望的程度。

③利用特别目的的实体把负债从资产负债表中剥离,或利用关联方间的费用定价优势制造虚假的收益增长趋势。

④通过复杂的税务安排推延或隐瞒所得税和增值税。

⑤被审计单位管理层把私人费用计入企业费用,把企业资金当做私人资金运作。

2. 费用支出的复杂性

例如,被审计单位开始在国外开展销售交易,管理层对于可能遭遇的问题解决经验有限,甚至不具备进行正确交易的能力。这可能导致费用支出分配的

错误、外币换算错误和准备计提的错误。

3. 管理层凌驾于控制之上和员工舞弊的风险

例如,通过与第三方串通,把私人费用计入企业费用支出,或有意无意地重复付款。

4. 采用不正确的费用支出截止期

将本期采购并收到的商品计入下一会计期间,或者将下一会计期间采购的商品提前计入本期。例如,被审计单位采用离岸价结算方式进口的商品期末尚在途中,由于商品的所有权已经转移,就可能存在低估在途商品的风险。

5. 低估

在承受反映较高赢利水平和营运资本的压力下,被审计单位管理层可能试图低估应付账款和准备,包括对存货和应收账款减值以及对已售商品提供的担保应计提的准备。

6. 舞弊和盗窃的固有风险

如果被审计单位经营大型零售业务,由于所采购商品和固定资产的数量及支付的款项庞大,交易复杂,容易造成商品发运错误,员工和客户发生舞弊和盗窃的风险较高。如果那些负责付款的会计人员有权接触应付账款主文档,并能够通过在应付账款主文档中擅自添加新的账户来虚构采购交易,风险也会增加。

7. 延迟向供应商付款

这可能导致不能申请原本可以享受的购货折扣,或者即使提出申请也不被接受,从而增加了不必要的开支。

8. 存货的采购成本没有按照适当的计量属性确认

结果可能导致存货成本和销售成本的核算不正确。

9. 存在未记录的权利和义务

这可能导致资产负债表分类错误以及财务报表附注不正确或披露不充分。

在计算机环境下,注册会计师既应当考虑常用的控制活动的有效性,也应当考虑特殊的控制活动对于采购与付款交易的适用性。其中最为重要的控制应着眼于计算机程序的更改和供应商主文档中重要数据的变动,因为这会对采购与付款、应付账款带来影响,也会影响对差错和例外事项的处理过程和结果。概言之,针对采购与付款的控制,需要关注:

①遗失连续编号的验收单,这表明采购交易可能未予以入账。

②出现重复的验收单或发票。

③供应商发票与订购单或验收单不符。

④供应商名称及代码与供应商主文档信息中的名称及代码不符。

⑤在处理供应商发票时出现计算错误。

⑥采购或验收的商品的存货代码无效。

⑦处理采购或付款的会计期间出现差错。

⑧通过电子货币转账系统把货款转入供应商的银行账户，但该账户并非供应商支付文档指定的银行账户。

总之，当被审计单位管理层具有高估利润的动机时，注册会计师应当主要关注费用支出和应付账款的低计。重大错报风险集中体现在遗漏交易，采用不正确的费用支出截止期，以及错误划分资本性支出和费用性支出。这些将对完整性、截止、发生、存在、准确性和分类认定产生影响。

如前所述，为评估重大错报风险，注册会计师应详细了解有关交易或付款的内部控制，这些控制主要是为预防、检查和纠正前面所认定的重大错报的固有风险而设置的。注册会计师可以通过审阅以前年度审计工作底稿、观察内部控制执行情况、询问管理层和员工、检查相关的文件和资料等方法加以了解。对相关文件和资料的检查可以提供审计证据，比如通过检查供应商对账表和银行对账单，能够发现差错并加以纠正。

在评估重大错报风险时，注册会计师所以需要充分了解被审计单位对采购与付款交易的控制活动，目的在于使得计划实施的审计程序更加有效。也就是说，注册会计师必须对被审计单位的重大错报风险有一定认识，在此基础上设计并实施进一步审计程序，才能有效应对重大错报风险。

三、采购与付款循环控制测试（以风险为起点的控制测试）

采购与付款交易的风险、控制和控制测试

风 险	计算机控制	人工控制	控制测试
订购商品和劳务			
未经授权的供应商可能进入经批准的供应商主文档	程序设定只允许经授权的人员才能修改经批准的供应商主文档	只有采购部门高级员工才被授权在供应商主文档中增加新供应商信息	询问管理层并检查证明这些控制完成情况的文件

续表

风　险	计算机控制	人工控制	控制测试
可能向未经批准的供应商采购	处理之前，计算机自动与供应商主文档中每一份订购单比对。将不符事项记录于例外报告中	复核例外报告并解决问题。绕过控制的人工处理经恰当审批	检查复核例外报告的证据，以及批准僭越控制的人工处理的恰当签名
采购可能由未经授权的员工执行	访问控制只允许经授权的员工处理订购单，菜单层面的控制授权限定至单个员工	复核正式的授权级别并定期修订，采购人员有权在限额内进行采购或处理某些类型的支出。僭越控制的、人工接受的订购单，需经采购主管或高级管理层批准	询问和检查授权批准和授权越权的文件。检查订购单并确定其是否在授权批准的范围之内
订购的商品或劳务可能未被提供	计算机自动对所有发出的订购单事先编号，并与随后的采购入库通知单和供应商发票进行比对，比对不符的订购单被单独打印	长期未执行的订购单被记录于未执行订购单的文件上，并采取跟进行动	询问并检查文件，以证实对未执行的订购单的跟进情况
采购订购单的项目或数量可能不准确	计算机将订购单上的产品摘要和存货代码与存货主文档明细进行比对。当再订货数量超过存货主文档记录的再订货数量，或者现有的存货项目数量超过再订货水平时，生成订货例外报告	由采购部门复核例外报告，取消订购单或经过恰当授权后处理	检查例外报告，证实问题已被适当处理

续表

风 险	计算机控制	人工控制	控制测试
收到商品和劳务			
收到商品可能未被记录	当商品接收仓库索取订购单以核对所收货物时,计算机生成一份事先编号的采购入库通知单 定期打印未完成订购单	由采购部门复核和追踪未完成订购单报告 定期将报表余额调整至应付账款余额	检查打印文件并追踪未完成订购单 检查应付账款的调整,并重新执行这些程序,以获取其是否正确的证据
收到的商品可能不符合订购单的要求或可能已被损坏	收货人员将收到的商品的情况、实际收货数量录入采购入库通知单,将采购入库通知单与订购单上的具体信息进行比对,并就比对不符商品的情况和数量生成例外报告	清点从供应商处收到的商品,将商品的情况、收货数量与订购单进行核对。检查货物的状况。复核例外报告并解决所有差异	询问、观察商品实物并与订购单进行核对。检查打印文件以获取复核和跟进的证据
记录采购和应付账款			
收到的商品可能未被计入采购	由计算机打印一份没有相应发票记录的采购入库通知单的完整清单。在一些计算机系统中,可能根据订购单上的采购价格在临时文档中生成一份预开单据,当实际收到供应商发票时,再按发票金额转账	由会计部门人员追踪遗失的发票	询问、检查例外报告和其他文件,以追踪已收到商品但发票未到、未作采购记录的情况
对发票已到,但商品或劳务尚未收到的可能作采购记录,或者可能重复作采购记录	由计算机比对订购单、采购入库通知单和发票,只有比对一致后,采购才能被记录至总分类账;对比对不符和重复的发票生成例外报告 在分批次处理系统中,由计算机控制各采购入库通知单金额的总额,并与相应的供应商发票金额比对,对出现的差异打印成例外报告	由会计部门的人员追踪例外报告中提及的供应商发票与订购单或采购入库通知单比对不一致问题或重复问题	询问和检查例外报告,并追踪已收到但比对不符的发票

续表

风　险	计算机控制	人工控制	控制测试
采购发票可能未被记录于正确的会计期间	由计算机将记录采购的日期和采购入库通知单上的日期进行比对,如果这些日期归属不同的会计期间,应生成打印文件	由会计人员输入必要的分录,确保对计入当期的负债的核算是恰当的	询问和检查打印文件并重新执行截止程序
记录的采购价格可能不正确	由计算机将供应商发票上的单价与订购单上的单价进行比对,如有差异应生成例外报告	复核例外报告,并解决问题	询问和检查打印文件,以及解决差异的证据。通过对照发票价格与订购单上的价格,重新执行价格测试
供应商发票可能未被分配至正确的应付账款账户	由计算机将订购单和采购入库通知单上的代码与发票上的供应商名称和代码进行比对,并将其与应付账款账户明细核对	由会计部门人员追踪例外报告上供应商名称和代码比对不符的情况	询问和观察例外报告,以及解决例外情况的证据。重新执行分配费用支出的测试
发票可能未分配至个人客户的账户,或者在更新时使用了错误的应付账款文档	更新后,由计算机将应付账款期初余额合计数,加上本期购货,减去本期支付,得到应付账款期末余额合计数,与应付账款总分类的期末余额进行比对。每次更新前,由计算机检查日期和更新前的版本号。每次更新后,应付账款主文档会注明日期或顺序编号	由适当的会计人员执行连续运行总额调节。复核并重新提交未分配采购发票的例外报告。利用外部文件标签和整理功能来标明使用哪一版本的主文档	检查连续运行控制总额的打印文件。询问对IT程序的一般控制,以确保应付账款主文档使用正确的版本

续表

风　险	计算机控制	人工控制	控制测试
在记录或处理采购发票时可能出现错误	在处理运行过程中检查发票计算的准确性;检查商品数量,将数量乘以单价与发票总额核对,并计算得出应收的折扣	每月根据供应商对账单调整应付账款金额,编制汇款通知单并邮寄给供应商。询问处理供应商付款的人员是否与记录采购发票的人员职责分离。应付账款明细账合计数应调节与应付账款总分类账一致	询问、检查并重新执行应付账款总分类账的调节程序
购买的商品或劳务可能未被记录于正确的费用或资产账户	由计算机将订购单、采购入库通知单和发票上的账户代码与总分类账上的账户代码进行比对。按周或按月打印采购交易中费用和资产的分配	复核交易打印文件的合理性	询问和检查打印文件,以获取经管理层复核的证据。询问对于发现的错误,是否采取了改正措施
上述所有风险		由管理层根据关键业绩指标复核实际业绩。例如:实际采购、计划采购及月度趋势分析;实现的毛利率;应付账款的周转天数	检查用于证明已经识别和解决与关键业绩指标不符的实际业绩问题的文件。询问管理层针对这一问题采取的措施。重新执行复核和跟进程序

续表

风　险	计算机控制	人工控制	控制测试
记录开具的支票和电子货币转账支付			
开具的支票和电子货币转账支付凭证可能未被记录	在开具支票过程中,由计算机生成事先顺序编号的支票。对空白支票实施接触控制,只有得到授权的员工才能接触。由支票支付系统打印所有开具的支票	如果支票是手工开具的,应控制尚未签发的事先顺序编号的支票表;由高级员工开具支票;按顺序检查支票编号;调节银行存款余额	询问并观察实物控制和接触控制。重新执行顺序检查和调节银行存款余额的程序
电子货币转账支付可能由未经授权的人员执行	只有得到授权、掌握密码的员工才能接触电子货币转账专用终端机	授权执行电子货币支付交易的人员,根据支付次数的多少,按月、按周或按日复核电子货币支付清单打印文件,以发现不正常或未经授权的支付	询问、观察实物控制和接触控制
可能向不正确的供应商银行账户进行电子货币转账支付	对于为处理电子货币转账支付而从银行下载的供应商的银行账户详细信息,实施严格的控制	只授权高级员工出于处理电子货币转账支付的目的,在银行记录中变更或增加供应商银行信息。详细信息由供应商书面提供,并在供应商文档中保存。依靠银行的安全控制对此进行监督	询问和检查经恰当授权签字的记录
开具的支票和电子货币转账支付凭证可能未被及时记录或分配到正确的应付账款账户	付款被自动记入相关应付账款或费用账户和银行存款账户。每一次开具支票后,及时调节相关总分类账的变动	定期进行银行存款调节。按月根据银行存款余额调节表对应付账款账户余额进行调节	检查并重新执行调节程序

续表

风 险	计算机控制	人工控制	控制测试
可能就虚构或未经授权的采购开具支票和电子货币转账支付凭证	由计算机比对订购单、采购入库通知单和发票,以及经批准的供应商主文档上的供应商账户代码和名称,打印例外报告	如果支票由人工开具,由支票开具人员检查所有支持性文件,包括支票开具前供应商的应付账款调节表和汇款通知。由管理层复核应付账款明细表和采购交易明细表以发现非正常的支付	询问和观察支票开具流程。检查例外报告并追踪问题的解决
可能重复开具支票和电子货币转账支付	由计算机将付款金额和应付账款余额进行比对,并就支付金额超过应付金额的情况生成例外报告	支持性凭据应该注明"已付讫"标记以防止重复支付。复核例外报告并检查例外事项的处理	检查例外报告,以确定任何付款额超过应付余额的情况是否已得到解决。检查已注明"已付讫"标记的凭据
开具支票和电子货币转账支付的金额可能不正确	由计算机比对订购单、采购入库通知单、发票以及在每一应付账款记录中的供应商账户代码和金额	如果支票由人工开具,由支票开具人员检查所有支持性文件,包括支票开具前供应商的应付账款调节表和汇款通知	询问和观察支票开具流程,并重新执行调节程序
开具的支票和电子货币转账支付凭证,在送达供应商前可能被修改		开具的支票应该由其他人员发送给供应商,支票开具后不应该再退还给支票开具人。按周或按月核对银行存款余额调节表,复核银行对账单中包含的已支付的支票	询问、观察支票开具流程,观察并重新执行银行存款调节程序

续表

风　险	计算机控制	人工控制	控制测试
上述所有风险		管理层的监控主要涉及以下方面：日常零用现金或现金支付清单应该反映分摊到应付账款、费用或资产总分类账户的金额，并就异常的金额或供应商进行询问；定期复核应付账款的账龄分析，并调整应付账款总分类账；追踪异常的余额或不熟悉的供应商名称；监控关键业绩指标	询问、观察管理层的复核程序以及对任何异常的事项的追踪。重新执行复核和追踪程序

任务2　销售与收款循环的实质性程序的总体要求

采购与付款交易的主要重大错报风险通常是低估费用和应付账款，从而高估利润、粉饰财务状况。因此，实施实质性程序，如对收到的商品和付款实施截止测试，以获取交易是否已被计入正确的会计期间的证据就显得非常重要。该交易循环中的另一项重大错报风险是采购的商品、资产被错误分类，即对本该资本化的予以费用化，或对本应费用化的予以资本化。这都将影响利润和资产或负债。此外，对于付款交易，还应关注被审计单位是否存在未经授权或无效的付款，是否将应计入费用的付款有意无意地冲销了不相关的应付账款。

针对上述重大错报风险实施实质性审计程序的目标在于获取关于发生、完整性、准确性、截止、存在、权利和义务、计价和分摊、分类等多项认定的审计证据。

为实现上述审计目标，注册会计师应当通过识别管理层用于监控费用和应付账款的关键业绩指标，来识别重要类别的采购交易和应付账款余额；将有关资产会负债项目的期初余额与以前年度工作底稿核对相符；复核管理层对主要费用和负债项目（如采购支出、资产的修理和维护支出、应付账款项目）出现的异常情况采取的措施;并将其母余额或本期发生额与总分类账核对相符。在此基础上,对采购与付款交易实施的实质性程序通常包括以下两个方面。

一、实质性分析程序

①根据对被审计单位的经营活动、供应商的发展历程、贸易条件和行业惯例的了解,确定应付账款和费用支出的期望值。

②根据本期应付账款余额组成与以前期间交易水平和预算的比较,定义采购和应付账款可接受的重大差异额。

③识别需要进一步调查的差异并调查异常数据关系,如零余额的主要供应商,与周期趋势不符的费用支出。这类程序通常包括:

a. 观察月度(或每周)已记录采购总额趋势,与往年或预算相比较。任何异常波动都必须与管理层讨论,如果有必要的话还应作进一步的调查。

b. 将实际毛利与以前年度和预算相比较。如果被审计单位以不同的加价销售产品,就需要将相似利润水平的产品分组进行比较。任何重大的差异都需要进行调查。因为毛利可能由于销售额、销售成本的错误被歪曲,而销售成本的错误则又可能是受采购记录的错误所影响。

c. 计算记录在应付账款上的赊购天数,并将其与以前年度相比较。超出预期的变化可能由多种因素造成,包括未记录采购、虚构采购记录或截止问题。

d. 检查常规账户和付款。例如,租金、电话费和电费。这些费用是日常发生的,通常按月支付。通过检查可以确定已记录的所有费用及其月度变动情况。

e. 检查异常项目的采购。例如,大额采购,从不经常发生交易的供应商处采购,以及未通过采购账户而是通过其他途径记入存货和费用项目的采购。

f. 无效付款或金额不正确的付款,可以通过检查付款记录和付款趋势得以发现。例如,注册会计师通过查找金额偏大的异常项目并深入调查,可能发现重复付款或记入不恰当应付账款账户的付款。

④通过询问管理层和员工,调查重大差异额是否表明存在重大错报风险,是否需要设计恰当的细节测试程序以识别和应对重大错报风险。

⑤形成结论,即实质性分析程序是否能够提供充分、适当的审计证据,或需要对交易和余额实施细节测试以获取进一步的审计证据。

二、采购与付款交易和相关余额的细节测试

当出现以下情形时,注册会计师通常应当考虑对采购与付款交易和相关余额实施细节测试。①重大错报风险评估为高。例如,存在非正常的交易,包括

在期末发生对账户的非正常调整和缺乏支持性文件和关联方交易等。②实质性分析程序显示出未预期的趋势。③需要在财务报表中单独披露的金额或很可能存在错报的金额。例如,差旅费、修理和维护费、广告费、税费、咨询费等。④对需要在纳税申报表中单独披露的事项进行分析。⑤需要为有些项目单独出具审计报告。例如,被审计单位如果要向国外的特许权授予方支付特许权使用费,就可能存在这类需要。

(一)交易的细节测试

注册会计师应从被审计单位业务流程层面的主要交易流中选取一个样本,检查其支持性证据。例如,从采购和付款记录中选取一个样本:

①检查支持性的订购单、商品验收单、发运凭证和发票,追踪至相关费用或资产账户以及应付账款账户;

②必要时,检查其他支持性文件,如交易合同条款;

③检查已用于付款的支票存根或电子货币转账付款证明以及相关的汇款通知。如果付款与发票对应,则检查相关供应商发票,并追踪付款至相关的应付账款或费用账户。

对主要交易流实施截止测试有以下几点。

1.采购交易的截止测试

①选择已记录采购的样本,检查相关的商品验收单,保证交易已计入正确的会计期间;

②确定期末最后一份验收单的顺序号码并审查代码报告,以检测记录在本会计期间的验收单是否存在更大的顺序号码,或因采购交易被漏记或错计入下一会计期间而在本期遗漏的顺序号码。

2.付款交易的截止测试

①确定期末最后签署的支票的号码,确保其后的支票支付未被当做本期的交易予以记录;

②追踪付款至期后的银行对账单,确定其在期后的合理期间内被支付;

③询问期末已签署但尚未寄出的支票,考虑该项支付是否应在本期冲回,计入下一会计期间。

3.寻找未记录的负债的截止测试

①确定被审计单位期末用于识别未记录负债的程序,获取相关交易已记入应付账款的证据;

②复核供应商付款通知和供应商对账单，获取发票被遗失或未计入正确的会计期间的证据，询问并确定在资产负债表日是否应增加一项应计负债；

③调查关于订购单、商品验收单和发票不符的例外报告，识别遗漏的交易或计入不恰当会计期间的交易；

④复核截至审计外勤结束日记录在期后的付款，查找其是否在年底前发生的证据；

⑤询问审计外勤结束时仍未支付的应付账款；

⑥对于在建工程，检查承建方的证明或质量监督报告，以获取存在未记录负债的证据；

⑦复核资本预算和董事会会议纪要，获取是否存在承诺和有负债的证据。

（二）余额的细节测试

①复核供应商的付款通知，与供应商对账，获取发票遗漏、未计入正确的会计期间的证据。询问并检查对收费存在争议的往来信函，确定在资产负债表日是否应增加一项应计负债。

②在特殊情况下，注册会计师需要决定是否应通过供应商来证实被审计单位期末的应付余额。这种情况通常在被审计单位对采购与付款交易的控制出现严重缺失，记录被毁损时才会发生，或者在怀疑存在舞弊或会计记录在火灾或水灾中遗失时才会发生。

任务3 应付账款的审计

一、审计目标与认定对应关系

审计目标	财务报表认定				
	存在	完整性	权利和义务	计价和分摊	列报
A. 资产负债表中记录的应付账款是存在的。	√				

续表

审计目标	财务报表认定				
	存在	完整性	权利和义务	计价和分摊	列报
B. 所有应当记录的应付账款均已记录。		√			
C. 资产负债表中记录的应付账款是被审单位应当履行的现时义务。			√		
D. 应付账款以恰当的金额包括在财务报表中,与之相关的计价调整已恰当记录。				√	
E. 应付账款已按照企业会计准则的规定在财务报表中作出恰当的列报。					√

二、审计目标与审计程序对应关系

审计目标	可供选择的审计程序
BD	1. 获取被审计单位与其供应商之间的对账单,并将对账单和被审计单位财务记录之间的差异进行调节,查找有无未入账的应付账款,确定应付账款金额的准确性。
BD	2. 检查债务形成的相关原始凭证,如供应商发票、验收报告或入库单等,查找有无未及时入账的应付账款,确定应付账款金额的准确性。
B	3. 针对资产负债表日后付款项目,检查银行对账单及有关付款凭证,询问被审计单位内部或外部的知情人员,查找有无未及时入账的应付账款。
B	4. 结合存货监盘程序,检查被审计单位在资产负债日前后的存货入库资料(验收报告或入库单),检查是否有大额料到单未到的情况,确认相关负债是否计入了正确的会计期间。
B	5. 检查资产负债表日后应付账款明细账贷方发生额的相应凭证,关注其购货发票的日期,确认其入账时间是否合理。
AC	6. 选择应付账款的重要项目函证其余额和交易条款,对未回函的再次发函或实施替代的检查程序。
B	7. 针对已偿付的应付账款,追查至银行对账单、银行付款单据和其他原始凭证,检查其是否在资产负债表日前真实偿付。
AB	8. 针对异常或大额交易及重大调整事项(如大额的购货折扣或退回,会计处理异常的交易,未经授权的交易,或缺乏支持性凭证的交易等),检查相关原始凭证和会计记录,以分析交易的真实性、合理性。

ABC公司2010年12月31日资产负债表“应付账款”项目为540 000元,应付账款总账贷方余额540 000元,审计发现:

(1)应付天宇公司明细账借方余额400 000元,属于正常交易的预付款项。

(2)应付凯利公司明细账贷方余额500 000元,为被审计单位临时借入款项,用于结算工程款。

解析:

(1)“应付账款”项目应根据应付账款明细账贷方余额合计填列。如果应付账款明细账出现了借方余额,表示资产不能抵减负债,所以应作重分类调整,审计调整分录为:

借:预付款项(预付账款——天宇公司) 400 000

  贷:应付账款——天宇公司 400 000

(2)按规定,不属于销售原因引起的应付款项不应在应付账款科目反映。注册会计师建议其调整。审计调整分录为:

借:应付账款——凯利公司 500 000

  贷:其他应付款——凯利公司 500 000

任务4 固定资产与累计折旧的审计

一、固定资产的审计目标

审计目标与认定对应关系表

审计目标	财务报表认定				
	存在	完整性	权利和义务	计价和分摊	与列报相关的认定
A.资产负债表中记录的固定资产是存在的。	√				
B.所有应记录的固定资产均已记录。		√			

续表

审计目标	财务报表认定				
	存在	完整性	权利和义务	计价和分摊	与列报相关的认定
C. 记录的固定资产由被审计单位拥有或控制。			√		
D. 固定资产以恰当的金额包括在财务报表中，与之相关的计价或分摊已恰当记录。				√	
E. 固定资产已按照企业会计准则的规定在财务报表中作出恰当列报。					√

二、审计目标与审计程序对应关系表

审计目标	可供选择的审计程序
D	1. 获取或编制固定资产明细表，复核加计是否正确，并与总账数和明细账合计数核对是否相符，结合累计折旧和固定资产减值准备与报表数核对是否相符。
ABD	2. 实质性分析程序： (1)基于对被审计单位及其环境的了解，通过进行以下比较，并考虑有关数据间关系的影响，建立有关数据的期望值。 ①分类计算本期计提折旧额与固定资产原值的比率，并与上期比较； ②计算固定资产修理及维护费用占固定资产原值的比例，并进行本期各月、本期与以前各期的比较。 (2)确定可接受的差异额。 (3)将实际情况与期望值相比较，识别需要进一步调查的差异。 (4)如果其差额超过可接受的差异额，调查并获取充分的解释和恰当的佐证审计证据（例如：通过检查相关的凭证）。 (5)评估分析程序的测试结果。
A	3. 实地检查重要固定资产（如为首次接受审计，应适当扩大检查范围），确定其是否存在，关注是否存在已报废但仍未核销的固定资产。
C	4. 检查固定资产的所有权或控制权： 对各类固定资产，获取、收集不同的证据以确定其是否归被审计单位所有。对外购的机器设备等固定资产，审核采购发票、采购合同等；对于房地产类固定资产，查阅有关的合同、产权证明、财产税单、抵押借款的还款凭据、保险单等书面文件；对融资租入的固定资产，检查有关融资租赁合同；对汽车等运输设备，检查有关运营证件等；对受留置权限制的固定资产，结合有关负债项目进行检查。

续表

审计目标	可供选择的审计程序
ABCD	5. 检查本期固定资产的增加： (1)询问管理层当年固定资产的增加情况，并与获取或编制的固定资产明细表进行核对。 (2)检查本年度增加固定资产的计价是否正确，手续是否齐备，会计处理是否正确。 ①对于外购固定资产，通过核对采购合同、发票、保险单、发运凭证等资料，抽查测试其入账价值是否正确，授权批准手续是否齐备，会计处理是否正确；如果购买的是房屋建筑物，还应检查契税的会计处理是否正确；检查分期付款购买固定资产入账价值及会计处理是否正确。 ②对于在建工程转入的固定资产，应检查固定资产确认时点是否符合会计准则的规定，入账价值与在建工程的相关记录是否核对相符，是否与竣工决算、验收和移交报告等一致；对已经达到预定可使用状态，但尚未办理竣工决算手续的固定资产，检查其是否已按估计价值入账，并按规定计提折旧。 ③对于投资者投入的固定资产，检查投资者投入的固定资产是否按投资各方确认的价值入账，并检查确认价值是否公允，交接手续是否齐全；涉及国有资产的，是否有评估报告并经国有资产管理部门评审备案或核准确认。 ④对于更新改造增加的固定资产，检查通过更新改造而增加的固定资产，增加的原值是否符合资本化条件，是否真实，会计处理是否正确；重新确定的剩余折旧年限是否恰当。 ⑤对于融资租赁增加的固定资产，获取融资租入固定资产的相关证明文件，检查融资租赁合同的主要内容，并结合长期应付款、未确认融资费用科目检查相关的会计处理是否正确。 ⑥对于企业合并、债务重组和非货币性资产交换增加的固定资产，检查产权过户手续是否齐备，检查固定资产入账价值及确认的损益和负债是否符合规定。 ⑦如果被审计单位为外商投资企业，检查其采购国产设备退还增值税的会计处理是否正确。 ⑧对于通过其他途径增加的固定资产，应检查增加固定资产的原始凭证，核对其计价及会计处理是否正确，法律手续是否齐全。 (3)检查固定资产是否存在弃置费用，如果存在弃置费用，检查弃置费用的估计方法和弃置费用现值的计算是否合理，会计处理是否正确。

续表

审计目标	可供选择的审计程序
ABD	6.检查本期固定资产的减少： (1)结合固定资产清理科目,抽查固定资产账面转销额是否正确。 (2)检查出售、盘亏、转让、报废或毁损的固定资产是否经授权批准,会计处理是否正确。 (3)检查因修理、更新改造而停止使用的固定资产的会计处理是否正确。 (4)检查投资转出固定资产的会计处理是否正确。 (5)检查债务重组或非货币性资产交换转出固定资产的会计处理是否正确。 (6)检查其他减少固定资产的会计处理是否正确。
AB	7.检查固定资产的后续支出： 检查固定资产有关的后续支出是否满足资产确认条件;如不满足,检查该支出是否在该后续支出发生时计入当期损益。
ABCD	8.检查固定资产的租赁： (1)固定资产的租赁是否签订了合同、租约,手续是否完备,合同内容是否符合国家规定,是否经相关管理部门的审批。 (2)租入的固定资产是否确属企业必需,或出租的固定资产是否确属企业多余、闲置不用的。 (3)租金收取是否签有合同,有无多收、少收现象。 (4)租入固定资产有无久占不用、浪费损坏的现象;租出的固定资产有无长期不收租金、无人过问,是否有变相馈赠、转让等情况。 (5)租入固定资产是否已登记备查簿。 (6)如果被审计单位的固定资产中融资租赁占有相当大的比例,复核新增加的租赁协议,检查租赁是否符合融资租赁的条件,会计处理是否正确(资产的入账价值、折旧、相关负债)。检查以下内容： ①复核租赁的折现率是否合理; ②检查租赁相关税费、保险费、维修费等费用的会计处理是否符合企业会计准则的规定; ③检查融资租入固定资产的折旧方法是否合理; ④检查租赁付款情况; ⑤检查租入固定资产的成新程度。 (7)向出租人函证租赁合同及执行情况。 (8)租入固定资产改良支出的核算是否符合规定。
D	9.获取暂时闲置固定资产的相关证明文件,并观察其实际状况,检查是否已按规定计提折旧,相关的会计处理是否正确。

续表

审计目标	可供选择的审计程序
D	10. 获取已提足折旧仍继续使用固定资产的相关证明文件,并作相应记录。
A	11. 获取持有待售固定资产的相关证明文件,并作相应记录,检查对其预计净残值调整是否正确、会计处理是否正确。
B	12. 检查固定资产保险情况,复核保险范围是否足够。
ABD	13. 检查有无与关联方的固定资产购售活动,是否经适当授权,交易价格是否公允。对于合并范围内的购售活动,记录应予合并抵销的金额。
D	14. 对应计入固定资产价值的借款费用,应根据企业会计准则的规定,结合长短期借款、应付债券或长期应付款的审计,检查借款费用资本化的计算方法和资本化金额,以及会计处理是否正确。
DE	15. 检查购置固定资产时是否存在与资本性支出有关的财务承诺。
CE	16. 检查固定资产的抵押、担保情况。结合对银行借款等的检查,了解固定资产是否存在重大的抵押、担保情况。如存在,应取证,并作相应的记录,同时提请被审计单位作恰当披露。
D	17. 检查累计折旧: (1)获取或编制累计折旧分类汇总表,复核加计正确,并与总账数和明细账合计数核对。 (2)检查被审计单位制定的折旧政策和方法是否符合相关会计准则的规定,确定其所采用的折旧方法能否在固定资产预计使用寿命内合理分摊其成本,前后期是否一致,预计使用寿命和预计净残值是否合理。 (3)复核本期折旧费用的计提和分配: ①了解被审计单位的折旧政策是否符合规定,计提折旧范围是否正确,确定的使用寿命、预计净残值和折旧方法是否合理,如采用加速折旧法,是否取得批准文件。 ②检查被审计单位折旧政策前后期是否一致。 ③复核本期折旧费用的计提是否正确,尤其关注已计提减值准备的固定资产的折旧。 ④检查折旧费用的分配方法是否合理,是否与上期一致;分配计入各项目的金额占本期全部折旧计提额的比例与上期比较是否有重大差异。 ⑤注意固定资产增减变动时,有关折旧的会计处理是否符合规定,查明通过更新改造、接受捐赠或融资租入而增加的固定资产的折旧费用计算是否正确。 (4)将“累计折旧”账户贷方的本期计提折旧额与相应的成本费用中的折旧费用明细账户的借方相比较,检查本期所计提折旧金额是否已全部摊入本期产品成本或费用。若存在差异,应追查原因,并考虑是否应建议作适当调整。 (5)检查累计折旧的减少是否合理,会计处理是否正确。

续表

审计目标	可供选择的审计程序
D	18. 检查固定资产的减值准备: (1)获取或编制固定资产减值准备明细表,复核加计正确,并与总账数和明细账合计数核对相符。 (2)检查被审计单位计提固定资产减值准备的依据是否充分,会计处理是否正确。 (3)检查资产组的认定是否恰当,计提固定资产减值准备的依据是否充分,会计处理是否正确。 (4)计算本期末固定资产减值准备占期末固定资产原值的比率,并与期初该比率比较,分析固定资产的质量状况。 (5)检查被审计单位处置固定资产时原计提的减值准备是否同时结转,会计处理是否正确。 (6)检查是否存在转回固定资产减值准备的情况,确定减值准备在以后会计期间没有转回。
	19. 根据评估的舞弊风险等因素增加的审计程序。
E	20. 检查固定资产是否已按照企业会计准则的规定在财务报表中作出恰当列报: (1)固定资产的确认条件、分类、计量基础和折旧方法。 (2)各类固定资产的使用寿命、预计净残值和折旧率。 (3)各类固定资产的期初和期末原价、累计折旧额及固定资产减值准备累计金额。 (4)当期确认的折旧费用。 (5)对固定资产所有权的限制及其金额和用于担保的固定资产账面价值。 (6)准备处置的固定资产名称、账面价值、公允价值、预计处置费用和预计处置时间等。

三、固定资产——累计折旧的实质性程序

累计折旧的实质性程序通常包括:

①获取或编制累计折旧分类汇总表,复核加计正确,并与总账数和明细账合计数核对。

②检查被审计单位制定的折旧政策和方法是否符合相关会计准则的规定,确定其所采用的折旧方法能否在固定资产预计使用寿命内合理分摊其成本,前

后期是否一致,预计使用寿命和预计净残值是否合理。

③复核本期折旧费用的计提和分配。

重要的审计程序操作如下:

审计人员在审计 A 公司 2010 年会计报表时,发现固定资产购入业务有以下疑点:

2010 年 3 月购入一台不需要安装的设备,调出单位账面原值为 90 000 元,已经计提折旧 20 000 元,双方协商确定价款为 80 000 元,该公司以银行存款支付 80 000 元,还支付包装费和运输费共计 1 000 元。账务处理如下:

借:固定资产	90 000
贷:实收资本	70 000
累计折旧	20 000
借:盈余公积	80 000
贷:银行存款	80 000
借:管理费用	1 000
贷:银行存款	1 000

解析:存在的问题是虚增实收资本,人为冲减盈余公积,未能如实反映固定资产的价值及累计折旧,虚增费用,虚减当年利润。

审计调整为:

借:实收资本	70 000
累计折旧	20 000
贷:盈余公积	80 000
固定资产	10 000
借:固定资产	1 000
贷:管理费用	1 000

实训项目

【实训项目一】采购与付款循环中,审计程序和审计目标的对应关系。

【实训要求】

请根据题中给出的审计目标,指出对应的相关认定;针对每一审计目标,选择相应的实质性程序(一项实质性程序可能对应一项或多项审计目标,每一审计目标可能选择一项或多项实质性程序)。

注册会计师通常依据各类交易、账户余额和列报的相关认定确定审计目标,根据审计目标设计审计程序。以下给出了采购交易的审计目标,并列举了部分实质性程序。

(1)审计目标

A. 所记录的采购交易已发生,且与被审计单位有关。

B. 所有应当记录的采购交易均已记录。

C. 与采购交易有关的金额及其他数据已恰当记录。

D. 采购交易已记录于恰当的账户。

E. 采购交易已记录于正确的会计期间。

(2)实质性程序

F. 将采购明细账中记录的交易同购货发票、验收单和其他证明文件比较。

G. 根据购货发票反映的内容,比较会计科目表上的分类。

H. 从购货发票追查至采购明细账。

I. 从验收单追查至采购明细账。

J. 将验收单和购货发票上日期与采购明细账中的日期进行比较。

K. 检查购货发票、验收单、订货单和请购单的合理性和真实性。

L. 追查存货的采购至存货永续盘存记录。

相关认定	审计目标	实质性程序
	所记录的采购交易已发生,且与被审计单位有关。	
	所有应当记录的采购交易均已记录。	
	与采购交易有关的金额及其他数据已恰当记录。	
	采购交易已记录于恰当的账户。	
	采购交易已记录于正确的会计期间。	

参考答案：

相关认定	审计目标	实质性程序
发生	所记录的采购交易已发生，且与被审计单位有关	F、L、K
完整性	所有应当记录的采购交易均已记录	H、I
准确性	与采购交易有关的金额及其他数据已恰当记录	F
分类	采购交易已记录于恰当的账户	G
截止	采购交易已记录于正确的会计期间	J

【实训项目二】对采购与付款循环的内控进行评价

【实训要求】针对下述资料中的第(1)至第(12)项，假定不考虑其他条件，请逐项判断B公司上述已经存在的内部控制程序在设计上是否存在缺陷。如果存在缺陷，请分别予以指出，并简要说明理由，提出改进建议。

B股份有限公司(以下简称B公司)主要经营中小型机电类产品的生产和销售，产品销售以B公司仓库为交货地点。B公司目前主要采用手工会计系统。ABC会计师事务所接受委托审计B公司2010年度会计报表，C和D注册会计师负责于2010年10月25日至11月10日对B公司的购货与付款循环、生产循环、销售与收款循环的内部控制进行了解、测试与评价。

资料：通过对B公司内部控制的了解，C和D注册会计师在审计工作底稿中记录了所了解的和购货与付款循环相关的内部控制程序，部分内容摘录如下。

(1)对需要购买的已经列入存货清单的项目由仓库负责填写请购单，对未列入存货清单的基础上由相关需求部门填写请购单。每张请购单须由对该类采购支出预算负责的主管人员签字批准。

(2)采购部收到经批准的请购单后，由其职员E进行询价并确定供应商，再由其职员F负责编制和发出预先连续编号的订购单。订购单一式四联，经被授权的采购人员签字后，分别送交供应商、负责验收的部门、提交请购单的部门和负责采购业务结算的应付凭单部门。

(3)验收部门根据订购单上的要求对所采购的材料进行验收，完成验收后，将原材料交由仓库人员存入库房，并编制预先连续编号的验收单交仓库人员签字确认。验收单一式三联，其中两联分送应付凭单部门和仓库，一联留存验收部门。

(4)应付凭单部门核对供应商发票、验收单和订购单,并编制预先连续编号的付款凭单。在付款凭单经被授权人员批准后,应付凭单部门将付款凭单连同供应商发票及时送交会计部门,并将未付款凭单副联保存在未付款凭单档案中。会计部门收到附供应商发票的付款凭单后即应及时编制有关的记账凭证,并登记原材料和应付账款账簿。

(5)应付凭单部门负责确定尚未付款凭单在到期日付款,并将留存的未付款凭单及其附件根据授权审批权限送交审批人审批。审批人审批后,将未付款凭单连同附件交复核人复核,然后交财务出纳人员J,出纳人员J据此办理支付手续,登记现金和银行存款日记账,并在每月末编制银行存款余额调节表,交会计主管审核。

(6)生产部门收到生产计划部门签发的预先连续编号的生产通知单后,向仓库提交经批准的预先连续编号的一式三联领料单。仓库发出原材料后,将其中两联领料单分送领料部门和会计部门,一联留存仓库。生产部门完工的产成品经过检验员验收后交仓库查点入库。仓库人员编制预先连续编号的一式三联产成品入库单,其中两联及时分送生产部门和会计部门,一联留存仓库。

(7)会计部门的成本会计K根据收到的生产通知单、领料单、工时记录和产成品入库单等资料,在月末编制材料费用、人工费用和制造费用分配表,以及完工产品与在产品成本分配表,经本部门的复核人员复核后,据以核算成本和登记相关账簿。

(8)根据批准的顾客订单,销售部编制预先连续编号的一式三联现销或赊销销售单。经销售部被授权人员批准后,所有销售单的第一联直接送仓库作为按销售单供货和发货给装运部门的授权依据,第二联交开具账单部门,第三联由销售部留存。装运部门将从仓库提取的商品与销售单核对无误后装运,并编制一式四联预先连续编号的发运单,其中三联及时分送开具账单部门、仓库和顾客,一联留存装运部门。

(9)开具账单部门在收到发运单并与销售单核对无误后,编制预先连续编号的销售发票,并将其连同发运单和销售单及时送交会计部门。会计部门在核对无误后确认销售收入并登记应收账款账簿。会计部门定期向顾客寄送对账单,并对顾客提出的异议进行专门追查。

(10)公司的应收账款账龄分析由专门的"应收账款账龄分析计算机系统"完成,该系统由独立的信息部门负责维护管理。会计部门相关人员负责在系统中及时录入所有与应收账款交易相关的基础数据。为了便于及时更正录入的基础数据可能存在的差错,信息部门拥有修改基础数据的权限。

(11)公司每半年对全部存货盘点一次,编制盘点表。会计部门与仓库在核对结存数量后,向管理层报告差异情况及形成原因,并在经批准后进行相应处理。

(12)内部审计部门直接向公司专职负责纪检、监察的副总经理报告工作。内部审计人员定期和不定期地对公司日常业务的处理和记录进行审计。

【答案】

第(1)项没有缺陷。

理由:仓库负责对列入清单的货物填写请购单,同时如果没有列入存货清单的话则可以由其他部门根据需要填写。但是每张请购单要由经过该类支付负预算责任的主管人员签字批准。

第(2)项有缺陷:由采购部的职员 E 进行询价并确定供应商。

理由:询价与确定供应商是不相容的岗位。

建议:询价与确定供应商应该由不同岗位的人员来实施。

第(3)项没有缺陷。

理由:对于验收单应当是一式多联,而该单位根据实际情况制订三联是正确的。

第(4)项有缺陷:会计部门根据只附供应商发票的付款凭单进行账务处理。

理由:如果会计部门仅根据付款凭单和供应商发票记录存货和应付账款,而不需同时核对验收单和订购单,会计部门将无法核查材料采购的真实性,从而可能记录错误的存货数量和金额。

建议:应付凭单部门应将经批准的付款凭单连同验收单、订购单和供应商发票送会计部门,会计部门应在核对收到的付款结算单以及后附的验收单、订购单和供应商发票后记录存货和应付账款。

第(5)项有缺陷:出纳人员 J 登记现金和银行日记账,并在每月末编制银行存款余额调节表。

理由:记录现金收入支出与调节银行账户是不相容的岗位。

建议:记录现金收支与调节银行账户应该由不同岗位的人员来实施。

第(6)项没有缺陷,第(7)项没有缺陷。

第(8)项有缺陷。

理由:对于赊销的则应当由信用审批部门根据管理当局的赊销政策进行确定,以及对每个顾客的已经授权的信用额度进行调查。

建议:被审计单位对于赊销的销售由信用审批部门进行审批。

第(9)项没有缺陷。

第(10)项有缺陷:为了便于及时更正录入的基础数据可能存在的差错,信息部门拥有修改基础数据的权限。

理由:如果信息部门可以更正使用部门送交的数据资料,将增加相关数据资料在使用部门不知道的情况下被人为修改的风险,降低相关数据分析结果的可靠性。

建议:信息部门不应具有更正使用部门送交的数据资料的权限,所有使用部门送交的数据资料的更正只能由拥有权限的使用部门人员实施。

第(11)项没有缺陷。

理由:对于经营中小型机电类产品是可以半年或更长的时间内进行盘点一次的。

第(12)项有缺陷:内部审计部门直接向专职负责纪检、监察的副总经理报告。

理由:内部审计部门直接向专职负责纪检、监察的副总经理报告,而不直接向董事会或者审计委员会报告,使得内部审计部门难以独立于被审计部门,将损害内部审计的独立性。

建议:内部审计人员必须独立于被审计部门,并且必须直接向董事会或审计委员会报告。

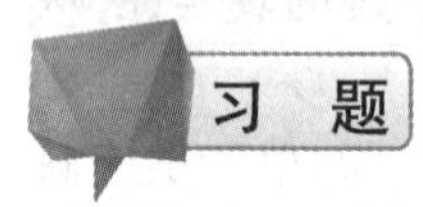

一、单项选择题

1. 注册会计师认为被审计单位固定资产折旧计提不足的迹象是(　　)。

   A. 经常发生大额的固定资产清理损失

   B. 累计折旧与固定资产原值比率较大

   C. 提取折旧的固定资产账面价值庞大

   D. 固定资产保险额大于其账面价值

2. 固定资产与累计折旧审计工作底稿中显示以下审计策略,其中正确的是(　　)。

   A. 由于上年度审计已索取全部固定资产权属证明,本次审计仅索取新增固定资产权属证明

   B. 由于上年度相关内部控制难以信赖,本次审计可不再实施控制测试

程序

C. 由于上年度审计中已全面检查固定资产折旧年限,本次审计仅检查新增折旧年限

D. 由于上年度审计中已全面观察固定资产,本次审计仅观察新增固定资产

3. 在对固定资产入账价值进行审计时,注册会计师周琳发现L公司存在以下处理情况,其中不正确的是(　　)。

A. 购置的不需要经过建造过程即可使用的甲固定资产,按实际支付的买价、包装费、运输费、安装成本、交纳的有关税金等,作为入账价值

B. 盘盈的甲固定资产,按照前期会计差错进行处理,计入到以前年度损益调整科目,调整的是前期的营业外收入

C. 投资者投入的丙固定资产,按投资方原账面价值作为入账价值

D. 接受捐赠的丁固定资产,以有关凭据上的金额加相关税费作为入账价值

4. 下列说法中错误的是(　　)。

A. 任何情况,都不需要对被审计单位的应付账款进行函证

B. 注册会计师可以将期末应付账款余额与期初余额进行比较,分析波动原因

C. 对于应付账款来说,在资产负债表日金额不大,甚至为零,但为企业重要供货人的债权人(发生额较大)应作为重要函证对象

D. 注册会计师可以结合存货监盘程序,检查被审计单位在资产负债口前后的存货入库资料,检查是否有大额料到单未到的情况,确认相关负债是否计入了正确的会计期间

5. 在对戊公司2010年财务报表进行审计时,D注册会计师负责采购与付款循环的审计,正在考虑是否对应付账款进行函证,假如有以下情形(各情形互不相干)则应付账款通常可以不进行函证的情形是(　　)。

A. 经评估,戊公司的控制风险很高

B. 戊公司2010年度财务状况不佳

C. 戊公司2010年年末应付账款金额较大

D. 戊公司存在大量小金额的欠款

6. 对于应付账款项目,注册会计师常常将检查有无未入账的业务作为重要的审计目标。在以下程序中,难以达到这一目标的程序是(　　)。

A. 结合存货监盘,检查在资产负债表日是否存在有材料入库凭证,但未

收到购货发票的经济业务

B. 检查资产负债表日后收到的购货发票,关注购货发票的日期

C. 检查资产负债表日前应付账款明细账及现金、银行存款日记账

D. 检查资产负债表日后应付账款贷方发生额的相应凭证

7. 以下程序中,属于测试采购交易与付款交易内部控制“存在性”目标的常用控制测试程序的是(　　)。

A. 检查企业验收单是否有缺号

B. 检查付款凭单是否附有卖方发票

C. 检查卖方发票连续编号的完整性

D. 审核采购价格和折扣的标志

8. 以下杰曼公司与付款交易相关的内部控制内容不符合内部会计控制规范的是(　　)。

A. 杰曼公司建立了退货管理制度,对退货条件、退货手续、货物出库、货款回收等作出明确规定

B. 杰曼公司定期与供应商核对应付账款、应付票据、预付账款等往来款项

C. 杰曼公司已到期的应付款项由主管会计(非授权的人员)办理结算与支付

D. 杰曼公司财会部门在办理付款业务时,对采购发票、结算凭证、验收证明等相关凭证的真实性、完整性、合法性及合规性进行了严格审核

9. 在购货业务中,采购部门在收到请购单后,只能对经过批准的请购单发出订购单。订购单一般为一式四联,其副联无须送交(　　)。

A. 编制请购单的部门　　B. 验收部门

C. 应付凭单部门　　D. 供应商

10. 一般而言,对凭证进行连续编号是被审计单位购货业务的一项重要的内部控制措施。但对于部门较多的被审计单位,一般并不对(　　)进行连续编号。

A. 请购单　　B. 订购单　　C. 验收单　　D. 付款单

二、多项选择题

1. 下列各项中,属于注册会计师检查固定资产在财务报表上披露恰当性的有(　　)。

A. 固定资产的分类、计价方法和折旧方法

B. 以固定资产进行抵押或担保的类别、金额和时间

C. 暂时闲置固定资产账面价值及闲置原因

D. 准备通过债务重组取得固定资产的类别和价值

2. 注册会计师通过下列审计程序,可以查找被审计单位未入账的应付账款的有(　　)。

A. 审查资产负债表日收到,但尚未处理的购货发票

B. 审查应付账款函证的回函

C. 审查资产负债表日后一段时间内的支票存根

D. 审查资产负债表日已入库,但尚未收到发票的商品的有关记录

3. 应付账款一般不需函证,但下列情况出现时,注册会计师应实施函证程序的有(　　)。

A. 相关的内控健全,控制风险较低　B. 某应付账款金额较大

C. 相关的内控薄弱,控制风险高　D. 应付账款长期挂账

4. 对控制目标——所记录的采购都确已收到商品或接受劳务实施的实质性程序包括(　　)。

A. 检查卖方发票、验收单、订货单和请购单的合理性和真实性

B. 复核采购明细账、总账及应付账款明细账,注意是否有大额或不正常的金额

C. 从订货单、验收单追查至采购明细账

D. 追查存货的采购记录至存货永续盘存记录

5. 以下程序中,属于测试采购与付款循环中内部控制"完整性"目标的常用控制测试程序的有(　　)。

A. 检查企业验收单是否有缺号

B. 检查卖方发票连续编号的完整性

C. 检查付款凭单是否附有卖方发票

D. 审核采购价格和折扣的标志

6. 在采购与付款循环中,如果以支票为结算方式,则以下对编制和签署支票的有关控制中正确的有(　　)。

A. 支票签署人不应签发无记名甚至空白的支票

B. 支票无须连续编号

C. 应由被授权的财务部门的人员负责签署支票

D. 支票一经签署,就应在其凭单和支持性凭证上用加盖印戳或打洞等方式将其注销,以免重复付款

7. 注册会计师对固定资产取得和处置实施控制测试的重点包括(　　)。

A. 审查固定资产的取得是否与预算相符,有无重大差异

B. 审查固定资产的取得和处置是否经过授权批准

C. 审查是否正确划分资本性支出和收益性支出

D. 审查与固定资产取得和处置相关的项目如应付账款、银行存款、固定资产清理和营业外收支等的会计记录的适当性

8. 经适当批准和有预先编号的凭单为记录采购交易提供了依据,这些控制主要与(　　)认定相关。

A. 准确性和计价　　B. 发生

C. 完整性　　D. 分类和可理解性

9. 被审计单位采购与付款循环中涉及的主要业务活动包括(　　)。

A. 处理请购单　　B. 验收商品

C. 确认债务　　D. 处理和记录现金支出

三、简答题

Y 股份有限公司(以下简称 Y 公司)主要经营中小型机电类产品的生产和销售,采用手工会计系统,产品销售以 Y 公司仓库为交货地点。C 和 D 注册会计师负责审计 Y 公司 2010 年度财务报表,于 2010 年 12 月 1 日至 12 月 15 日对 Y 公司的采购与付款循环、销售与收款循环的内部控制进行了解、测试与评价。

资料一　C 和 D 注册会计师在审计工作底稿中记录了所了解的有关采购与付款循环、销售与收款循环的控制程序,部分内容摘录如下:

(1)采购原材料须由请购部门编制请购单,采购部门审核请购单后发出预先连续编号的采购订单。采购的原材料经采购人员验收后入库,仓库人员收到原材料后编制预先连续编号的入库单,并交采购人员签字确认。

(2)应付凭单部门核对供应商发票、入库单和采购订单,并编制预先连续编号的付款凭单。会计部门在接到经应付凭单部门审核的上述单证和付款凭单后,登记原材料和应付账款明细账。月末,在与仓库核对连续编号的入库单和采购订单后,应付凭单部门对相关原材料入库数量和采购成本进行汇总。应付凭单部门对已经验收入库但尚未收到供应商发票的原材料编制清单,会计部门据此将相关原材料暂估入账。

(3)销售的产品发出前,信用审核部门检查经授权的相关客户剩余赊销信用额度,并在销售部门编制的销售单上签字。在剩余赊销信用额度内的销售,由信用审核部门职员 E 审批;超过剩余赊销信用额度的销售,在职员 E 审批后,

还需获得经授权的信用审核部门经理 F 的批准。

(4)仓库开具预先连续编号的发货单,并在销售的产品装运后,将相关副本分送开具账单部门、运输单位和顾客。开具账单部门审核发货单和销售单后开具销售发票,在保留副本后将相关单据送交会计部门职员 G 审核。会计部门职员 G 核对无误后登记主营业务收入明细账和应收账款明细账。

资料二 C 注册会计师负责采购与付款循环的内部控制实施测试,并在审计工作底稿中记录了测试情况,部分内容摘录如下:

(1)应付凭单部门在 9 月末编制了已收入库但尚未收到供应商发票的原材料清单,会计部门据此将相关原材料暂估入账,并在 10 月 1 日全额冲回。上述原材料清单显示已入库甲原材料 1 000 千克,单价为每千克 1 300 元。经核对批准发出的采购订单和入库单,数量和单价均相符,但 C 注册会计师注意到 Y 公司另需向运输单位支付该原材料的运费 100 000 元。财务人员解释,由于原材料运费是与运输单位另行结算的,因此在原材料暂估入账时未予考虑,并且,在 10 月 8 日收到运输单位的运费发票时,Y 公司已将运费计入该原材料的采购成本。C 注册会计师在甲原材料明细账中找到了上述 100 000 元运输费的记录。

(2)原材料明细账显示,Y 公司在 11 月 27 日购入乙原材料 694 千克,金额为 70 000 元(不含增值税)。C 注册会计师注意到该原材料采购订单所列数量为 700 千克,单价为每公斤 100 元(不含增值税),但相应的入库单所列数量为 694 千克。财务人员解释,上述数量差异是运输途中损耗所致。按照 Y 公司原材料采购管理规定,乙原材料允许的入库检验差异率为 ±1%。

要求:

(1)针对资料一第(1)至第(4)项,假定不考虑其他条件,请逐项判断 Y 公司上述控制程序在设计上是否存在缺陷。如果存在缺陷,请分别予以指出,并简要说明理由,提出改进建议。

(2)针对资料一第(1)至第(4)项,请指出哪一项与“已发生的购货业务均已记录”这一控制目标相关,并确定针对该控制目标的测试程序。

(3)针对资料二第(1)和第(2)项,请分别指出这些事项主要与存货和应付账款的什么认定相关。

项目7　存货与仓储循环审计

知识目标：

通过本项目的学习，使学生了解存货与仓储循环的关键内部控制，懂得进行存货与仓储循环的重大错报风险的评估，掌握相关项目的实质性程序。

技能目标：

通过本项目的学习，让学生能进行存货与仓储循环的风险评估，能进行存货和应付职工薪酬的实质性测试。

引导案例：

法尔莫公司事件

法尔莫公司是一个从小药店发展起来的拥有300家连锁店的“药品帝国”。公司负责人莫纳斯和他的公司炮制虚假利润已达十年之久。公司一直保持了两套账簿，一套用以应付注册会计师的审计，一套反映糟糕的现实。他们先将所有的损失归入一个所谓的“水桶账户”，然后再将该账产的金额通过虚增存货的方式重新分配到公司的数百家成员药店中。他们仿造购货发票、制造增加存货并减少销售成本的虚假记账凭证、确认购货却不同时确认负债、多计或加倍计算存货的数量。财务部门之所以可以隐瞒存货短缺是因为注册会计师只对300家药店中的4家进行存货监盘，而且他们会提前数月通知法尔莫公司他们将检查哪些药店。管理人员随之将那4家药店堆满实物存货，而把那些虚增的部分分配到其余的296家药店。如果不考虑其会计造假，法尔莫公司实际已濒临破产。在最近一次审计中，其现金已紧缺到供应商因其未能及时支付购货款而威胁取消对其供货的地步。

注册会计师们一直未能发现这起舞弊,他们为此付出了昂贵的代价。这项审计失败使会计师事务所在民事诉讼中损失了 3 亿美元。那位财务总监被判 33 个月的监禁,莫纳斯本人则被判入狱 5 年。

启示:在法尔莫公司审计中,审计人员只对少量样本实施常规监盘程序,且提前通知对方,从而使得被审单位有了可乘之机。

存货在企业中是极其重要的项目,也是最为复杂的项目,与许多其他项目密切相关。审计人员应对存货给予特别的关注,针对存货设计特别的审计程序。

任务1　存货与仓储内部控制测试

一、存货与仓储循环中主要业务活动所涉及的凭证、记录和控制程序

主要业务活动	涉及的凭证及记录	相关的主要部门	相关的认定	内部控制的要点
1. 计划和安排生产	生产通知单	生产计划部门	存在或发生	对生产通知连续编号并加以记录,编制材料需求报告,列示所需材料、零件及库存
2. 发出原材料	材料发出汇总表、领料单、限额领料单、领料登记簿、退料单	仓库部门	存在或发生、完整性	一式三联的领料单,仓库、会计部门、领料部门各一联
3. 生产产品	生产通知单、生产加工指令单、产量和工时记录、人工费用、材料费用、制造费用等	生产部门	估价或分摊	收到生产通知单及领取原材料后,将生产任务分到每个生产工人

续表

主要业务活动	涉及的凭证及记录	相关的主要部门	相关的认定	内部控制的要点
4. 核算产品成本	生产通知单、领料单、计工单、入库单、成本计算单、工薪汇总表及工薪费用分配表、材料费用分配表、制造费用分配表、存货明细表	会计部门	估价或分摊	汇集各种记录、生产通知单、领料单、计工单、入库单等文件资料到会计部门,由会计部门对其进行检查和核对,了解和控制生产过程中存货的实物流转;会计部门要设置相应的会计账户,会同有关部门对生产过程中的成本进行核算和控制
5. 储存产成品	半成品入库单、半成品转移单、半成品出库单、产品验收单、产品入库单	仓库部门	存在或发生、完整性	仓库部门先行点验和检查,然后签收;仓库部门还应根据产成品的品质特征分类存放,并填制标签
6. 发出产成品	发运通知单、出库单	发运部门	完整性	产成品的发出须由独立的发运部门进行,装运时必须持经有关部门核准的发运通知单,并据此编制出库单。出库单至少一式四联,仓库、发运部门、顾客、财务各一联

二、存货与仓储循环重大错报风险的评估

注册会计师应当清楚被审计单位管理层管理存货与仓储交易的关键因素和关键业绩指标,因为这些将为识别潜在的重大错报风险提供线索。当生产流程得到良好的控制时,注册会计师可以将重大错报风险评价为中或低,并且,可以了解不同级别的管理层收到的例外报告的类型,实施的不同的监督活动,以及是否有证据表明所选取的控制的设计和运行是恰当的,是否能够保证管理层

采取及时有效的措施来识别错误并处理舞弊。

存货与仓储交易也有其自身的特点，以制造类企业为例，影响存货与仓储交易和余额的重大错报风险还可能包括：

①交易的数量和复杂性。制造类企业交易的数量庞大，业务复杂，这就增加了错误和舞弊的风险。

②成本基础的复杂性。制造类企业的成本基础是复杂的。虽然原材料和直接人工等直接费用的分配比较简单，但间接费用的分配就可能较为复杂，并且，同一行业中的不同企业也可能采用不同的认定和计量基础。

③员工变动或者会计电算化。这可能导致在各个会计期间将费用分配至产品成本的方法出现不一致。

④产品的多元化。这可能要求聘请专家来验证其质量、状况或价值。另外，计算库存存货数量的方法也可能是不同的。例如，计量煤堆、筒仓里的谷物或糖、钻石或者其他贵重的宝石、化工品和药剂产品的存储量的方法都可能不一样。这并不是要求注册会计师每次清点存货都需要专家配合，如果存货容易辨认、存货数量容易清点，就无须专家帮助。

⑤某些存货项目的可变现净值难以确认。例如，价格受全球经济供求关系影响的存货，由于其可变现净值难以确定，会影响存货采购价格和销售价格的确定，并影响注册会计师对与存货的计价认定有关的风险进行评估。

⑥销售附有担保条款的商品。企业出售附有担保条款的商品，就会面临换货或者销售退回的风险。出口到其他国家的商品也有途中毁损的风险，或者导致存货在两个地点被重复列示，也可能产生转移定价的错误或舞弊。

⑦将存货放在很多地点。大型企业可能将存货存放在很多地点，并且可以在不同地点之间配送存货，将增加商品途中毁损或遗失的风险，或者导致存货在两个地点被重复列示，也可能产生转移定价的错误或舞弊。

⑧寄存的存货。有时候存货虽然还存放在企业，但可能已经不归企业所有。反之，企业的存货也可能被寄存在其他企业。

注册会计师应当了解被审计单位对存货与仓储的管理程序。如果注册会计师认为被审计单位的控制可能存在销售成本和存货的重大错报风险，就必须对已选取的控制活动的运行有效性进行测试，以证实计划依赖的认定层次上的控制已经在整个期间内运行了。

注册会计师对于生产过程和存货管理中的控制的了解，来自于观察控制活动执行情况，询问员工以及检查文件和资料。这些文件和资料包括以前年度审计工作底稿，原材料领料单上记录的各个生产流程的制造成本，人工成本记录和间接费用分配表，以及例外报告和所及时采取的相应的纠正行动。

三、存货与仓储循环控制测试（以风险为起点的控制测试）

风　险	计算机控制	人工控制	控制测试
计划和开始生产			
生产规模可能不适当；可能因生产过剩导致存货滞销，或者因产量不足导致存货脱销。	根据销售需求量对存货生产数量实施计算机化监督，以显示具体存货项目的再次订货数量和经济订购数量。	计划和生产进度由生产部门监督，并取得生产经理批准。	检查授权生产的证据。
产品可能没有按照客户要求的规格生产，导致顾客拒收，从而滞销。		生产开始前，取得客户对于产品设计和规格的认可。计划和生产进度由生产部门监控，并取得生产经理批准。	检查客户签署的认可函和生产经理批准的证据。
生产流程			
发出原材料			
原材料的发出可能未经授权或者发出用于生产的原材料可能不正确。 原材料缺货可能导致生产延误。 发出的原材料可能未分配或者未正确分配到生产任务中。	将事先编号的原材料通知单录入系统，生成发出原材料给工厂以供生产的原材料发出通知单。每日打印发出至生产过程的原材料，以及包含在生产任务通知单中的原材料发出通知单代码。 每日打印未完成的原材料通知单和没有分配到特定生产任务的原材料发出通知单。	由经授权的生产人员签署所有生产任务或供生产使用的原材料通知单。 由生产经理复核载有每日发出至生产过程中的原材料信息打印文件，并与由生产人员签署的原材料通知单核对一致。 由生产人员监督没有完成的原材料通知单，并跟进发出原材料的延误。	检查生产经理复核生产任务通知单、跟进未分配的原材料和未完成的原材料通知单的情况。 特别地，在期末查询没有分配的原材料发出通知单对于在产品的影响。

续表

风 险	计算机控制	人工控制	控制测试
		由生产人员分别就每个生产阶段签署生产任务通知单，以表明为每一项生产任务所记录的原材料是完整和准确的。	
原材料可能被盗。		确保原材料仓储的实物安全，仅允许经授权的人员进入原材料仓库。 在生产地点安装监控录像机，控制安全通道。对于生产高价值或者高度危险产品的地方，设置严密的安保系统。	通过询问和观察以获取控制被执行的证据。
在生产阶段转移产品			
直接人工工时可能未被记录或者未被分配至正确的生产记录。 直接机器工时可能未被记录或者未被分配至正确的任务。	每天在各生产任务上花费的人工时间要与按照每个员工的及时工资时间或工时记录比对一致。 对分配到生产任务中的直接人工工时与每天的工时记录的差异要打印在例外报告上。 每天计入生产任务的机器工时要与机器生产能力总数比对一致，未分配的工时要打印在例外报告上。	由管理层复核每日生产报告以及对直接人工总工时分配的调节表。 由管理层复核例外报告，并改正分配直接人工工时和机器工时中的错误。	检查管理层复核生产报告和工时调节表的证据。 检查管理层复核工时差异例外报告的证据，并检查其纠正例外报告所反映的错误的报告。

续表

风　险	计算机控制	人工控制	控制测试
	每日生产报告累计所有生产任务所耗费的工时,并与每日工时总数比对一致。		
在产品可能未包括移送下一个生产阶段之前的所有累计成本。	记录各个生产阶段中的产品移动。但在产品转移到下一个阶段前需经授权的生产人员的电子签名。出于这一目的,通过密码和菜单对授权人员的进入实施控制。 下一生产阶段的成本直到前一生产阶段已经完成才能进行记录。 每日生产报告记录生产任务从一个阶段转移至下一阶段的日期和时间,并识别授权转移的成员。 每个连续性生产阶段最后的累计成本也要在每日生产报告中反映。	经授权人员的电子签名要显示在生产任务通知单和每日生产报告中,以表明在批准向下一阶段转移生产任务前,该人员已经检查并确认所有的直接材料、人工和机器工时成本是正确和完整的。 生产管理层检查已分配的成本,并询问不一致的情况。	对于期末在产品,检查授权将生产任务转移至下一阶段的相关签名。 比较原材料、人工工时和机器工时与完成该阶段生产任务的说明书,并检查生产经理监督和更正差异的证据。
转移产品至产成品仓库			
产成品仓库人员可能未记录接受的已完工产品,或接受了生产的残次品。	转移完工产品前需要生产经理的电子签名。	由质量控制人员检查每一生产阶段的存货,以确保其在送达产成品仓库前符合质量标准。	检查接受完工产品到产成品仓库的证据。

续表

风　险	计算机控制	人工控制	控制测试
	产成品仓库人员通过电子签名显示接受已完工产品，以完成产品从在产品到完工产品的转移。 由计算机将已完工产品转移的数量和成本记录至完工产品存货主文档。 由计算机生成关于所有生产任务已转移至产成品存货的完工生产报告。	损坏的产品或者部分不符合质量标准的产品应当立即撤出并处理。 检查人员认为满意后在生产任务通知单上的签字。 除了他们的电子签名，产成品仓库人员还应当通过在有关生产任务通知单的签章证明已经接受了有关的产成品。 生产经理每日检查完工生产报告，询问并调整所有与预期不一致的成本和数量。	检查管理层复核完工产品生产报告和追踪出现的错误的证据。 使用计算机辅助审计方法，将完成的生产任务与转移到产成品仓库的完工产品进行比对，检查转移的数量、成本是否一致。
产成品可能被盗。	定期打印存货主文档中的产成品记录，反映仓库中的存货项目。	对产成品进行实物保护，如仅有授权的员工才可以进入仓库。 在产成品仓库有选择地安装监控摄像机。 由管理层持续地对存货进行盘点，并调整存货实物数量和存货主文档中存货余额之间的差异。 对接受的产成品、采购和销售的商品实施截止测试。	询问并观察安全措施的充分性。 监盘和观察客户持续的或定期的盘点程序，并调整记录在存货主文档中的存货余额。 检查由于存货损耗和对期末完工产品、采购商品、销售商品实施截止测试产生的调整。

续表

风 险	计算机控制	人工控制	控制测试
记录生产的产品			
分配至生产的存货的成本可能存在错误,包括:分配至生产的原材料的金额发生错误;直接人工工时和机器工时未正确分配至生产任务或分配的金额不正确。	每日生产报告详细记录分配给各项任务的直接材料、人工和机器工时,并将其与发出原材料、计时工资记录和机器工时记录进行比对。 将比对不一致的直接成本生成例外报告。	由管理层复核每日生产报告和例外报告,并采取措施纠正在产品在各阶段转移过程中的错误和分配错误。	检查每日生产报告和例外报告,获取管理层复核及采取相关措施的证据。
分配给在产品和产成品的间接费用成本可能没有正确计算,可能未分配至正确的生产任务,或导致应该被费用化的部分可能被计入存货成本。	计算机通常以直接人工、直接机器工时或者其他特定的生产流程为基础来分配间接成本。 每日生产报告应该反映标准成本差异以及间接费用的分配。	由管理层定期审批间接费用分配率和分配基础或分配至在产品的标准成本。 由管理层定期复核并调查标准成本差异,并根据市场中的有关销售价格考虑产品的可变现净值。	检查管理层对标准成本、间接费用的分配率和分配基础的审批。 询问会计政策的一贯性。 检查管理层复核标准成本差异以及产品可变现净值的证据。
已完工产品的生产成本可能没有转移到产成品中。	每日完工产品报告中反映了转移到产成品中的成本,以及经授权的生产人员批准转移和经授权的产成品仓库人员接受完工产品至产成品仓库的签字。	由生产管理层复核每日的产成品报告,询问并调整任何与预期不一致的成本或产量。	使用计算机辅助审计方法,将完工产品与产成品仓库接受的产品的成本和数量进行核对。 检查每日完工产品报告以及管理层复核的证据。

续表

风 险	计算机控制	人工控制	控制测试
保管存货和维护存货主文档			
记录的存货数量可能与实际存货数量不一致。		定期或者持续执行存货盘点,调整存货主文档中的存货余额和总分类账的余额。 对于接受的完工产品、外购和销售的商品实施截止测试。	检查存货盘点记录和记录的存货余额。 检查授权调整已记录存货余额的证据。
存货主文档中的总额可能和存货总分类账的金额不一致。	由计算机将总分类账和存货主文档中的总额进行持续的比对,并打印比对不一致的交易和余额的例外报告。	对接收的产成品、外购和销售的商品实施截止测试。对于存货主文档和存货总分类账中存货的损耗和错误进行调整。	检查管理层复核和经授权调整的证据。
存货过时或者状态恶化,以至于其账面价值可能超过了可变现净值。	打印出各存货项目的销售量,以及与现有销售需求相对应的当前库存情况。	经常复核过时和毁损的存货,定期对存货项目计提减值准备作出决定。 期末按照过往经验和一贯的会计政策计算存货跌价准备。 检查存货的销售情况以及各存货项目的最后销售日,同时识别销售缓慢和没有销售出去的存货。	检查管理层复核存货过时金额存货减值的证据。 询问计算存货减值准备人员的胜任能力。 确认行业标准并考虑被审计单位的假设是否合理。 测试确定存货销售量的程序化的控制。

续表

风　险	计算机控制	人工控制	控制测试
控制环境和控制活动可能未能使管理层关注存货的变动、计量或者计价，以及与此高度相关的财务报表中可能存在潜在错误、错报和舞弊。		高级管理层的监控主要涉及以下几个方面：生产量和生产成本；原材料和产成品存货水平；根据存货盘点的数量和存货文档以及存货的损耗和丢失情况进行调整；与销售需求有关的脱销和储存过量情况； 标准成本差异和间接费用分配应当与企业的实际情况和行业的一般情况匹配，监控关键业绩指标。	检查管理层监控程序和关键业绩指标的有效性，以防止、发现并纠正存货与仓储交易和余额相关的错误和舞弊。

任务2　存货与仓储循环的实质性程序的总体要求

一、实质性分析程序

①根据对被审计单位的经营活动、供应商的发展历程、贸易条件、行业惯例和行业的了解，确定营业收入、营业成本、毛利以及存货周转和费用支出项目的期望值。

②根据本期存货余额组成、存货采购、生产水平与以前期间和预算的比较，定义营业收入、营业成本和存货可接受的重大差异额。

③比较存货余额与预期周转率。

④计算实际数和预计数之间的差异，并同管理层使用的关键业绩指标进行比较。

⑤通过询问管理层和员工，调查实质性分析程序得出的重大差异额是否表明存在重大错报风险，是否需要设计恰当的细节测试程序以识别和应对重大错报风险。

⑥形成结论，即实质性分析程序是否能够提供充分、适当的审计证据，或需要对交易和余额实施细节测试以获取进一步的审计证据。

实施实质性分析程序的目的在于获取支持相关审计目标的证据。因此，注册会计师在具体实施上述分析程序时还应当注意以下几个方面：

①使用计算机辅助审计，下载被审计单位存货主文档和总分类账户以便计算财务指标和经营指标，并将计算结果与期望值进行比较。例如，注册会计师利用所掌握的适用于被审计单位的销售毛利率知识，判断各类产品的销售毛利率是否符合期望值，存货周转率或者周转能力是否随着重要存货项目的变化而变化。

②按区域分析被审计单位各月存货变动情况，并考虑存货变动情况是否与季节性变动和经济因素变动一致。

③对周转缓慢或者长时间没有周转（如超过半年）以及出现负余额的存货项目单独摘录并列表。

④由于可能隐含着重要的潜在趋势，注册会计师应当注意不要过分依赖计算的平均值。各个存货项目的潜在重大错报风险可能并不一致，实质性分析程序应该用查明单项存货或分类别存货的一些指标关系。

二、存货与仓储交易相关余额的细节测试

（一）交易的细节测试

①注册会计师应从被审计的存货业务流程层面的主要交易流中选取一个样本，检查其支持性证据。例如，从存货采购、完工产品报告、销售和销售退回记录中选取一个样本：

a. 检查支持性的供应商文件、生产成本分配表、完工产品报告、销售和销售退回文件；

b. 从供应商文件、生产成本分配表、完工产品报告、销售和销售退回文件中选取一个样本，追踪至存货总分类账户的相关分录；

c. 重新计算样本所涉及的金额，检查交易经授权批准而发生的证据。

②对期末前后发生的诸如采购、销售退回、销售、产品存货转移等主要交易流，实施截止测试。

确认本期末存货收发记录的最后一个顺序号码，并详细检查随后的记录，以检测在本会计期间的存货收发记录中是否存在更大的顺序号码，或因存货收发交易被漏记或错计入下一会计期间而在本期遗漏的顺序号码。

（二）存货余额的细节测试

存货余额的细节测试内容很多，比如，观察被审计单位存货的实地盘存；通过询问确定现有存货是否存在寄存情形，或者被审计单位存货在盘点日是否被寄存在他人处；获取最终的存货盘点表，并对存货的完整性、存在和计量进行测试；检查、计算、询问和函证存货价格；检查、计算、询问和函证存货的可变现净值，等等。这些将在下面单独讨论。

任务3　存货的实质性程序

一、审计目标与认定对应关系表

审计目标	财务报表认定				
	存在	完整性	权利和义务	计价和分摊	列报
A. 资产负债表中记录的存货是存在的。	√				
B. 所有应当记录的存货均已记录。		√			
C. 记录的存货由被审计单位拥有或控制。			√		
D. 存货以恰当的金额包括在财务报表中，与之相关的计价调整已恰当记录。				√	
E. 存货已按照企业会计准则的规定在财务报表中作出恰当列报。					√

二、审计目标与审计程序对应关系表

审计目标	可供选择的审计程序	索引号
(一)材料采购(在途物资)		
D	1. 获取或编制材料采购(在途物资)的明细表,复核加计是否正确,并与总账数、明细账合计数核对是否相符。	ZI3
ACD	2. 检查材料采购或在途物资: (1)对大额材料采购或在途物资,追查至相关的购货合同及购货发票,复核采购成本的正确性,并抽查期后入库情况,必要时发函询证。 (2)检查期末材料采购或在途物资,核对有关凭证,查看是否存在不属于材料采购(在途物资)核算的交易或事项。 (3)检查月末转入原材料等科目的会计处理是否正确。	略
BA	3. 查阅资产负债表日前后____天材料采购(在途物资)增减变动的有关账簿记录和收料报告单等资料,检查有无跨期现象,如有,则应作出记录,必要时作出调整。	ZI4－1 ZI4－2
D	4. 如采用计划成本核算,审核材料采购账项有关材料成本差异发生额的计算是否正确。	略
A	5. 检查材料采购是否存在长期挂账事项,如有,应查明原因,必要时提出建议调整。	略
	6. 根据评估的舞弊风险等因素增加的审计程序。	略
(二)原材料		
D	7. 获取或编制原材料的明细表,复核加计是否正确,并与总账数、明细账合计数核对是否相符。	ZI3
ABD	8. 实质性分析程序(必要时): (1)针对已识别需要运用分析程序的有关项目,并基于对被审计单位及其环境的了解,通过进行以下比较,同时考虑有关数据间关系的影响,以建立注册会计师有关数据的期望值。 ①比较当年度及以前年度原材料成本占生产成本百分比的变动,并对异常情况作出解释;	略

续表

审计目标	可供选择的审计程序	索引号
ABD	②比较原材料的实际用量与预算用量的差异，并分析其合理性； ③核对仓库记录的原材料领用量与生产部门记录的原材料领用量是否相符，并对异常情况作出解释； ④根据标准单耗指标，将原材料收发存情况与投入产出结合比较，以分析本期原材料领用、消耗、结存的合理性。 (2)确定可接受的差异额。 (3)将实际的情况与期望值相比较，识别需要进一步调查的差异。 (4)如果其差额超过可接受的差异额，调查并获取充分的解释和恰当的佐证审计证据（例如：通过检查相关的凭证）。 (5)评估分析程序的测试结果。	略
AB	9. 选取代表性样本，抽查原材料明细账的数量与盘点记录的原材料数量是否一致，以确定原材料明细账的数量的准确性和完整性： (1)从原材料明细账中选取具有代表性的样本，与盘点报告（记录）的数量核对。 (2)从盘点报告（记录）中抽取有代表性的样本，与原材料明细账的数量核对。	ZI5-3
BA	10. 截止测试： (1)原材料入库的截止测试 ①在原材料明细账的借方发生额中选取资产负债表日前后____张、____金额以上的凭证，并与入库记录（如入库单，或购货发票，或运输单据）核对，以确定原材料入库被记录在正确的会计期间； ②在入库记录（如入库单或购货发票或运输单据）选取资产负债表日前后____张、____金额以上的凭据，与原材料明细账的借方发生额进行核对，以确定原材料入库被记录在正确的会计期间。 (2)原材料出库截止测试 ①在原材料明细账的贷方发生额中选取有资产负债表日前后____张、____金额以上的凭证，并与出库记录（如出库单，或销货发票，或运输单据）核对，以确定原材料出库被记录在正确的会计期间； ②在出库记录（如出库单，或销货发票，或运输单据）中选取资产负债表日前后____张、____金额以上的凭据，与原材料明细账的贷方发生额进行核对，以确定原材料出库被记录在正确的会计期间。	ZI4-1 ZI4-2

续表

审计目标	可供选择的审计程序	索引号
D	11. 原材料计价方法的测试： (1)检查原材料的计价方法前后期是否一致。 (2)检查原材料的入账基础和计价方法是否正确，自原材料明细表中选取适量品种。 ①以实际成本计价时，将其单位成本与购货发票核对，并确认原材料成本中不包含增值税； ②以计划成本计价时，将其单位成本与材料成本差异明细账及购货发票核对。同时关注被审计单位计划成本制定的合理性； ③检查进口原材料的外币折算是否正确，检查相关的关税、增值税及消费税的会计处理是否正确。 (3)检查原材料发出计价的方法是否正确。 ①了解被审计单位原材料发出的计价方法，前后期是否一致，并抽取主要材料复核其计算是否正确；若原材料以计划成本计价，还应检查材料成本差异的发生和结转的金额是否正确； ②编制本期发出材料汇总表，与相关科目钩稽核对，并复核____月发出材料汇总表的正确性。 (4)结合原材料的盘点检查，期末有无料到单未到情况，如有，应查明是否已暂估入账，其暂估价是否合理。	ZI7
ABCD	12. 对于通过非货币性资产交换、债务重组、企业合并以及接受捐赠等取得的原材料，检查其入账的有关依据是否真实、完备，入账价值和会计处理是否符合相关规定。	略
ABCD	13. 检查投资者投入的原材料是否按照投资合同或协议约定的价值入账，并检查约定的价值是否公允、交接手续是否齐全。	略
ABCD	14. 检查与关联方的购销业务是否正常，关注交易价格、交易金额的真实性及合理性，检查对合并范围内购货记录应予合并抵销的数据是否正确。	略
A	15. 审核有无长期挂账的原材料，如有，应查明原因，必要时作出调整。	略
CE	16. 结合银行借款等科目，了解是否有用于债务担保的原材料，如有，则应取证并作相应的记录，同时提请被审计单位作恰当披露。	略

续表

审计目标	可供选择的审计程序	索引号
	17. 根据评估的舞弊风险等因素增加的审计程序。	略
(三)材料成本差异		
D	18. 获取或编制材料成本差异的明细表,复核加计是否正确,并与总账数、明细账合计数核对是否相符。	略
D	19. 对材料成本差异率进行分析,检查是否有异常波动,注意是否存在调节成本现象。	略
D	20. 结合以计划成本计价的原材料、包装物等的入账基础测试,比较计划成本与供货商发票或其他实际成本资料,检查材料成本差异的发生额是否正确。	略
D	21. 抽查____月发出材料汇总表,检查材料成本差异的分配是否正确,并注意分配方法前后期是否一致。	略
	22. 根据评估的舞弊风险等因素增加的审计程序。	略
(四)库存商品		
D	23. 获取或编制库存商品的明细表,复核加计是否正确,并与总账数、明细账合计数核对是否相符。	ZI3
ABD	24. 实质性分析程序: (1)针对已识别需要运用分析程序的有关项目,并基于对被审计单位及其环境的了解,同时通过进行以下比较,并考虑有关数据间关系的影响,以建立注册会计师有关数据的期望值。 ①按品种分析库存商品各月单位成本的变动趋势,以评价是否有调节生产成本或销售成本的因素; ②比较前后各期的主要库存商品的毛利率(按月、按生产线、按地区等)、库存商品周转率和库存商品账龄等,评价其合理性并对异常波动作出解释、查明异常情况的原因; ③比较库存商品库存量与生产量及库存能力的差异,并分析其合理性; ④核对仓库记录的库存商品入库量与生产部门记录的库存商品生产量是否一致,并对差异作出解释;	略

续表

审计目标	可供选择的审计程序	索引号
ABD	⑤核对发票记录的数量与发货量、订货量、主营业务成本记录的销售量是否一致，并对差异作出解释； ⑥比较库存商品销售量与生产量或采购量的差异，并分析其合理性； ⑦比较库存商品销售量和平均单位成本之积与账面库存商品销售成本的差异，并分析其合理性。 (2)确定可接受的差异额。 (3)将实际的情况与期望值相比较，识别需要进一步调查的差异。 (4)如果其差额超过可接受的差异额，调查并获取充分的解释和恰当的佐证审计证据(如通过检查相关的凭证)。 (5)评估分析程序的测试结果。	略
AB	25. 选取代表性样本，抽查库存商品明细账的数量与盘点记录的库存商品数量是否一致，以确定库存商品明细账的数量的准确性和完整性： (1)从库存商品明细账中选取具有代表性的样本，与盘点报告(记录)的数量核对。 (2)从盘点报告(记录)中抽取有代表性的样本，与库存商品明细账的数量核对。	ZI5-3
BA	26. 截止测试： (1)库存商品入库的截止测试。 ①在库存商品明细账的借方发生额中选取资产负债表日前后____张、____金额以上的凭证，并与入库记录(如入库单，或购货发票，或运输单据)核对，以确定库存商品入库被记录在正确的会计期间； ②在入库记录(如入库单，或购货发票，或运输单据)选取资产负债表日前后____张、____金额以上的凭据，与库存商品明细账的借方发生额进行核对，以确定库存商品入库被记录在正确的会计期间。 (2)库存商品出库截止测试。 ①在库存商品明细账的贷方发生额中选取有资产负债表日前后____张、____金额以上的凭据，并与出库记录(如出库单、销货发票或运输单据)核对，以确定库存商品出库被记录在正确的会计期间； ②在出库记录(如出库单、销货发票或运输单据)中选取资产负债表日前后____张、____金额以上的凭证，与库存商品明细账的贷方发生额进行核对，以确定库存商品出库被记录在正确的会计期间。	ZI4-1 ZI4-2

续表

审计目标	可供选择的审计程序	索引号
D	27. 库存商品测试计价方法的测试： (1)检查库存商品的计价方法是否前后期一致。 (2)检查库存商品的入账基础和计价方法是否正确，自库存商品明细表中选取适量品种。 ①自制库存商品。 • 以实际成本计价时，将其单位成本与成本计算单核对； • 以计划成本计价时，将其单位成本与相关成本差异明细账及成本计算单核对。 ②外购库存商品。 • 以实际成本计价时，将其单位成本与购货发票核对； • 以计划成本计价时，将其单位成本与相关成本差异明细账及购货发票核对。 ③抽查库存商品入库单，核对库存商品的品种、数量与入账记录是否一致，并将入库库存商品的实际成本与相关科目（如生产成本）的结转额核对并作交叉索引。 (3)检查外购库存商品的发出计价是否正确。 ①了解被审计单位对库存商品发出的计价方法，并抽取主要库存商品，检查其计算是否正确；若库存商品以计划成本计价，还应检查产品成本差异的发生和结转金额是否正确； ②编制本期库存商品发出汇总表，与相关科目钩稽核对，并复核____月库存商品发出汇总表的正确性。 (4)结合库存商品的盘点，检查期末有无库存商品已到而相关单据未到的情况，如有，应查明是否暂估入账，其暂估价是否合理。	ZI7
ABCD	28. 对于通过非货币性资产交换、债务重组、企业合并以及接受捐赠取得的库存商品，检查其入账的有关依据是否真实、完备，入账价值和会计处理是否符合相关规定。	略
ABCD	29. 检查投资者投入的库存商品是否按照投资合同或协议约定的价值入账，并同时检查约定的价值是否公允，交接手续是否齐全。	略
CAB	30. 检查与关联方的商品购销交易是否正常，关注交易价格、交易金额的真实性与合理性，对合并范围内购货记录应予合并抵销的数据是否抵销。	略

续表

审计目标	可供选择的审计程序	索引号
A	31. 审阅库存商品明细账,检查有无长期挂账的库存商品,如有,应查明原因并作适当处理。	略
CE	32. 结合银行借款等科目,了解是否有用于债务担保的库存商品,如有,则应取证并作相应的记录,同时提请被审计单位作恰当披露。	略
	33. 根据评估的舞弊风险等因素增加的审计程序。	略
(五)生产成本(在产品)		
D	34. 获取或编制生产成本的明细表,复核加计是否正确,并与总账数、明细账合计数核对是否相符。	略
ABD	35. 实质性分析程序: (1)针对已识别需要运用分析程序的有关项目,注册会计师基于对被审计单位及其环境的了解,通过进行以下比较,并考虑有关数据间关系的影响,以建立注册会计师有关数据的期望值。 ①对生产成本进行分析性复核,检查各月及前后期同一产品的单位成本是否有异常波动,注意是否存在调节成本现象; ②分别比较前后各期及本年度各个月份的生产成本项目,以确定成本项目是否有异常变动以及是否存在调节成本的现象; ③比较当年度及以前年度直接材料、直接人工、制造费用占生产成本的比例,并查明异常情况的原因; ④核对下列相互独立部门的数据,并查明异常情况的原因: • 仓库记录的材料领用量与生产部门记录的材料领用量; • 工资部门记录的人工成本与生产部门记录的工时和工资标准之积。 (2)确定可接受的差异额。 (3)将实际情况与期望值相比较,识别需要进一步调查的差异。 (4)如果其差额超过可接受的差异额,调查并获取充分的解释和恰当的佐证审计证据(例如:通过检查相关的凭证)。 (5)评估分析程序的测试结果。	略

续表

<table>
<tr><th>审计目标</th><th>可供选择的审计程序</th><th>索引号</th></tr>
<tr><td>D</td><td>36. 生产成本计价方法的测试：
(1)了解被审计单位的生产工艺流程和成本核算方法，检查成本核算方法与生产工艺流程是否匹配，前后期是否一致并作出记录。
(2)抽查成本计算单，检查直接材料、直接人工及制造费用的计算和分配是否正确，并与有关佐证文件（如领料记录、生产工时记录、材料费用分配汇总表、人工费用分配汇总表等）相核对。
①获取并复核生产成本明细汇总表的正确性，将直接材料与材料耗用汇总表、直接人工与职工薪酬分配表、制造费用总额与制造费用明细表及相关账项的明细表核对，并作交叉索引；
②检查车间在产品盘存资料，与成本核算资料核对，检查车间月末余料是否办理假退料手续；
③获取直接材料、直接人工和制造费用的分配标准和计算方法，评价其是否合理和适当，以确认在产品中所含直接材料、直接人工和制造费用是合理的；
(3)获取完工产品与在产品的生产成本分配标准和计算方法，检查生产成本在完工产品与在产品之间以及完工产品之间的分配是否正确，分配标准和方法是否适当，与前期比较是否存在重大变化，该变化是否合理；
(4)对采用标准成本或定额成本核算的，检查标准成本或定额成本在本期有无重大变动，分析其是否合理，检查本期材料成本差异的计算、分配和会计处理是否正确，库存商品期末余额是否已按实际成本进行调整。</td><td>ZI10
ZI10-1
ZI10-2
ZI10-3
ZI10-4</td></tr>
<tr><td>A</td><td>37. 获取关于现有设备生产能力的资料，检查产量是否与现有生产能力相匹配；若产量超过设计生产能力，应提请被审计单位说明原因，并提供足够的依据及技术资料。</td><td>略</td></tr>
<tr><td>D</td><td>38. 检查废品损失和停工损失的核算是否符合有关规定。</td><td>略</td></tr>
<tr><td>D</td><td>39. 对应计入生产成本的借款费用，结合对长短期借款、应付债券或长期应付款的审计，检查借款费用（借款利息、折溢价摊销、汇兑差额、辅助费用）资本化的计算方法和资本化金额以及会计处理是否正确。</td><td>略</td></tr>
<tr><td></td><td>40. 根据评估的舞弊风险等因素增加的审计程序。</td><td>略</td></tr>
</table>

续表

审计目标	可供选择的审计程序	索引号
(六)制造费用		
D	41. 获取或编制制造费用的明细表,复核加计是否正确,并与总账数、明细账合计数核对是否相符。	略
ABD	42. 对制造费用进行分析比较: (1)比较当年度和以前年度,以及当年度各月制造费用的增减变动,询问并分析异常波动的原因。 (2)分别比较前后各期及本年度各个月份的制造费用项目,以确定成本项目是否有异常变动,以及是否存在调节成本的现象。	略
ABD	43. 将制造费用明细表中的材料发生额与材料耗用汇总表、人工费用发生额与职工薪酬分配表、折旧发生额与折旧分配表、资产摊销发生额与各项资产摊销分配表及相关账项明细表核对一致,并作交叉索引。	略
ABCD	44. 选择重要或异常的制造费用项目,检查其原始凭证是否齐全,会计处理是否正确。	略
D	45. 分析各项制造费用的性质,结合生产成本科目的审计,抽查成本计算单,检查制造费用的分配是否合理、正确,检查制造费用的分配方法前后期是否一致。	略
D	46. 对采用标准成本核算的,应抽查标准制造费用及分配率的确定是否合理,计入成本计算单的数额是否正确,制造费用差异的计算、分配和会计处理是否正确,并检查标准成本在本期有无重大变动,变动是否合理。	略
D	47. 检查计入生产成本的制造费用是否已扣除非正常消耗的制造费用(如非正常的低生产量、闲置设备等产生的费用)。	略
AD	48. 检查制造费用中有无资本性支出,必要时作调整。	略
BA	49. 必要时,对制造费用实施截止测试,检查资产负债表日前后____天内____张、____金额以上的制造费用明细账和凭证,确定有无跨期现象。	ZI4-1 ZI4-2
	50. 根据评估的舞弊风险等因素增加的审计程序。	略

续表

审计目标	可供选择的审计程序	索引号
(七)存货监盘		
ABD	51. 编制存货监盘报告,对存货进行监盘。	ZI5
(八)存货跌价准备		
BD	52. 获取或编制存货跌价准备的明细表,复核加计是否正确,并与总账数、明细账合计数核对是否相符。	略
D	53. 检查分析存货是否存在减值迹象以判断被审计单位计提存货跌价准备的合理性: (1)将存货余额与现有的订单、资产负债表日后各期的销售额和下一年度的预测销售额进行比较,以评估存货滞销和跌价的可能性。 (2)比较当年度及以前年度存货跌价准备占存货余额的比例,并查明异常情况的原因。 (3)结合存货监盘,对存货的外观形态进行监视,以了解其物理形态是否正常;检查期末结存库存商品和在产品,针对型号陈旧、产量下降、生产成本或售价波动、技术或市场需求的变化情形,以及期后销售情况考虑是否需进一步计提准备。 ①对于残次、冷背、呆滞的存货查看永续盘存记录,销售分析等资料,分析当年实际使用情况,确定是否已合理计提跌价准备; ②将上年度残次、冷背、呆滞存货清单与当年存货清单进行比较,确定是否需补提跌价准备。	略
D	54. 检查计提存货跌价准备的依据、方法是否前后一致。	略
D	55. 根据成本与可变现净值孰低的计价方法,评价存货跌价准备所依据的资料、假设及计提方法,考虑是否有确凿证据为基础计算确定存货的可变现净值,检查其合理性。	ZI8
D	56. 考虑不同存货的可变现净值的确定原则,复核其可变现净值计算正确性(即充足但不过度): (1)对于用于生产而持有的原材料检查是否以所生产的产成品的估计售价减去至完工时估计将要发生的成本、估计的销售费用和相关税费后的金额作为其可变现净值的确定基础。	略

续表

审计目标	可供选择的审计程序	索引号
D	(2)库存商品和用于出售而持有的原材料等直接用于出售的存货检查是否以该存货的估计售价减去估计的销售费用和相关税费后的金额作为其可变现净值的确定基础。 (3)检查为执行销售合同而持有的库存商品等存货,是否以合同价格作为其可变现净值的确定基础;如果被审计单位持有库存商品的数量多于销售合同订购数量,超出部分的库存商品可变现净值是否以一般销售价格为计量基础。	略
D	57. 抽查计提存货跌价准备的项目及其期后售价是否低于原始成本。	略
D	58. 检查存货跌价准备的计算和会计处理是否正确,本期计提或转销是否与有关损益科目金额核对一致。	略
D	59. 对从合并范围内部购入存货计提的跌价准备,关注其在合并时是否已作抵销。	略
D	60. 检查债务重组、非货币性资产交换和企业合并等涉及存货跌价准备的会计处理是否正确。	略
	61. 根据评估的舞弊风险等因素增加的审计程序。	略
(九)存货的列报		
E	62. 检查存货是否已按照企业会计准则的规定在财务报表中作出恰当列报: (1)各类存货的期初和期末账面价值。 (2)确定发出存货成本所采用的方法。 (3)存货可变现净值的确定依据,存货跌价准备的计提方法,当期计提的存货跌价准备的金额,当期转回的存货跌价准备的金额,以及计提和转回的有关情况。 (4)用于担保的存货账面价值。	略

M 公司的会计政策规定，入库产成品按实际生产成本入账，发出产成品采用先进先出法核算。2010 年 12 月 31 日，M 公司甲产品期末结存数量为 1 200 件，期末余额为 5 210 万元。M 公司 2007 年度甲产品的相关明细资料如下（数量单位为件，金额单位为人民币万元，假定期初余额和所有的数量、入库单价均无误）：

日 期	摘 要	入 库			发 出			结 存		
		数量	单价	金额	数量	单价	金额	数量	单价	金额
1.1	期初余额							500		2 500
3.1	入库	400	5.1	2 040				900		4 540
4.1	销售				800	5.2	4 160	100		380
8.1	入库	1 600	4.6	7 360				1 700		7 740
10.3	销售				400	4.6	1 840	1 300		5 900
12.1	入库	700	4.5	3 150				2 000		9 050
12.31	销售				800	4.8	3 840	1 200		5 210
12.31	期末余额							1 200		5 210

在进行相关测试后，CPA 应提出的审计调整建议是（　　）。

A. 调增营业成本 190 万元

B. 调减营业成本 190 万元

C. 调增营业成本 240 万元

D. 调减营业成本 240 万元

解析：资产负债表中存货项目期末余额与利润表中主营业务成本项目的发生额之间是此增彼减的关系。对本题来讲，产成品期本余额如果多计，则意味着主营业务成本的少结转；相反，产成品期末余额如果少计，则意味着当期主营业务成本的多结转。因此，CPA 对期末产成品成本需要重新计算确认。

入库的产成品成本是实际成本，发出的产成品成本采用先进先出法核算，需要以最快最准确的方法计算期末产成品成本。

在顺推法下：期末甲产品成本(2 500 + 2 040 + 7 360 + 3 150) − (2 500 + 300 ×5.1 + 100 ×5.1 + 300 ×4.6 + 800 ×4.6) = 15 050 − (2 500 + 400 ×5.1 + 1 100 ×4.6) = 15 050 − 9 600 = 5 450。在倒推法下，期末产成品成本 = 700 ×4.5 + (1 200 − 700) ×4.6 = 5 450。M 公司甲产成品成本期末数应为 5 450 万元，少计 240 万元(5 450 − 5 210)。期末产成品成本低估 240 万元，则说明当期主营业务成本多结转了 240 万元，因此，应提请 M 公司调减 2010 年度营业成本 240 万元。显然，选项 D 的调整是正确的。

任务4 存货监盘程序

审计程序	索引号
一、监盘前，获取有关资料，以编制存货监盘计划	
1. 复核或与管理层讨论其存货盘点计划，评价其能否合理地确定存货的数量和状况。	略
2. 根据被审计单位的存货盘存制度和相关内部控制的有效性，评价其盘点时间是否合理。 (1)如盘点日和资产负债表日不一致，应当考虑两者的间隔情况，评价对内部控制的信赖能否将盘点日的结论延伸到资产负债表日。 (2)确定采用实地盘存制时盘点日是否与资产负债表日一致。 (3)确定对存放在不同地点的相同存货项目是否同时盘点。	略
3. 如果认为被审计单位的存货盘点计划存在缺陷，应当提请被审计单位调整。	略
4. 完成被审计单位盘点计划调查问卷。	ZI5-5
5. 了解存货的内容、性质、各存货项目的重要程度及存放场所。	略
6. 了解与存货相关的内部控制。	略
7. 评估与存货相关的重大错报风险和重要性。	略
8. 查阅以前年度的存货监盘工作底稿。	略
9. 与管理层讨论以前年度存货存在的问题以及目前存货的状况。	略
10. 考虑实地察看存货的存放场所，特别是金额较大或性质特殊的存货。	略

续表

审计程序	索引号
11. 如存在特殊存货,考虑是否需要利用专家的工作或其他注册会计师的工作。	略
12. 编制存货监盘计划,并将计划传达给每一位监盘人员。	略
二、监盘中,实施观察和检查程序	
13. 在被审计单位盘点存货前,观察盘点现场: (1)确定应纳入盘点范围的存货是否已经适当整理和排列。 (2)确定存货是否附有盘点标识。 (3)对未纳入盘点范围的存货,查明未纳入的原因。	略
14. 检查所有权不属于被审计单位的存货: (1)取得其规格、数量等有关资料。 (2)确定这些存货是否已分别存放、标明。 (3)确定这些存货未被纳入盘点范围。	略
15. 在被审计单位盘点人员盘点时进行观察: (1)确定被审计单位盘点人员是否遵守盘点计划。 (2)确定被审计单位盘点人员是否准确地记录存货的数量和状况。 (3)关注存货发送和验收场所,确定这里的存货应包括在盘点范围之内还是排除在外。 (4)关注存货所有权的证据,如货运单据以及商标等。 (5)关注所有应盘点的存货是否均已盘点。	略
16. 检查已盘点的存货: (1)从存货盘点记录中选取项目追查至存货实物,以测试盘点记录的准确性。 (2)从存货实物中选取项目追查至存货盘点记录,以测试存货盘点的完整性。	略
17. 对以包装箱等封存的存货,考虑要求打开箱子或挪开成堆的箱子。	略
18. 当发现重大盘点错误时,考虑扩大监盘范围。	略
19. 对于那些没有盘点的其他项目,复印或列出明细信息,以便它们能与存货清单一致。	略
20. 对检查发现的差异,进行适当处理: (1)查明差异原因。 (2)及时提请被审计单位更正。 (3)如果差异较大,应当扩大检查范围或提请被审计单位重新盘点。	略

续表

审计程序	索引号
21. 特别关注存货的移动情况,防止遗漏或重复盘点。	略
22. 特别关注存货的状况,观察被审计单位是否已经恰当区分所有毁损、陈旧、过时及残次的存货。	
23. 对特殊类型的存货,考虑实施追加的审计程序。	略
24. 获取盘点日前后存货收发及移动的凭证,检查库存记录与会计记录期末截止是否正确。 (1)存货采购截止: ①查盘点日前最后的与盘点日后最前的____张入库单或验收报告,确定截止是否正确; ②如有必要,选择重要存货项目,核对其在盘点汇总记录和会计记录中的数量,确定是否一致,截止是否恰当; ③如果被审计单位期末存货明细记录可以依赖,将从验收报告中选取的样本与永续盘存明细记录核对一致。 (2)存货销售截止: ①检查盘点日前最后的与盘点日后最前的____张出库单或发运报告,确定截止是否正确; ②如有必要,选择重要存货项目,核对其在盘点汇总记录和会计记录中的数量,确定范围是否一致,截止是否恰当, ③如果期末存货明细记录可以信赖,将从发运报告中选取的样本与永续盘存明细记录保持一致。 (3)在途货物及部门间流动截止: ①检查盘点日前后一段时期的文件样本,包括截止期前最后的和截止期后最前的____份文件; ②如有必要,选择重要存货项目,核对其在盘点汇总记录和会计记录中的数量,确定范围是否一致,截止是否恰当。	略
三、监盘后,复核盘点结果,完成存货监盘报告	
25. 在被审计单位存货盘点结束前,再次观察盘点现场,以确定所有应纳入盘点范围的存货是否均已盘点。	略

续表

审计程序	索引号
26. 在被审计单位存货盘点结束前，取得并检查已填用、作废及未使用的盘点表单及号码记录： （1）确定其是否连续编号。 （2）如盘点表未预先编号，记录已使用盘点表的数量或进行复印。 （3）提请被审计单位划去盘点表上所有空白部分。 （4）查明已发放的表单是否均已收回。 （5）与存货盘点汇总记录进行核对。 （6）必要时，将盘点表上的事项与检查记录进行核对。	略
27. 取得并复核盘点结果汇总记录，形成存货盘点报告（记录），完成存货监盘报告。 （1）评估其是否正确地反映了实际盘点结果。 （2）确定盘点结果汇总记录中未包括所有权不属于被审计单位的货物。 （3）选择盘点结果汇总记录中的项目，查至原始盘点表，以确定没有混入不应包括在内的存货项目。 （4）选择价值较大的存货项目，和上期相同项目的库存数量比较，获取异常变动的信息。	ZI5-1 ZI5-2
28. 如果盘点日与资产负债表日一致，且被审计单位使用永续盘存记录来确定期末数，应当考虑对永续记录实施适当的审计程序，并作必要的监盘。	ZI5-3
29. 如果存货盘点日不是资产负债表日，应当实施适当的审计程序，确定盘点日与资产负债表日之间存货的变动是否已作出正确的记录；编制存货抽盘核对表，将盘点日的存货调整为资产负债表日的存货，并分析差异。	ZI5-4
30. 在永续盘存制下，如果永续盘存记录与存货盘点结果之间出现重大差异，应当实施追加的审计程序，查明原因并检查永续盘存记录是否已作出适当的调整。	略
31. 如果认为被审计单位的盘点方式及其结果无效，注册会计师应当提请被审计单位重新盘点。	略
四、特殊情况的处理	
32. 如果由于被审计单位存货的性质或位置等原因导致无法实施存货监盘，注册会计师应当考虑能否实施下列替代审计程序： （1）检查进货交易凭证或生产记录以及其他相关资料。 （2）检查资产负债表日后发生的销货交易凭证。 （3）向顾客或供应商函证。	略

续表

审计程序	索引号
33. 如果因不可预见的因素导致无法在预定日期实施存货监盘,或接受委托时被审计单位的期末存货盘点已经完成,注册会计师应当实施下列审计程序: (1)评估与存货相关的内部控制的有效性。 (2)对存货进行适当检查或提请被审计单位另择日期重新盘点。 (3)测试在该期间发生的存货交易,以获取有关期末存货数量和状况的充分、适当的审计证据。	略
34. 对被审计单位委托其他单位保管的或已作质押的存货,注册会计师应当实施下列审计程序: (1)向保管人或债权人函证。 (2)如果此类存货的金额占流动资产或总资产的比例较大,还应当考虑实施存货监盘或利用其他注册会计师的工作。	ZI6
35. 当首次接受委托未能对上期期末存货实施监盘,且该存货对本期财务报表存在重大影响时,应当实施下列一项或多项审计程序: (1)查阅前任注册会计师的工作底稿。 (2)复核上期存货盘点记录及文件。 (3)检查上期存货交易记录。 (4)运用毛利百分比法等进行分析。	略
36. 确定存货监盘的审计结论。	ZI5-1

B 注册会计师负责对乙公司 2010 年度财务报表进行审计,乙公司为玻璃制造企业,2010 年末存货余额占资产总额比重重大。存货包括玻璃、煤炭、烧碱、石英砂,其中 60% 的玻璃存放在外地公用仓库。乙公司对存货核算采用永续盘存制,与存货相关的内部控制比较薄弱。乙公司拟于 2010 年 11 月 25 日至 27 日盘点存货,盘点工作和盘点监督工作分别由熟悉相关业务且具有独立性的人员执行。存货盘点计划的部分内容摘录如下:

①存货盘点范围、地点和时间安排。

地　点	存货类型	估计占存货总额的比例	盘点时间
A 仓库	烧碱、煤炭	烧碱 10%、煤炭 5%	2010 年 11 月 25 日
B 仓库	烧碱、石英砂	烧碱 10%、石英砂 10%	2010 年 11 月 26 日
C 仓库	玻璃	玻璃 26%	2010 年 11 月 27 日
外地公用仓库	玻璃	玻璃 39%	——

②存放在外地公用仓库存货的检查。对存放在外地公用仓库的玻璃,检查公用仓库签收单,请公用仓库自行盘点,并提供 2010 年 11 月 27 日的盘点清单。

③存货数量的确定方法。对于烧碱、煤炭和石英砂等堆积型存货,采用观察以及检查相关的收、发、存凭证和记录的方法,确定存货数量;对于存放在 C 仓库的玻璃,按照包装箱标明的规格和数量进行盘点,并辅以适当的开箱检查。

④盘点标签的设计、使用和控制。对存放在 C 仓库玻璃的盘点,设计预先编号的一式两联的盘点标签,使用时,由负责盘点存货的人员将一联粘贴在已盘点的存货上,另一联由其留存。盘点结束后,连同存货盘点表交存财务部门。

⑤盘点结束后,对出现盘盈或盘亏的存货,由仓库保管员将存货实物数量和仓库存货记录调节相符。

要求:

针对上述存货盘点计划第①至第⑤项,逐项判断上述存货盘点计划是否存在缺陷。如果存在缺陷,简要提出改进建议。

解析:

①存货盘点范围、地点和时间安排存在缺陷。

CPA 应当提请被审计单位采取必要措施,修改和完善盘点计划。

时间:存货盘点的时间分别在 25、26、27 日进行不正确,盘点时间与资产负债表日的间隔期不合理,同时,被审计单位内控较差,则不能接受其只在期中盘点存货的做法,并应该测试盘点日至 2010 年 12 月 31 日资产负债表日的存货增减。对存放在不同场所的相同存货项目应当在同一时点进行盘点,而不应安排在不同日期盘点。

存货盘点范围和地点的确定:CPA 应当关注被审计单位是否恰当确定存货的盘点范围并将存货存放于适当的场所;管理层是否区分并隔离受托代销商品或其他顾客已购商品,以确保此类商品未被纳入被审计单位的存货范围;是否将委托代销、委托加工和存放于第三方的存货纳入盘点范围,并针对其制定了适当的盘点方案。对于存放在公用仓库的存货——玻璃,占存货总额的 39%,是非常高比例的存货,建议安排时间进行盘点,纳入盘点范围。

②存放在外地公用仓库存货的检查存在缺陷。

CPA应当提请被审计单位采取必要措施,修改和完善盘点计划。占存货总额大的存放在外单位的存货的盘点安排请公用仓库自行盘点不正确。对于存放在公用仓库的存货,建议对此类存货应纳入盘点范围并制定令CPA满意的盘点程序。

③存货数量的确定方法不存在缺陷。

对这些特殊类型的存货而言,通常既无标签也不作标记,在估计存货数量时存在困难,被审计单位使用的盘点方法和控制程序并不完全适用。对于烧碱、煤炭和石英砂等堆积型存货,采用观察以及检查相关的收、发、存凭证和记录的方法,确定存货数量;对于存放在C仓库的玻璃,按照包装箱标明的规格和数量进行盘点,并辅以适当的开箱检查。以上存货数量的确定方法不存在缺陷。

④盘点标签的设计、使用和控制不存在缺陷。

为减少潜在的遗漏或重复盘点,是否使用复制的预先编号的存货标签,或制定了能够提供相同控制效果的类似制度或程序。两套标签中的一套粘贴在已盘点的存货上,另一套则由盘点工作人员留存并返还给存货盘点的监管人员。

⑤盘点结果的汇总以及盘盈或盘亏的分析、调查与处理存在缺陷。

盘点结束后,对出现盘盈或盘亏的存货,由仓库保管员将存货实物数量和仓库存货记录调节相符不恰当,因企业使用永续存货盘存制,盘点工作和盘点监督工作分别由熟悉相关业务且具有独立性的人员执行的,是一种独立再盘点的措施。建议要求监督者对盘点执行的检查作出记录。

任务5 应付职工薪酬的审计

一、审计目标与认定对应关系表

审计目标与认定对应关系表

审计目标	财务报表认定				
	存在	完整性	权利和义务	计价和分摊	与列报相关的认定
A.资产负债表中记录的应付职工薪酬是存在的。	√				

续表

审计目标	财务报表认定				
	存在	完整性	权利和义务	计价和分摊	与列报相关的认定
B. 所有应当记录的应付职工薪酬均已记录。		√			
C. 记录的应付职工薪酬是被审计单位应当履行的现时义务。			√		
D. 应付职工薪酬以恰当的金额包括在财务报表中,与之相关的计价调整已恰当记录。				√	
E. 应付职工薪酬已按照企业会计准则的规定在财务报表中作出恰当列报。					√

二、应付职工薪酬的实质性程序

审计目标与审计程序对应关系表

审计目标	可供选择的审计程序
D	1. 获取或编制应付职工薪酬明细表,复核加计是否正确,并与报表数、总账数和明细账合计数核对是否相符。
ABD	2. 实质性分析程序: (1)针对已识别需要运用分析程序的有关项目,并基于对被审计单位及其环境的了解,通过进行以下比较,同时考虑有关数据间关系的影响,以建立有关数据的期望值。 ①比较被审计单位员工人数的变动情况,检查被审计单位各部门各月工资费用的发生额是否有异常波动,若有,则查明波动原因是否合理; ②比较本期与上期工资费用总额,要求被审计单位解释其增减变动原因,或取得公司管理当局关于员工工资标准的决议; ③结合员工社保缴纳情况,明确被审计单位员工范围,检查是否与关联公司员工工资混淆列支; ④核对下列相互独立部门的相关数据。 工资部门记录的工资支出与出纳记录的工资支付数 工资部门记录的工时与生产部门记录的工时 ⑤比较本期应付职工薪酬余额与上期应付职工薪酬余额,是否有异常变动。

续表

审计目标	可供选择的审计程序
	(2)确定可接受的差异额。 (3)将实际的情况与期望值相比较,识别需要进一步调查的差异。 (4)如果其差额超过可接受的差异额,调查并获取充分的解释和恰当的佐证审计证据(如通过检查相关的凭证)。 (5)评估分析程序的测试结果。
ABD	3. 检查工资、奖金、津贴和补贴: (1)计提是否正确,依据是否充分,将执行的工资标准与有关规定核对,并对工资总额进行测试;被审计单位如果实行工效挂钩的,应取得有关主管部门确认的效益工资发放额认定证明,结合有关合同文件和实际完成的指标,检查其计提额是否正确,是否应作纳税调整。 (2)检查分配方法与上年是否一致,除因解除与职工的劳动关系给予的补偿直接计入管理费用外,被审计单位是否根据职工提供服务的受益对象,分下列情况进行处理。 ①应由生产产品、提供劳务负担的职工薪酬,计入产品成本或劳务成本; ②应由在建工程、无形资产负担的职工薪酬,计入建造固定资产或无形资产; ③作为外商投资企业,按规定从净利润中提取的职工奖励及福利基金,是否相应计入"利润分配——提取的职工奖励及福利基金"科目; ④其他职工薪酬,计入当期损益。 (3)检查发放金额是否正确,代扣的款项及其金额是否正确。 (4)检查是否存在属于拖欠性质的职工薪酬,并了解拖欠的原因。
ABD	4. 检查社会保险费(包括医疗、养老、失业、工伤、生育保险费)、住房公积金、工会经费和职工教育经费等计提(分配)和支付(或使用)的会计处理是否正确,依据是否充分。
ABD	5. 检查辞退福利的下列项目: (1)对于职工没有选择权的辞退计划,检查按辞退职工数量、辞退补偿标准计提辞退福利负债金额是否正确。 (2)对于自愿接受裁减的建议,检查按接受裁减建议的预计职工数量、辞退补偿标准(该标准确定)等计提辞退福利负债金额是否正确。 (3)检查实质性辞退工作在一年内完成,但付款时间超过一年的辞退福利,是否按折现后的金额计量,折现率的选择是否合理。

续表

审计目标	可供选择的审计程序
ABD	(4)检查计提辞退福利负债的会计处理是否正确，是否将计提金额计入当期管理费用。 (5)检查辞退福利支付凭证是否真实正确。
ABD	6. 检查非货币性福利： (1)检查以自产产品发放给职工的非货币性福利，检查是否根据受益对象，按照该产品的公允价值，计入相关资产成本或当期损益，同时确认应付职工薪酬；对于难以认定受益对象的非货币性福利，是否直接计入当期损益和应付职工薪酬。 (2)检查无偿向职工提供住房的非货币性福利，是否根据受益对象，将该住房每期应计提的折旧计入相关资产成本或当期损益，同时确认应付职工薪酬。对于难以认定受益对象的非货币性福利，是否直接计入当期损益和应付职工薪酬。 (3)检查租赁住房等资产供职工无偿使用的非货币性福利，是否根据受益对象，将每期应付的租金计入相关资产成本或当期损益，并确认应付职工薪酬。对于难以认定受益对象的非货币性福利，是否直接计入当期损益和应付职工薪酬。
ABD	7. 检查以现金与职工结算的股份支付： (1)检查授予后立即可行权的以现金结算的股份支付，是否在授予日以承担负债的公允价值计入相关成本或费用。 (2)检查完成等待期内的服务或达到规定业绩条件以后才可行权的以现金结算的股份支付，在等待期内的每个资产负债表日，是否以可行权情况的最佳估计为基础，按照承担负债的公允价值金额，将当期取得的服务计入成本或费用。在资产负债表日，后续信息表明当期承担债务的公允价值与以前估计不同的，是否进行调整，并在可行权日，调整至实际可行权水平。 (3)检查可行权日之后，以现金结算的股份支付当期公允价值的变动金额，是否借记或贷记“公允价值变动损益”。 (4)检查在可行权日，实际以现金结算的股份支付金额是否正确，会计处理是否恰当。
ABC	8. 检查应付职工薪酬的期后付款情况，并关注在资产负债表日至财务报表批准报出日之间，是否有确凿证据表明需要调整资产负债表日原确认的应付职工薪酬事项。

续表

审计目标	可供选择的审计程序
E	9. 检查应付职工薪酬是否已按照企业会计准则的规定在财务报表中作出恰当的列报： (1) 检查是否在附注中披露与职工薪酬有关的下列信息。 ①应当支付给职工的工资、奖金、津贴和补贴，及其期末应付未付金额； ②应当为职工缴纳的医疗、养老、失业、工伤和生育等社会保险费，及其期末应付未付金额； ③应当为职工缴存的住房公积金，及其期末应付未付金额； ④为职工提供的非货币性福利，及其计算依据； ⑤应当支付的因解除劳动关系给予的补偿，及其期末应付未付金额； ⑥其他职工薪酬。 (2) 检查因自愿接受裁减建议的职工数量、补偿标准等不确定而产生的预计负债(应付职工薪酬)，是否按照《企业会计准则第13号——或有事项》进行披露。

【实训项目一】对存货进行测试

【实训要求】

1. 指出存在的问题并进行调整。

2. 编制“存货审定表”。

【资料】

注册会计师邹翔2010年2月17日在对银河公司2009年年报进行审计时，从银河集团存货的会计账簿、凭证、报表及有关记录中，主要发现以下问题。

1. 该公司每月发放的工资总额为90 000元，其中，生产工人的工资35 000元，车间管理人员的工资5 000，企业管理人员的工资15 000元，专设销售人员的工资20 000元，在建工程人员的工资15 000元(该项在建工程尚未完工)，该公司每月账务处理如下：

借：生产成本　　35 000

　　制造费用　　55 000

贷:应付职工薪酬——职工工资 90 000

该公司计提职工福利费:

借:生产成本 4 900

制造费用 7 700

贷:应付职工薪酬——职工福利费 12 600

该公司计提工会经费:

借:制造费用 1 800

贷:其他应付款 1 800

该公司计提教育费附加:

借:制造费用 1 350

贷:其他应付款 1 350

2.11 月在建工程领用生产用原材料 90 000 元,该公司账务处理为:

借:生产成本 90 000

贷:原材料 90 000

3.12 月购入计算机一台买价 8 000 元,增值税 1 360 元,用银行款付讫,另用现金支付运杂费 300 元。该计算机当月由车间领用。该企业账务处理为:

借:低值易耗品 8 300

应交税费——应交增值税(进项税) 1 360

贷:银行存款 9 360

现金 300

同时,

借:制造费用 8 300

贷:低值易耗品 8 300

4.12 月末基本生产车间剩余原材料共计 50 000 元,该企业没有退库,也没有办理假退料手续。

5.在审计过程中除发现上述几个问题外,其他都审核无误。该公司全年只生产了一种甲产品,且该产品成本年初数和年末数变化不大,且结存数基本相等。

6.该公司 2009 年 12 月 31 日账面:原材料为 580 000 元,库存商品为 600 000 元,生产成本为 2 300 元,除这三项外该公司无其他存货项目。2009 年末审存货报表数为 1 182 300 元。

存货审定表

被审计
单位名称 ________________

审计项目 ________________

会计期间
或截止日 ________________

	签　名	日　期	索引号
编制人			
复核人			页次

单位:元

索引号	项　目	金　额	备　注
Z5	未审报表数 存货明细项目: 合计 调整数 审定数		

审计说明:

审计标识说明:

S　与明细分类账核对一致
G　与总分类账核对一致
T/B　与试算平衡表一致
V　纵加核对
<　横加核对

审计结论:

参考答案：

一、存在的问题

1. 每月公司管理人员的工资15 000元、专设销售人员的工资20 000元、在建工程人员的工资15 000元不应计入产品成本，应调整，工资附加费也应调整：

管理费用金额 = 15 000 × 12 × (1 + 14%) = 205 200

销售费用金额 = 20 000 × 12 × (1 + 14%) = 273 600

在建工程金额 = 205 200

借：管理费用　　205 200
　　销售费用　　273 600
　　在建工程　　205 200
　　贷：主营业务成本　　684 000

2. 在建工程领用生产用原材料90 000元应计入"在建工程"，应调整：

借：在建工程　　105 300
　　贷：主营业务成本　　90 000
　　　　应交税费——应交增值税(进项税转出)　　15 300

3. 购入计算机一台应计入"固定资产"，应调整：

借：固定资产　　8 300
　　贷：主营业务成本　　8 300

4. 虚增产品原材料成本，应调整：

借：原材料　　50 000
　　贷：主营业务成本　　50 000

二、编制"存货审定表"如下：

存货审定表

被审计
单位名称　银河公司

审计项目　存货

会计期间
或截止日　2009年12月31日

	签　名	日　期	索引号
编制人	邹翔	2010.2.17	A8
复核人			页次
			1

单位:元

索引号	项 目	金 额	备注
Z5	未审报表数	1 182 300	
	存货明细项目:		
	原材料	580 000	
	库存商品	600 000	
	生产成本	2 300	
	合计	1 182 300	
	调整数	+50 000	
	审定数	1 232 300	

审计说明:

虚增产品原材料成本,应调整

借:原材料　　50 000

贷:主营业务成本　　50 000

审计标识说明:

S　与明细分类账核对一致

G　与总分类账核对一致

T/B　与试算平衡表一致

V　纵加核对

<　横加核对

审计结论:

经调整后金额可以确认

【实训项目二】对主营业务成本进行测试

【实训要求】

编制生产成本与主营业务成本倒轧表,计算结果并得出审计结论。

【资料】

审计人员对甲公司2010年的主营业务成本进行审计,通过审查该公司的主营业务成本明细表,并与有关明细账、总账进行核对,发现账表之间数字完全相符。有关数字如下：

材料期初余额　80 000 元　本期购进材料　150 000 元

材料期末余额　60 000 元　本期销售材料　10 000 元

直接人工成本　15 000 元　制造费用　42 000 元

在产品期初余额 23 000 元　在产品期末余额　30 000 元

产成品期初余额 40 000 元　产成品期末余额　50 000 元

该审计人员通过对有关记账凭证和原始凭证的审计,发现以下问题：

1. 本期已入库,但尚未收到结算凭证的材料未做暂估入账；

2. 已领未用的材料 1 000 元,未做退料处理；

3. 为在建工程发生的工人工资计入生产成本 2 000 元；

4. 本期发生的大修理费用 6 000 元全部计入当期制造费用(按规定应分 3 期摊销)；

5. 经对期末在产品的盘点,在产品的实际金额为 38 000 元。

主营业务成本倒轧表

被审计单位:__________　索引号:4402-6

项目:__________　期间:__________

编制:__________　复核:__________

日期:__________　日期:__________

存货种类	未审数	调整或重分类金额借(或贷)	审定数
期初原材料余额	80 000		80 000
加:本期购货净额	150 000	借 5 000	155 000
减:期末原材料余额	60 000	借 1 000	61 000
减:其他原材料发出额	10 000		
直接材料成本	160 000	借 4 000	164 000
加:直接人工成本	15 000	贷 2 000	13 000
加:制造费用	42 000	贷 4 000	38 000
产品生产成本	217 000	贷 2 000	215 000
加:在产品期初余额	23 000		23 000

续表

存货种类	未审数	调整或重分类金额借(或贷)	审定数
减:在产品期末余额	30 000	借 8 000	38 000
减:其他在产品发出额			
库存商品成本			
加:库存商品期初余额	40 000		40 000
减:库存商品期末余额	50 000		50 000
减:其他库存商品发出额			
主营业务成本	200 000	贷 10 000	190 000
审计结论:由于多计产品生产成本 10 000 元,导致多级主营业务成本 10 000 元,将影响营业利润少计 10 000 元。			

一、单项选择题

1. 被审计单位 A 股份有限公司对期末存货采用成本与可变现净值孰低法计价。2010 年 12 月 31 日库存用于生产甲产品的原材料实际成本为 50 万元,预计进一步加工所需费用为 16 万元。预计销售费用及税金为 10 万元。该原材料加工完成后的产品预计销售价格为 60 万元。假定该公司以前年度未计提存货跌价准备。则注册会计师认为 A 公司 2010 年 12 月 31 日该项存货应计提的跌价准备为(　　)万元。

A. 0　　B. 4　　C. 16　　D. -16

2. B 注册会计师对乙公司实施存货监盘程序,在对存货实施监盘程序时,B 注册会计师下列做法中不恰当的是(　　)。

A. 对于受托代存存货，实施向存货所有权人函证等审计程序

B. 乙公司相关人员完成存货盘点程序后，注册会计师进入存货存放地点对已盘点存货实施检查程序

C. 对于已作质押的存货，向债权人函证与质押存货相关的内容

D. 对于因特殊性质而无法监盘的存货，实施向顾客或供应商函证等程序

3. 如果将与存货相关的内部控制评估为高风险，注册会计师的做法最恰当的是(　　)。

A. 增加测试与存货相关的内部控制的范围

B. 要求×公司在期末进行盘点

C. 在期末前实施存货监盘程序，并测试盘点日至期末发生的存货交易

D. 检查购货、生产、销售的记录和凭证，以确定期末存货余额

4. 以下说法中正确的是(　　)。

A. 对于企业存放于公共仓库或由外部人员保管的存货，可以直接向保管人员进行书面函证

B. 如果在接受委托时，被审计单位的期末存货盘点已经完成，注册会计师应当提请被审计单位另择日期重新盘点

C. 注册会计师在存货与仓储循环审计中经常大量运用分析程序获取证据，并形成审计结论

D. 注册会计师对存货进行计价测试主要是针对被审计单位所使用的存货购入的入账价值是否正确所做的测试

5. 下列关于存货监盘计划的说法中，正确的是(　　)。

A. 注册会计师应仅根据自己的专业判断和往年的审计经验，编制存货监盘计划

B. 存货监盘程序用作控制测试还是实质性程序，取决于注册会计师的专业胜任能力

C. 注册会计师应当根据对被审计单位存货盘点和对被审计单位内部控制的评价结果确定检查存货的范围

D. 存货监盘范围的大小取决于注册会计师审计时间的分配以及审计成本的核算

6. 甲注册会计师负责 ABC 公司 2010 年存货的监盘工作。在监盘过程中，注册会计师特别关注 ABC 公司截止日期前后销售或购买的货物。以下情况中，不应纳入盘点范围内，也不应反映在账簿记录中的情况包括(　　)。

A. 2011 年 1 月 10 日已确认为销售，但由于客户的原因所销售的货物仍

在ABC公司仓库的甲产品

B. 2011年1月2日已向客户发出货物,但根据销售合同至2011年1月8日仍不能确认为销售的乙产品

C. 2010年12月30日已确认购货并验收完毕,但2011年1月10日仍未办理入库手续的丙材料

D. 按到货点交货方式购货,2010年12月31日已在运输途中,但2011年1月16日仍未收到的丁材料

7. R公司从事木材加工、贸易业务。负责对R公司存货进行监盘的A注册会计师在具体审计计划中列示了以下监盘程序,其中项目负责人不能认可的是( )。

A. 因作为主要原材料的原木露天堆放而被冰雪覆盖,将原定监盘日期由2月6日推迟到冰雪完全融化的3月20日

B. 因为R公司对入库的产成品采用连续编号的入库凭证,应确认截止日期前的最后编号及未使用编号

C. R公司对出场的原材料采用严格的门卫登记制度登记连续编号

D. R公司的原木入库及出库均采用火车运输方式,应详细记录盘点时进、出料场的火车班次

8. B注册会计师在检查乙公司存货时,注意到某些存货项目实际盘点的数量大于永续盘存记录中数量。假定不考虑其他因素,以下各项中,最可能导致这种情况的是( )。

A. 乙公司向客户提供销售折扣　B. 乙公司已将购买的存货退给供应商

C. 供应商向乙公司提供购货折扣　D. 客户已将购买的存货退给乙公司

9. 注册会计师对存货抽查时发现了差异,下列处理中不恰当的是( )。

A. 查明原因,及时提请被审计单位更正

B. 不管是什么差异,应当提请被审计单位先挂账“待处理财产损益——待处理流动资产损益”后再作处理

C. 注册会计师应当考虑错误的潜在范围和重大程度,在可能的情况下,增加抽查范围以减少错误的发生

D. 注册会计师根据抽查的结果如果认为盘点记录中错误程度非常严重,应当要求被审计单位重新进行盘点

10. 注册会计师对存货监盘时除亲临现场观察被审计单位盘点外还必须进行适当抽查,以下关于注册会计师对存货抽查时表述不正确的是( )。

A. 抽查的目的既可以是为了证实被审计单位的盘点计划得到适当的执

行,也可以是为了证实被审计单位的存货实物总额

B. 如果观察程序能够表明被审计单位的组织管理得当,盘点、监督以及复核程序充分有效,注册会计师可据此减少所需检查的存货项目

C. 抽查的范围通常包括所有盘点工作小组的盘点内容以及难以盘点或隐蔽性较强的存货

D. 注册会计师应尽可能地让被审计单位了解自己将抽取测试的存货项目,以便双方协调提高效率

11. 会计师事务所委派注册会计师陈华对乙公司实施存货监盘工作。在乙公司盘点存货之前,注册会计师陈华应当(　　)。

A. 跟随被审计单位的盘点人员对存货状况进行检查

B. 观察存货盘点计划的执行情况

C. 确定存货数量和状况记录的准确性

D. 观察盘点现场存货的排列情况以及是否附有盘点标识

12. 下列关于对存货实施截止测试的说法中,不正确的是(　　)。

A. 仅仅对期末前发生的诸如采购、销售退回、销售、产品存货转移等主要交易流,实施截止测试

B. 对期末前后发生的主要交易流实施截止测试,确认本期末存货收发记录的最后一个顺序号码,并详细检查随后的记录,以检测在本会计期间的存货收发记录中是否存在更大的顺序号码

C. 对期末前后发生的主要交易流实施截止测试,确认本期末存货收发记录的最后一个顺序号码,并详细检查随后的记录,以检测在本会计期间的存货收发记录中是否存在错计入下一会计期间而在本期遗漏的顺序号码

D. 对期末前后发生的主要交易流实施截止测试,确认本期末存货收发记录的最后一个顺序号码,并详细检查随后的记录,以检测在本会计期间的存货收发记录中是否存在因存货收发交易被漏记的顺序号码

13. 获取样本的制造费用分配汇总表、按项目分列的制造费用明细账、与制造费用分配标准有关的统计报告及其相关原始记录,作如下检查,不正确的是(　　)。

A. 制造费用分配汇总表中,样本分担的制造费用与成本计算单中的制造费用核对是否相符

B. 制造费用分配汇总表中的合计数与样本所属成本报告期的制造费用明细账总计数核对是否相符

C. 制造费用分配汇总表选择的分配标准(机器工时数、直接人工工资、直接人工工时数、产量等)与相关的统计报告或原始记录核对是否相符,并对费用分配标准的合理性做出评估

D. 如果企业采用实际费用分配率分配制造费用,则应针对制造费用分配过多或过少的差额,检查其是否作了适当的账务处理

14. 下列关于被审计单位生产与存货循环的评估重大错报风险的说法,错误的是( )。

A. 如果注册会计师认为被审计单位的控制可能存在销售成本和存货的重大错报风险,就必须对已选取的控制活动的运行有效性进行测试,以证实计划依赖的认定层次上的控制已经在整个期间内运行了

B. 注册会计师对于生产过程和存货管理中的控制的了解,来自于观察控制活动执行情况、询问员工以及检查文件和资料

C. 识别重大错报风险过程中,注册会计师要知道预防性的控制经常在交易期末实施

D. 识别重大错报风险过程中,注册会计师要知道检查性控制通常在交易执行和记录过程之后实施,以便检查、纠正错误与舞弊

15. 注册会计师在了解丙公司成本费用内部控制的职责分工情况时,得知财务人员张某负责成本费用预算的审批和成本支出的审批工作。如果进一步得知张某担任丙公司的( )工作,不应认为该公司成本费用的内部控制存在重大缺陷。

A. 成本费用预算的编制　　B. 成本费用支出的执行

C. 固定资产的会计记录　　D. 成本费用支出的稽核

16. 下列关于生产与存货循环的业务活动的说法,错误的有( )。

A. 生产计划部门的职责是根据客户订购单或者对销售预测和产品需求的分析来决定生产授权。如决定授权生产,即签发预先顺序编号的生产通知单并编制材料需求报告

B. 仓库部门的责任是根据从生产部门收到的领料单发出原材料。领料单可以一料一单,通常需一式四联

C. 生产部门在收到生产通知单及领取原材料后,便将生产任务分解到每一个生产工人,并将所领取的原材料交给生产工人,据以执行生产任务

D. 为了正确核算并有效控制产品成本,必须建立健全成本会计制度,将生产控制和费用核算有机结合在一起

17. 在内部控制良好的情况下，收到商品时，负责验收人员应将商品与（　　）认真核对。

A. 供应商发运文件及订货单　　B. 验收报告与供应商发运文件

C. 请购单及订货单　　D. 验收报告与订货单

18. 产成品完工后，除了交生产部门查点外，还应对产品进行验收。下列说法中你不认可的是（　　）。

A. 对产品的查点应由本车间负责生产质量的专门人员实施

B. 产品入库前应由车间或仓库人员验收，并填制验收单

C. 产品入库前应由仓库人员点验和检查，并填制入库单

D. 入库单应事先连续编号，并在产品入库后交会计部门

二、多项选择题

1. 被审计单位下列有关确定存货可变现净值的基础中，注册会计师认可的有（　　）。

A. 有销售合同且未超过合同约定数量的库存商品以该库存商品的合同价格为基础

B. 无销售合同的库存商品以该库存商品的市场价格为基础

C. 用于出售的无销售合同的材料以该材料的市场价格为基础

D. 有销售合同且超过合同约定数量的库存商品以该库存商品的合同价格为基础

2. 甲公司 2010 年度的存货周转率为 2.8，与 2009 年度相比有所下降。甲公司提供的以下理由中，不能解释存货周转率变动趋势的有（　　）。（甲公司该存货周转率的计算主要是为了评估存货管理业绩）

A. 由于主要原材料价格比 2009 年度下降了 12%，甲公司从 2010 年 1 月份开始将主要原材料的日常储备量提高了 20%

B. 甲公司主要产品深受广大客户欢迎，2010 年度市场需求渐增，在成本稳定不变的前提下，平均销售价格比 2009 年度相比有所上升，并且甲公司预期销售价格将继续上升

C. 甲公司在 2010 年第 4 季度接到了一笔巨额订单，订货数量相当于甲公司月产能的 120%，交货日期为 2011 年 1 月 1 日

D. 从 2010 年 6 月份开始，甲公司将部分产品针对主要销售客户的营销方式由原来的收取手续费模式转为视同买断模式

3. 注册会计师 B 于 2011 年 3 月 10 日对 N 公司的存货进行了监盘，监盘中

按存货金额45%的比例进行了抽查,抽查结果显示抽盘日账实相符,则以下说法中正确的有(　　)。

A. 注册会计师B实施检查的目的是为了证实被审计单位的存货实物总额

B. 注册会计师B实施检查的目的是为了确证被审计单位的盘点计划得到适当的执行

C. 注册会计师B还应再根据盘点结果和资产负债表日至抽点日存货收、发的金额倒推计算资产负债表日的金额,以验证资产负债表日存货的真实性

D. 注册会计师B可直接据以得出资产负债表日存货真实存在的审计结论

4. 注册会计师对被审计单位存货进行监盘,在执行监盘审计程序中,下列做法恰当的有(　　)。

A. 为了顺利监盘,注册会计师在监盘前将检查范围告知被审计单位,以便其做好相关准备

B. 索取全部盘点表并按编号顺序汇总后,进行账账、账实核对

C. 未能监盘期初存货,根据期末监盘结果倒推存货期初余额,并予以确认

D. 为了避免误解并有助于有效地实施存货监盘,注册会计师与被审计单位就存货监盘范围、时间等问题达成一致意见

5. 下列说法中正确的有(　　)。

A. 由第三方保管或控制的存货,可以向持有被审计单位存货的第三方函证存货的数量和状况

B. 注册会计师可以通过查阅以前年度的存货监盘工作底稿,来了解被审计单位的存货情况、存货盘点程序以及其他在以前年度审计中遇到的重大问题

C. 存货监盘的范围大小取决于存货的内容、性质及与存货相关的内部控制的完善程度和重大错报风险的评估结果

D. 在对存货实施具体的监盘程序时,包括注册会计师对被审计单位盘点的实地观察程序和对已盘点的存货进行适当检查,将检查结果与被审计单位盘点记录相核对,并形成相应记录

6. 注册会计师对被审计单位存货实施监盘程序,下列检查程序正确的有(　　)。

A. 注册会计师应当对已盘点的存货进行适当检查,将检查结果与被审计单位盘点记录相核对,并形成相应记录

B. 在检查已盘点的存货时,注册会计师应当从存货盘点记录中选取项目追查至存货实物,以测试盘点记录的准确性

C. 注册会计师还应当从存货实物中选取项目追查至存货盘点记录,以测试存货的存在性

D. 如果检查时发现差异,注册会计师应当查明原因,及时提请被审计单位更正

7. 注册会计师在确定被审计单位寄销在外地的存货是否存在时,采取的下列方法中恰当的有( )。

A. 向寄销单位发询证函

B. 审查有关原始单证、账簿记录

C. 亲自前往存放地观察盘点

D. 委托存放当地的会计师事务所负责监盘

8. 甲注册会计师对被审计单位购货业务进行年度截止测试的方法有( )。

A. 实地观察与检查购货

B. 检查存货盘点日前后的购货发票与验收报告

C. 查阅存货盘点日前后验收部门的业务记录

D. 了解购货的保险情况和存货保护措施

9. 注册会计师乙负责 ABC 股份有限公司存货的监盘工作。制定存货监盘计划中,应包括的内容有( )。

A. ABC 股份有限公司的盘点时间安排

B. 评估的与存货相关的重大错报风险和重要性水平

C. 考虑实地察看存货的存放场所,特别是金额较大或性质特殊的存货

D. 存货盘点人员的分工及胜任能力

10. K 公司的一部分产品存放在公司设在尼泊尔的一家重要的分公司,由于该国没有注册会计师审计业务,无法委托当地会计师事务所进行审计。对这部分存货,注册会计师王辉决定采取以下措施。其中,你认可的措施有( )。

A. 审计小组派人前往尼泊尔实施监盘程序

B. 以审计范围受限为由发表非无保留意见

C. 委托当地公证机构观察盘点出具公证书

D. 由独立机构对分公司职员盘点全程录像

三、简答题

1. 山东达成公正会计师事务所接受了 XYZ 股份有限公司 2009 年度财务报表的审计委托。注册会计师黎平、王华作为本审计项目负责人,负责对 XYZ 股份有限公司的存货进行监盘。为此,在盘点开始前,注册会计师黎平、王华亲临盘点现场,在进行认真观察的基础上进行适当的抽点。请回答,注册会计师黎平、王华在进行观察时,如果遇到如下问题应如何处理:

(1)由于 XYZ 公司代客户寄存的甲材料与自身的甲材料并无区别,故未单独摆放。

(2)注册会计师黎平、王华在检查时发现差异。

(3)运输部门有一批乙产品,没有悬挂盘点单,据称该批产品已经出售给客户。

(4)注册会计师黎平、王华发现 XYZ 股份有限公司存货中有最近采购的一批鲜活产品,无法进行正常监盘。

(5)注册会计师黎平、王华发现 XYZ 股份有限公司存货中包含有已作质押的丙产品。

2. 注册会计师李涛是华昌公司 2010 年度财务报表审计的外勤负责人,在审计过程中,需对负责负债项目审计的助理人员提出的相关问题予以解答。请代注册会计师李涛为审计的助理人员解释一下,现金监盘和存销监盘有哪些不同。

项目8　筹资与投资循环审计

知识目标：

通过本项目的学习，使学生学会了解筹资与投资循环的关键内部控制，懂得进行筹资与投资循环的重大错报风险的评估，会做相关项目的实质性程序。

技能目标：

通过本项目的学习，让学生能进行筹资与投资循环的风险评估，能进行筹资和投资相关报表项目的实质性测试。

引导案例：

甲、乙、丙三方共同出资组建联华公司，2008年审计人员对联华公司实收资本进行审计，审计人员在检查三方投入联华公司的货币资金凭证时，发现一张10月8日的500万元的转账凭证是B公司转入联华公司的，联华公司提供了一份由B公司出具的“B公司转入联华公司的货币资金500万元是B公司欠乙、丙两公司的款项”的证明材料，上述500万元货币资金的所有权是否确为联华公司所有？此外，这500万元是否确实属于投资款？

任务1　筹资与投资循环的特性与内部控制

一、筹资与投资循环的特性

筹资活动主要由借款交易和股东权益交易组成。投资活动主要由权益性投资交易和债权性投资交易组成。该循环的独特特性:

①审计年度内筹资与投资循环的交易数量较少,而每笔交易的金额通常较大;

②漏记或不恰当地对一笔业务进行会计处理,将会导致重大错误,从而对企业会计报表的公允反映产生较大影响;

③筹资与投资循环交易必须遵守国家法律、法规和相关契约的规定。

二、筹资与投资循环所涉及的主要业务活动

(一)筹资所涉及的主要业务活动	(二)投资所涉及的主要业务活动
1. 审批授权	1. 审批授权
2. 签订合同或协议	——
3. 取得资金	2. 取得证券或其他投资
4. 计算利息或股利	3. 取得投资收益
5. 偿还本息或发放股利	4. 转让证券或收回其他投资

三 、筹资与投资循环所涉及的凭证与会计记录

(一)筹资活动所涉及的主要凭证和会计记录	(二)投资活动所涉及的主要凭证和会计记录
1. 债券	1. 股票或债券
2. 股票	2. 经纪人通知书
3. 债券契约	3. 债券契约

续表

(一)筹资活动所涉及的主要凭证和会计记录	(二)投资活动所涉及的主要凭证和会计记录
4. 股东名册	——
5. 公司债券存根簿	——
6. 承销或包销协议	4. 企业的章程及有关协议
7. 借款合同或协议	5. 投资协议
8. 有关记账凭证	6. 有关记账凭证
9. 有关会计科目的明细账和总账	7. 有关会计科目的明细账和总账

任务2 筹资与投资循环重大错报风险的评估

一、评估筹资活动重大错报风险

注册会计师应当在了解被审计单位的基础上考虑影响筹资交易的重大错报风险,并对被审计单位业务中可能出现的特别风险保持警惕。考虑到严格的监管环境和董事会针对筹资活动设计的严格控制,除非注册会计师对管理层的诚信产生疑虑,否则重大错报风险一般应评估为低水平。

在实施实质性程序之前,注册会计师应当评估权益、借款、利息、股利交易和余额在列报层次和认定层次上的重大错报风险。注册会计师应当通过询问、检查文件记录、观察控制程序等方法获得确切的信息以支持对重大错报风险的评估,识别特定账户余额的影响,并设计适当的实际程序以发现和纠正剩余重大错报风险。

二、评估投资活动重大错报风险

注册会计师应当考虑重大错报风险对投资活动的影响,并对被审计单位可能发生的特定风险保持警惕。与投资交易相关的特定固有风险包括:

①管理层错误表述投资业务的偏见和动机,包括为了瞒住预算、提高绩效

奖金、提高财务报表上的报告收益、从银行获得额外资金、吸引潜在投资购买者或影响股价以误导投资者。

②所取得资产的性质和复杂程度可能导致确认和计量的错误,例如不正确的会计分配。尽管多数被审计的单位可能只拥有少量的投资,并且买入和卖出的业务不频繁,交易的非经营性可能导致作出会计处理时出现错误。如果会计人员没有意识到不同类型投资计量或计价的复杂性,管理层通常不能轻易发现这些错误。

③所持有投资的公允价值可能难以计量。

④管理层凌驾于控制之上,可能导致投资交易未经授权。

⑤如果对有价证券的控制不充分,权益性有价证券的舞弊和盗窃风险可能很高,从而影响投资的存在性。

注册会计师应当通过实施询问、检查文件记录或观察控制程序的执行情况等程序获取确证的信息以支持对重大错报风险的评估。在识别对财务报表特定账户余额的影响的基础上,注册会计师应当涉及适当的审计程序以发现并纠正任何剩余重大错报风险。

任务3　筹资循环的实质性程序的总体要求

一、实质性分析程序

当对权益和借款交易与余额执行实质性分析程序时,这些步骤为:

1. 建立预测或预期

主要采取资本绩效和财务管理有关的比率。资本绩效和财务管理比率可能在行业基础上并不具有可比性,但对企业不同时间内经营业绩的比较可能是更好的办法。

2. 计算真实数据与预期之间的差异

计算差异包括各种比率的计算,包括管理层用来监控企业的关键业绩指标。将计算结果与上期结果、预算书以及与客户或注册会计师的历史记录相比较。对管理层所使用关键业绩指标的计算,以及对发现问题时相关纠正措施的询问程序,可以提供管理层监控程序运行是否有效的证据。管理层使用的关键依据指标可能包括以下内容：

①资本绩效：股东权益回报率、每股收益、市盈率、资本税前收益、税后收益留存率等。

②财务管理：平均利率（包括税前和税后）、总资本利息率和股利率、财务杠杆等。

3. 调查重大差异并运用判断

注册会计师应当根据前述预期值来进行比率分析。任何未预期的波动都应当与管理层进行讨论，并在必要时进一步调查。

4. 确定重大差异或临界值

注册会计师应当通过询问程序确定管理来作为关键业绩指标的比率或基准数据是否表明存在重大错报风险，并考虑影响赢利能力、现金流量、业务持续性和管理层监控程序的趋势。

5. 记录得出结论的基础

注册会计师应当就获取到的审计证据能否支持所选择的认定或审计目标得出结论。

二、交易的细节测试

注册会计师在对筹资交易实施的细节测试，主要包括旧权益和长期借款的发生、完整性、准确性、截止和分类认定获取审计证据。在期末，注册会计师应当主要就账户余额的存在性、权利和义务、完整性、计价和分摊认定，以及权益和长期借款以账面价值列报与披露的情况获取审计证据。

借款是企业承担的一项经济业务，是企业的负债项目，包括短期借款、长期借款和应付债券。在一般情况下，被审计单位不会高估负债，因为这样于自身不利，且难以与债权人的会计记录相互印证。为了正确反映企业的财务状况和经营成果，必须将企业的负债完整地列示在资产负债表中，并正确地予以计价。注册会计师对于负债项目的审计，主要是防止企业低估债务。低估债务经常伴随着低估成本费用，从而高估利润的目的。因此，低估负债不仅影响财务状况的反映，而且还会极大地影响企业财务成果的反映。所以，注册会计师在执行借款业务审计时，应将本审计单位是否低估借款作为一个关注的要点。

所有者权益，是企业投资者对企业净资产的所有权，包括投资者对企业的投入资本以及企业存续过程中形成的资本公积、盈余公积和未分配利润。根据资产负债表的平衡原理，所有者权益在数量上等于企业的全部资产减去全部负债后的余额,即企业净资产数额。如果注册会计师能够对企业的资产和负债进行充分的审计,证明两者的期初余额、期末余额和本期变动都是正确的,这便从侧面为所有者权益的期末余额和本期变动的正确性提供了有力的证据。由于所有者权益增减变动的业务较少、金额较大的特点,注册会计师在审计了企业的资产和负债之后,往往只花费相对较少的时间对所有者权益进行审计。

任务4 负债性筹资的实质性程序

一、短期借款审计

1. 审计目标与认定对应关系表

审计目标	财务报表认定				
	存在	完整性	权利和义务	计价和分摊	列报
A. 资产负债表中记录的短期借款是存在的。	√				
B. 所有应当记录的短期借款均已记录。		√			
C. 记录的短期借款是被审计单位应当履行的现时义务。			√		
D. 短期借款以恰当的金额包括在财务报表中,与之相关的计价调整已恰当记录。				√	
E. 短期借款已按照企业会计准则的规定在财务报表中作出恰当列报。					√

2. 审计目标与审计程序对应关系表

审计目标	可供选择的审计程序
D	1. 获取或编制短期借款明细表。
ACD	2. 函证短期借款的实有数。

续表

审计目标	可供选择的审计程序
ABD	3. 检查短期借款的增加。
ABD	4. 检查短期借款的减少。
ABD	5. 检查有无到期未偿还的短期借款。
BD	6. 复核短期借款利息。
D	7. 检查外币借款的折算。
E	8. 检查短期借款在资产负债表上的列报是否恰当。

二、长期借款的审计目标与实质性程序

1. 审计目标与认定对应关系表

审计目标	财务报表认定				
	存在	完整性	权利和义务	计价和分摊	列报
A. 资产负债表中记录的长期借款是存在的。	√				
B. 所有应当记录的长期借款均已记录。		√			
C. 记录的长期借款是被审计单位应当履行的现时义务。			√		
D. 长期借款以恰当的金额包括在财务报表中,与之相关的计价调整已恰当记录。				√	
E. 长期借款已按照企业会计准则的规定在财务报表中作出恰当列报。					√

2. 审计目标与审计程序对应关系表

审计目标	可供选择的审计程序
D	1. 获取或编制长期借款明细表。
AE	2. 了解金融机构对被审计单位的授信情况以及被审计单位的信用等级评估情况,了解被审计单位获得短期借款和长期借款的抵押和担保情况,评估被审计单位的信誉和融资能力。

续表

审计目标	可供选择的审计程序
ABD	3. 对年度内增加的长期借款,应检查借款合同和授权批准,了解借款数额、借款条件、借款日期、还款期限、借款利率,并与相关会计记录相核对。
BD	4. 检查长期借款的使用是否符合借款合同的规定,重点检查长期借款使用的合理性。
AC	5. 向银行或其他债权人函证重大的长期借款。
DB	6. 对年度内减少的长期借款,注册会计师应检查相关记录和原始凭证,核实还款数额。
AD	7. 检查年末有无到期未偿还的借款,逾期借款是否办理了延期手续,分析计算逾期借款的金额、比率和期限,判断被审计单位的资信程度和偿债能力。
D	8. 计算短期借款、长期借款在各个月份的平均余额,选取适用的利率匡算利息支出总额,并与财务费用的相关记录核对,判断被审计单位是否高估或低估利息支出,必要时进行适当调整。
D	9. 检查非记账本位币折合记账本位币时采用的折算汇率,折算差额是否按规定进行会计处理。
ABD	10. 检查借款费用的会计处理是否正确。
CE	11. 检查企业抵押长期借款的抵押资产的所有权是否属于企业,其价值和实际状况是否与抵押契约中的规定相一致。
E	12. 检查企业重大的资产租赁合同,判断被审计单位是否存在资产负债表外融资的现象。
E	13. 检查长期借款是否已在资产负债表上充分披露。

三、财务费用审计

1. 审计目标与认定对应关系表

审计目标	财务报表认定					
	发生	完整性	准确性	截止	分类	列报
A. 利润表中记录的财务费用已发生，且与被审计单位有关。	√					
B. 所有应当记录的财务费用均已记录。		√				
C. 与财务费用有关的金额及其他数据已恰当记录。			√			
D. 财务费用已记录于正确的会计期间。				√		
E. 财务费用已记录于恰当的账户。					√	
F. 财务费用已按照企业会计准则的规定在财务报表中作出恰当的列报。						√

2. 审计目标与审计程序对应关系表

审计目标	可供选择的审计程序	索引号
C	1. 获取或编制财务费用明细表，复核其加计数是否正确，并与报表数、总账数和明细账合计数核对是否相符。	SF2
ABC	2. 实质性分析程序： (1)针对已识别需要运用分析程序的有关项目，并基于对被审计单位及其环境的了解，通过进行以下比较，同时考虑有关数据间关系的影响，以建立有关数据的期望值。 ①将本期财务费用各明细项目与上期进行对比，必要时比较本期各月份财务费用，如有重大波动和异常情况应追查原因； ②计算借款、应付债券平均实际利率并同以前年度及市场平均利率相比较； ③根据借款、应付债券平均余额、平均利率测算当期利息费用和应付利息，并与账面记录进行比较；	SF2 略

续表

审计目标	可供选择的审计程序	索引号
ABC	④根据银行存款平均余额和存款平均利率复核利息收入。 (2)确定可接受的差异额。 (3)将实际的情况与期望值相比较,识别需要进一步调查的差异。 (4)如果其差额超过可接受的差异额,调查并获取充分的解释和恰当的佐证审计证据(如通过检查相关的凭证)。 (5)评估分析程序的测试结果。	
E	3.检查财务费用明细项目的设置是否符合规定的核算内容与范围,是否划清财务费用与其他费用的界限。	SF2
ABC	4.检查利息支出明细账: (1)审查各项借款期末应计利息有无预计入账。 (2)审查现金折扣的会计处理是否正确。 (3)结合长短期借款、应付债券等的审计,检查财务费用中是否包括为购建或生产满足资本化条件的资产发生的应予资本化的借款费用。 (4)检查融资租入的固定资产、购入有关资产超过正常信用条件延期支付价款、实质上具有融资性质的,采用实际利率法分期摊销未确认融资费用时计入财务费用数是否正确。 (5)检查应收票据贴现息的计算与会计处理是否正确。 (6)检查存在资产弃置费用义务的固定资产或油气资产,在其使用寿命内,是否按期计算确定应负担的利息费用。	FA2 FA3 FK2 FK3 FL2 FL3
ABC	5.检查利息收入明细账: (1)确认利息收入的真实性及正确性。 (2)检查从其他企业或非银行金融机构取得的利息收入有否按规定计缴营业税。 (3)检查采用递延方式分期收款,实质上具有融资性质的销售商品或提供劳务,采用实际利率法按期计算确定的利息收入是否正确。	略
ABC	6.检查汇兑损益明细账,检查汇兑损益计算方法是否正确,核对所用汇率是否正确,前后期是否一致。	略
ABC	7.检查“财务费用——其他”明细账,注意检查大额金融机构手续费的真实性与正确性。	SF3

续表

审计目标	可供选择的审计程序	索引号
D	8. 抽取资产负债表日前后___天的___张凭证，实施截止测试，若存在异常迹象，应考虑是否有必要追加审计程序，对于重大跨期项目应作必要调整。	SF4
	9. 根据评估的舞弊风险等因素增加的其他审计程序。	
F	10. 检查财务费用是否已按照企业会计准则的规定在财务报表中作出恰当的列报。	

任务5　权益性筹资审计

一、实收（股本）资本审计

1. 审计目标与认定对应关系表

审计目标	财务报表认定				
	存在	完整性	权利和义务	计价和分摊	列报
A. 资产负债表中记录的实收资本（股本）是存在的。	√				
B. 所有应当记录的实收资本（股本）均已记录，实收资本（股本）的增减变动符合法律、法规和合同、章程的规定。		√			
C. 实收资本（股本）以恰当的金额包括在财务报表中。				√	
D. 实收资本（股本）已按照企业会计准则的规定在财务报表中作出恰当列报。					√

2. 审计目标与审计程序对应关系表

审计目标	可供选择的审计程序	索引号
C	1. 获取或编制实收资本(股本)明细表: (1)复核加计是否正确,并与报表数、总账数和明细账合计数核对是否相符。 (2)以非记账本位币出资的,检查其折算汇率是否符合规定,折算差额的会计处理是否正确。	QA2
ABC	2. 首次接受委托的客户,取得历次验资报告,将其所载明的投资者名称、投资方式、投资金额、到账时间等内容与被审计单位历次实收资本(股本)变动的账面记录、会计凭证及附件等核对。	略
AB	3. 审阅公司章程、股东(大)会、董事会会议记录中有关实收资本(股本)的规定。收集与实收资本(股本)变动有关的董事会会议纪要、股东(大)会决议、合同、协议、公司章程及营业执照,公司设立批文、验资报告等法律性文件,并更新永久性档案。	略
AC	4. 检查投入资本是否真实存在,审阅和核对与投入资本有关的原始凭证、会计记录,必要时向投资者函证实缴资本额,对有关财产和实物价值进行鉴定,以确定投入资本的真实性: (1)对于发行在外的股票,应检查股票的发行活动。检查的内容包括已发行股票的登记簿、募股清单、银行对账单、会计账面记录等。必要时,可向证券交易所和金融机构函证股票发行的数量。 (2)对于发行在外的股票,应检查股票发行费用的会计处理是否符合有关规定。	略
ACB	5. 检查出资期限、出资方式和出资额,检查投资者是否按合同、协议、章程约定的时间和方式缴付出资额,是否已经注册会计师验证。若已验资,应审阅验资报告。	略
ACB	6. 检查实收资本(股本)增减变动的原因,查阅其是否与董事会纪要、补充合同、协议及其他有关法律性文件的规定一致,逐笔追查至原始凭证,检查其会计处理是否正确。注意有无抽资或变相抽资的情况,如有,应取证核实,作恰当处理。对首次接受委托的客户,除取得验资报告外,还应检查并复印记账凭证及进账单:	略

续表

审计目标	可供选择的审计程序	索引号
ABC	(1)对于股份有限公司,应检查股票收回的交易活动。检查的内容包括已发行股票的登记簿、收回的股票、银行对账单、会计账面记录等。 (2)以发放股票股利增资的,检查股东(大)会决议,检查相关增资手续是否办理,会计处理是否正确。 (3)对于以资本公积、盈余公积和未分配利润转增资本的,应取得股东(大)会等资料,并审核是否符合国家有关规定,会计处理是否正确。 (4)以权益结算的股份支付行权时增资,取得相关资料,检查是否符合相关规定,会计处理是否正确。 (5)以回购股票以及其他法定程序报经批准减资的,检查股东(大)会决议以及相关的法律文件,手续是否办理,会计处理是否正确。 (6)中外合作经营企业在合作期间归还投资的,收集与已归还投资变动有关的公司章程、合同、董事会会议纪要、政府部门的批准文件等资料,查明其是否合规、合法,并更新永久性档案,并对已归还投资的发生额逐项审计至原始凭证,检查应用的折算汇率和会计处理是否符合相关规定。	略
D	7. 根据证券登记公司提供的股东名录,检查被审计单位及其子公司、合营企业与联营企业是否有违反规定的持股情况。	略
A	8. 检查认股权证及其有关交易,确定委托人及认股人是否遵守认股合约或认股权证中的有关规定。	略
	9. 根据评估的舞弊风险等因素增加的审计程序。	略
D	10. 检查实收资本(股本)是否已按照企业会计准则的规定在财务报表中作出恰当列报。	略

二、资本公积审计

1. 审计目标与认定对应关系表

审计目标	财务报表认定				
	存在	完整性	权利和义务	计价和分摊	列报
A. 资产负债表中记录的资本公积是存在的。	√				
B. 所有应当记录的资本公积均已记录，资本公积的增减变动符合法律、法规和合同、章程的规定。		√			
C. 资本公积以恰当的金额包括在财务报表中。				√	
D. 资本公积已按照企业会计准则的规定在财务报表中作出恰当列报。					√

2. 审计目标与审计程序对应关系表

审计目标	可供选择的审计程序	索引号
C	1. 获取或编制资本公积明细表，复核加计是否正确，并与报表数、总账数和明细账合计数核对是否相符。	QB2
ABC	2. 首次接受委托的单位，应对期初的资本公积进行追溯查验，检查原始发生的依据是否充分。	略
AB	3. 收集与资本公积变动有关的股东(大)会决议、董事会会议纪要、资产评估报告等文件资料，更新永久性档案。	略
ABCD	4. 根据资本公积明细账，对“资本(股本)溢价”的发生额逐项审查至原始凭证： (1)对股本溢价，应取得董事会会议纪要、股东(大)会决议、有关合同、政府批文，追查至银行收款等原始凭证，结合相关科目的审计，检查会计处理是否正确，注意发行股票溢价收入的计算是否已扣除股票发行费用。 (2)对资本公积转增资本的，应取得股东(大)会决议、董事会会议纪要、有关批文等，检查资本公积转增资本是否符合有关规定，会计处理是否正确。	略

续表

审计目标	可供选择的审计程序	索引号
ABCD	(3)若有同一控制下企业合并,应结合长期股权投资科目,检查被审计单位(合并方)取得的被合并方所有者权益账面价值的份额与支付的合并对价账面价值的差额计算是否正确,是否依次调整本科目、盈余公积和未分配利润。 (4)股份有限公司回购本公司股票进行减资的,检查其是否按注销的股票面值总额和所注销的库存股的账面余额,冲减资本公积。 (5)检查与发行权益性证券直接相关的手续费、佣金等交易费用的会计处理是否正确,是否将与发行权益性证券间接相关的手续费计入本账户,若有,判断是否需要被审计单位调整。	略
ACDB	5. 根据资本公积明细账,对“其他资本公积”的发生额逐项审查至原始凭证: (1)检查以权益法核算的被投资单位除净损益以外所有者权益的变动,被审计单位是否已按其享有的份额入账,会计处理是否正确,处置该项投资时,应注意是否已转销与其相关的资本公积。 (2)以自用房地产或存货转换为采用公允价值模式计量的投资性房地产,转换日的公允价值大于原账面价值的,检查其差额是否计入资本公积,处置该项投资性房地产时,原计入资本公积的部分是否已转销。 (3)将持有至到期投资重分类为可供出售金融资产,或将可供出售金融资产重分类为持有至到期投资的,是否按相关规定调整资本公积,检查可供出售金融资产的后续计量是否相应调整资本公积。 (4)以权益结算的股权支付,取得相关资料,检查在权益工具授予日和行权日的会计处理是否正确。 (5)对于在资产负债表日,满足运用套期会计方法条件的现金流量套期和境外经营净投资套期产生的利得和损失,是否进行了正确的会计处理。	略
C	6. 检查资本公积各项目,考虑对所得税的影响。	略
C	7. 记录资本公积中不能转增资本的项目。	略
	8. 根据评估的舞弊风险等因素增加的审计程序。	略
D	9. 检查资本公积是否已按照企业会计准则的规定在财务报表中作出恰当列报。	略

任务6 投资交易的实质性程序的总体要求

为确定检查风险的可接受水平,注册会计师应当考虑投资交易和余额的重要性水平,以及对管理层所实施有效性的评估。如果投资交易不具有重要性,或具有重要性但控制具有有效性,则注册会计师应将可接受的检查风险水平评估为中到高。在很多情况下,投资交易业务量很少,注册会计师通常在了解相关内部控制后,即对期末投资的存在性和账面价值实施细节测试。

一、实质性分析程序

实质性分析程序的有效性取决于企业的权益性投资和债权性投资交易及其余额的重要性。如果会计期间内投资交易的买入和卖出业务较少,注册会计师可以通过细节测试有效地获取充分适当的审计证据。

如果被审计单位持有不同类型的投资业务,如各类型的上市性投资、债券和贷款,企业应当对持有的投资组合制定政策,管理层可能使用关键业绩指标来进行管理。注册会计师应当重新计算相关比率以测试管理层所使用的关键业绩指标的有效性。如果该指标不能符合预期,注册会计师应当询问管理所采取的行动。任何偏差或未预期的趋势都应当同管理层讨论,因为它们可能表明存在潜在的错误或舞弊。

二、交易的细节测试

1.投资购入

在制造业企业或零售行业中,投资交易较少发生,审计方法通常是细节测试,然而,如果投资建议业务量非常大,注册会计师应当评估内部控制的依赖程度,复核管理层证实该复核程序是否频繁执行。注册会计师应当检查购买业务的授权情况。如果投资时通过证券交易买入的,则买入的证据是经纪人的交易清单。经纪人费用、印花税通常作为投资成本的一部分处理。注册会计师应当确信如果买入了多项投资,对经纪人费用和印花税的处理方法应遵循一贯性原则。

2. 投资卖出

注册会计师应当检查出售的授权情况。前面所述对股票交易中获得投资及获得费用在资本和收入间分配的问题同样适用于投资的卖出业务。

3. 投资收益

持有公司股票所获得的收益来源于该公司所宣告的股利。如果注册会计师已就上年度期末持有股票的存在性和所有权进行了审计,也就本年度股票的买入和卖出情况获取了审计证据,注册会计师可以确保该公司宣告的股利已经收到并记录。

如果投资数量很多,注册会计师应当从被审计单位获得清单并与总分类账和其他证据相核对。针对所有投资的已记录收益都应当在该清单中作出陈述使之有助于投资收益审计工作的开展。注册会计师对应收股利的确认工作可以从下列渠道获得:①从股票发行公司的已公布财务报表获得。②从股利报表或股利公告获得。③从报纸关于公司宣告股利的消息、证券交易官方报告或其他知名金融杂志获得。④通过直接询问股票发行公司来获得。

通常与投资相关的重要项目包括长期股权投资、投资收益审计等。下面介绍这些项目的审计。

任务7 投资项目审计

一、交易性金融资产审计

1. 审计目标与认定对应关系表

审计目标	财务报表认定				
	存在	完整性	权利和义务	计价和分摊	列报
A. 资产负债表中记录的交易性金融资产是存在的。	√				
B. 所有应当记录的交易性金融资产均已记录。		√			
C. 记录的交易性金融资产由被审计单位拥有或控制。			√		

续表

审计目标	财务报表认定				
	存在	完整性	权利和义务	计价和分摊	列报
D. 交易性金融资产以恰当的金额包括在财务报表中，与之相关的计价调整已恰当记录。				√	
E. 交易性金融资产已按照企业会计准则的规定在财务报表中作出恰当列报。					√

2. 审计目标与审计程序对应关系表

审计目标	可供选择的审计程序	索引号
D	1. 获取或编制交易性金融资产明细表： (1)复核加计正确，并与报表数、总账数和明细账合计数核对是否相符。 (2)检查非记账本位币交易性金融资产的折算汇率及折算是否正确。 (3)与被审计单位讨论以确定划分为交易性金融资产是否符合企业会计准则的规定。	ZB2
CE	2. 就被审计单位管理层将投资确定划分为交易性金融资产的意图获取审计证据，并考虑管理层实施该意图的能力。应向管理层询问，并通过下列方式对管理层的答复予以印证： (1)考虑管理层以前所述的对于划分为交易性金融资产的意图的实际实施情况。 (2)复核包括预算、会议纪要等在内的书面计划和其他文件记录。 (3)考虑管理层选择划分为交易性金融资产的理由。 (4)考虑管理层在既定经济环境下实施特定措施的能力。	略
ADE	3. 确定交易性金融资产余额正确及存在： (1)获取股票、债券、基金等账户对账单，与明细账余额核对，作出记录或进行适当调整。 (2)被审计单位人员盘点交易性金融资产，编制交易性金融资产盘点表，审计人员实施监盘并检查交易性金融资产名称、数量、票面价值、票面利率等内容，同时与相关账户余额进行核对，如有差异，查明原因，作出记录或进行适当调整。	ZB3 ZB4 ZB5

续表

审计目标	可供选择的审计程序	索引号
ADE	(3)如交易性金融资产在审计工作日已售出或兑换,则追查至相关原始凭证,以确认其在资产负债表日存在。 (4)在外保管的交易性金融资产等应查阅有关保管的文件,必要时可向保管人函证,复核并记录函证结果。了解在外保管的交易性金融资产实质上是否为委托理财,如是,则应详细记录,分析资金的安全性和可收回性,提请被审计单位重新分类,并充分披露。	ZB6 ZB7
BC	4.确定交易性金融资产的会计记录是否完整,并确定所购入交易性金融资产归被审计单位所拥有: (1)取得有关账户流水单,对照检查账面记录是否完整,检查购入交易性金融资产是否为被审计单位拥有。 (2)向相关机构发函,并确定是否存在变现限制,同时记录函证过程。	略
D	5.确定交易性金融资产的计价是否正确: (1)复核交易性金融资产计价方法,检查其是否按公允价值计量,前后期是否一致。 (2)复核公允价值取得依据是否充分,公允价值与账面价值的差额是否计入公允价值变动损益科目。	ZB8
ABD	6.抽取交易性金融资产增减变动的相关凭证,检查其原始凭证是否完整合法,会计处理是否正确: (1)抽取交易性金融资产增加的记账凭证,注意其原始凭证是否完整合法,成本、交易费用和相关利息或股利的会计处理是否符合规定。 (2)抽取交易性金融资产减少的记账凭证,检查其原始凭证是否完整合法,会计处理是否正确;注意出售交易性金融资产时其成本结转是否正确。	
C	7.检查有无变现存在重大限制的交易性金融资产,如有,则查明情况,并作适当调整。	略
	8.针对识别的舞弊风险等因素增加的审计程序。	略
E	9.检查交易性金融资产检查是否已按照企业会计准则的规定在财务报表中作出恰当列报。	略

审计人员对利华公司2010年度的资产负债表中"交易性金融资产"项目进行审计。该公司仅持有B公司股票短期投资。该股票于2010年10月购入,共计50 000股,每股面值10元,购买价15元,支付佣金及手续费10 000元,实际付款760 000元,实际价款中包含已宣告但尚未发放的现金股利30 000元。利华公司的账务处理如下:

借:交易性金融资产——成本　　730 000
　投资收益　　30 000
　贷:银行存款　　760 000

2010年末,B公司股票市价上升为每股16元,利华公司资产负债表中"交易性金融资产"列示为730 000元。

要求:分析上述情况存在的问题,并提出调整意见。

分析:审计人员认为利华公司存在以下问题:

(1)购买股票中包含的已宣告未发放的现金股利30 000元,应计入"应收股利",不应冲减"投资收益"。利华公司的会计处理,导致收益和资产虚减。应调整如下:

借:应收股利　　30 000
　贷:投资收益　　30 000

(2)手续费及佣金应冲减"投资收益",不应计入"交易性金融资产",该公司的会计处理导致收益及资产虚增。应调整如下:

借:投资收益　　10 000
　贷:交易性金融资产——成本　　10 000

(3)2010年末,应将交易性金融资产的账面价值(720 000元)与公允价值(800 000元)的差额进行调整,而该公司未做调整,导致收益及资产虚减。应调整如下:

借:交易性金融资产——公允价值变动　　80 000
　贷:公允价值变动损益　　80 000

二、长期股权投资

1. 审计目标与认定对应关系表

审计目标	财务报表认定				
	存在	完整性	权利和义务	计价和分摊	列报
A. 资产负债表中记录的长期股权投资是存在的。	√				
B. 所有应当记录的长期股权投资均已记录。		√			
C. 记录的长期股权投资由被审计单位拥有或控制。			√		
D. 长期股权投资以恰当的金额包括在财务报表中，与之相关的计价调整已恰当记录。				√	
E. 长期股权投资已按照企业会计准则的规定在财务报表中作出恰当列报。					√

2. 审计目标与审计程序对应关系表

审计目标	可供选择的审计程序	索引号
D	1. 获取或编制长期股权投资明细表，复核加计是否正确，并与总账数和明细账合计数核对是否相符；结合长期股权投资减值准备科目与报表数核对是否相符。	ZM2
ADCE	2. 确定长期股权投资是否存在，并归被审计单位所有；根据管理层的意图和能力，分类是否正确；针对各分类，其计价方法、期末余额是否正确： （1）根据有关合同和文件，确认长期股权投资的股权比例和时间，检查长期股权投资核算方法是否正确；取得被投资单位的章程、营业执照、组织机构代码证等资料。 （2）分析被审计单位管理层的意图和能力，检查有关原始凭证，验证长期股权投资分类的正确性（分为对子公司、联营企业、合营企业和其他企业的投资四类），是否不包括应由金融工具确认和计量准则核算的长期股权投资。 （3）对于应采用权益法核算的长期股权投资，获取被投资单位已经 CPA 审计的年度财务报表，如果未经 CPA 审计，则应考虑对被投资单位的财务报表实施适当的审计或审阅程序。	略

续表

审计目标	可供选择的审计程序	索引号
ADCE	①复核投资损益时,根据重要性原则,应以取得投资时被投资单位各项可辨认资产的公允价值为基础,对被投资单位的净损益进行调整后加以确认。被投资单位采用的会计政策及会计期间与被审计单位不一致的,应当按照被审计单位的会计政策及会计期间对被投资单位的财务报表进行调整,据以确认投资损益,并作出详细记录; ②将重新计算的投资损益与被审计单位计算的投资损益相核对,如有重大差异,查明原因,并做适当调整; ③关注被审计单位在其被投资单位发生净亏损或以后期间实现赢利时的会计处理是否正确; ④检查除净损益以外被投资单位所有者权益的其他变动,是否调整计入所有者权益。 (4)对于采用成本法核算的长期股权投资,检查股利分配的原始凭证及分配决议等资料,确定会计处理是否正确;对被审计单位实施控制而采用成本法核算的长期股权投资,比照权益法编制变动明细表,以备合并报表使用。 (5)对于成本法和权益法相互转换的,检查其投资成本的确定是否正确。	略
ABD	3.确定长期股权投资增减变动的记录是否完整: (1)检查本期增加的长期股权投资,追查至原始凭证及相关的文件或决议及被投资单位验资报告或财务资料等,确认长期股权投资是否符合投资合同、协议的规定,会计处理是否正确(根据企业合并形成、企业合并以外其他方式取得的长期股权投资分别确定初始投资成本); (2)检查本期减少的长期股权投资,追查至原始凭证,确认长期股权投资的处理有合理的理由及授权批准手续,会计处理是否正确。	略
D	4.期末对长期股权投资进行逐项检查,以确定长期股权投资是否已经发生减值: (1)核对长期股权投资减值准备本期与以前年度计提方法是否一致,如有差异,查明政策调整的原因,并确定政策改变对本期损益的影响,提请被审计单位作适当披露。 (2)对长期股权投资进行逐项检查,根据被投资单位经营政策、法律环境、市场需求、行业及赢利能力等的各种变化判断长期股权投资是否存在减值迹象。当长期股权投资可收回金额低于账面价值时,应将可收回金额低于账面价值的差额作为长期股权投资减值准备予以计提,并应与被审计单位已计提数相核对,如有差异,查明原因。	略

续表

审计目标	可供选择的审计程序	索引号
D	(3)将本期减值准备计提金额与利润表资产减值损失中的相应数字进行核对。 (4)长期股权投资减值准备按单项资产计提,计提依据是否充分,是否得到适当批准。	略
ABD	5. 检查通过发行权益性证券、投资者投入、企业合并等方式取得的长期股权投资的会计处理是否正确。	略
D	6. 对于长期股权投资分类发生变化的,检查其核算是否正确	略
CE	7. 结合银行借款等的检查,了解长期股权投资是否存在质押、担保情况。如有,则应详细记录,并提请被审计单位进行充分披露。	
CE	8. 与被审计单位人员讨论确定是否存在被投资单位由于所在国家和地区及其他方面的影响,其向被审计单位转移资金的能力受到限制的情况。如存在,应详细记录受限情况,并提请被审计单位充分披露。	略
E	9. 检查长期股权投资的列报是否恰当: (1)子公司、合营企业和联营企业清单,包括企业名称、注册地、业务性质、投资企业的持股比例和表决权比例。 (2)合营企业和联营企业当期的主要财务信息,包括资产、负债、收入、费用等的合计金额。 (3)被投资单位向投资企业转移资金的能力受到严格限制的情况。 (4)当期及累计未确认的投资损失金额。 (5)与对子公司、合营企业及联营企业投资相关的或有负债。	略

【实训项目】对银河公司筹资进行测试

【实训要求】

1. 假设所有问题都超过重要性水平,指出存在的问题并进行相应的调整。

2. 编制银河公司“实收资本审计表”。

【资料】

注册会计师邹翔2010年2月11日在银河公司2009年财务报表进行审计时，从银河集团的会计账簿、凭证、报表及有关记录中，除发现以下问题，其他审核无误。

1. 在审计实收资本时，发现2009年该公司由于扩大生产经营的需要，吸收了新的投资——大地实业有限公司的投资。投资前银河公司的账面价值如下：实收资本50 000 000元（欣欣公司和阳光公司各占50%），资本公积10 000 000元，盈余公积8 000 000元，未分配利润2 000 000元。协议规定：大地公司投资14 000 000元，已全部存入银行。该公司账务处理为：

借：银行存款　　14 000 000

　　贷：实收资本　　14 000 000

2. 2009年经批准该公司出资1 000 000元成立一家全资子公司——名新公司，注册资本已到位，名新公司账务处理为：

借：银行存款　　1 000 000

　　贷：实收资本——银河公司　　1 000 000

但邹翔在审计往来账时却发现，名新公司成立不久之后，根据一张转账支票存根，作了如下账务处理：

借：其他应付款——银河公司　　1 000 000

　　贷：银行存款　　1 000 000

经查实，银河公司和名新公司无其他业务往来存在。

3. 年末发现银河公司和名新公司划款1 170 000元给名新公司，银河公司账面无反映，只是在银行对账单中发现该笔款项是东方公司支付的货款，而在名新公司账上其账务处理为：

借：银行存款　　1 170 000

　　贷：主营业务收入　　1 000 000

　　　　应交税金——应交增值税（销项税）　　170 000

询问时银河公司财务经理称，该笔款项实属名新公司的货款，误入集团公司账号，故未入账而直接转入了名新公司账号。审计人员继续审计名新公司该笔收入的成本，发现其已正常结转成本913 600元，但在审计库存商品账时却发现该批商品属单未到的商品，当初系暂估入账，但却未见其下月初用红字冲回。于是询问财务经理，回答说已冲回，并将冲减的应付账款明细账翻给审计人员查看，确实如此。但当审计人员继续查阅其会计凭证时，却发现其账务处理为：

借:应付账款——暂估应付账款　　913 600

　　贷:资本公积　　913 600

4. 银河公司对名新公司的投资采用成本法,名新公司2006年净利润300 000元,银河公司对分得的利润150 000元,作如下账务处理:

借:银行存款　　150 000

　　贷:资本公积　　150 000

实收资本审定表

被审计单位名称 ______________

审计项目 ______________

会计期间或截止日 ______________

	签　名	日　期	索引号
编制人			
复核人			页次

单位:元

索引号	项　目	金　额		备　注
		应缴数	实缴数	
审计说明:				
审计标识说明:				
审计结论:				

一、存在的问题

1. 大地公司投入资本超过应投入的注册资本(12 500 000 元)的部分应计入"资本公积",所以应调整:

借:实收资本　　1 500 000

　　贷:资本公积　　1 500 000

此外,大地公司少投资 160 万元。因银河公司原有资本公积 10 000 000 元,盈余公积 8 000 000 元,未分配利润 2 000 000 元,大地公司也必须追加投资:(20 000 000/80%)×20% =500(万元),因大地公司已追加 150 万元,故还应追加投资 350 万元才公平。

2. 从名新公司两笔经济业务可以看出,银河公司的投资可能是假投资。该公司在名新公司成立不久又收回了投资,使名新公司成了一个空壳公司。名新公司应尽快追回投资。

3. 很显然,银河公司成立一个假的全资子公司就是要转移其利润,达到少交所得税的目的。注册会计师工作底稿上对名新公司应进行如下调整:

借:主营业务收入　　1 000 000

　　应交税金——应交增值税(销项税)　　170 000

　　贷:其他应付款——银河公司　　1 170 000

同时:

借:资本公积　　913 600

　　贷:主营业务成本　　913 600

4. 问题一,银河公司对名新公司的投资选用的会计核算方法不当,不应采用成本法,而应采用权益法;问题二,其账务处理有误。应调整:

借:长期股权投资　　63 600

　　资本公积　　150 000

　　贷:投资收益　　213 600

注:结转调整一般汇总调,此处略。

问题三,虚构收入、虚转成本、虚构利润、虚转往来、虚增资本公积。

二、"实收资本审定表"见下表。

实收资本审定表

被审计
单位名称 银河集团公司

审计项目 实收资本

会计期间
或截止日 2009 年 12 月 31 日

	签 名	日 期	索引号
编制人	邹翔	2010.2.11	H1
复核人			页次
			1

单位:元

索引号	项 目	金 额		备 注
		应缴数	实缴数	
Z5	未审数		64 000 000 G	
	欣欣公司	25 000 000	25 000 000 S	
	阳光公司	25 000 000	25 000 000 S	
	大地公司	12 500 000	14 000 000 S	
	调整数		-1 500 00	
	审定数	62 500 00	62 500 000	

审计说明:

审计标识说明:

G:与总分类账核对一致

S:与明细分类账核对一致

审计结论:

经调整后金额可以确认。

一、单项选择题

1. 注册会计师执行的下列各项审计程序中，最能够证实杰曼公司长期借款完整性的是(　　)。

A. 根据长期借款明细账，追查有关借款的原始凭证

B. 向杰曼公司所有的银行发函询证

C. 将长期借款明细汇总表与明细账和总账核对

D. 检查借款利息与本金是否相符

2. 下列有关对筹资活动实施的审计程序的表述中，正确的是(　　)。

A. 股东权益增减变动的业务较少而金额较大，在审计中注册会计师一般无须对其内部控制进行了解而直接执行实质性程序

B. 考虑到严格的监管环境和董事会针对筹资活动设计的严格控制，注册会计师应当将重大错报风险评估为低水平

C. 如果被审计单位是国际资本市场上的大型公众公司，由于有良好的内部控制，注册会计师应将与筹资交易和余额有关的重大错报风险评估为低水平

D. 注册会计师对有限数量的筹资交易实施了实质性程序，同时也需要对控制活动进行记录以识别可能产生的重大错报风险，以确保实施的实质性审计程序能够恰当应对所识别的重大错报风险

3. A 公司购入一固定资产，该固定资产的说明书上标明的使用期限是 10 年，公司根据以往经验，此类固定资产一般使用 5 年左右就要报废，而根据税法规定，该类固定资产可以享受最低 3 年折旧的税收优惠，在会计核算上该固定资产的折旧年限最合适的是(　　)。

A. 10 年　　B. 5 年　　C. 3 年　　D. 6 年

4. 如果被审计单位的投资证券是委托某些专门机构代为保管的，为证实这些投资证券的真实存在，注册会计师首选的程序是(　　)。

A. 实地盘点投资证券　　B. 获取被审计单位管理层声明

C. 向代保管机构发函询证　　D. 逐笔检查被审计单位相关会计记录

5. 下列关于投资活动的内部控制的说法不正确的是(　　)。

A. 业务的会计记录以及投资资产的保管应该岗位分离

B. 企业自行保管,可以由一人进行控制,单独接触证券

C. 应由内部审计人员或不参与投资业务的其他人员进行定期盘点

D. 由独立的专门机构保管,可以防止各种证券及单据的失窃或毁损,并且由于它与投资业务的会计记录工作完全分离,可以大大降低舞弊的可能性

6. B 注册会计师在对乙公司的投资活动进行审计时,应关注的重要内部控制制度是(　　)。

A. 公司发行股票、宣布发放股息等业务的批准手续

B. 债券投资业务活动中业务授权、执行、会计记录和投资资产的保管等方面的明确分工

C. 投资资产计价方法正确,期末余额正确

D. 投资在资产负债表上的披露正确

二、多项选择题

1. 下列说法中不正确的有(　　)。

A. 由于函证短期借款可以证实企业未入账的债务,所以函证短期借款是注册会计师在执行短期借款审计时必须执行的程序

B. 公司筹集资金可以通过发行债券或股票的方式,如果发行股票筹集资金,由财务部门提交方案经过公司最高权力机构批准即可发行

C. 注册会计师应在期末短期借款余额较大或认为必要时向银行或其他债权人函证短期借款

D. 公司发行股票必须经公司最高权力机构及国家有关管理部门批准并符合国家有关法规或企业章程的规定方可发行

2. H 注册会计师计划测试 C 公司 2010 年末银行长期借款余额的完整性。以下审计程序中,可能实现该审计目标的有(　　)。

A. 了解银行对 C 公司的授信情况

B. 检查长期银行借款明细账中本年新增借款的银行进账单

C. 向提供长期银行借款的银行寄发银行询证函

D. 重新计算并分析 2010 年度长期借款利息

3. 注册会计师审查企业长期借款抵押资产时,应查明(　　)。

A. 抵押资产的所有权是否属于企业

B. 抵押资产的价值状况与抵押契约是否一致

C. 抵押资产的账面原值是否属实

D. 抵押资产的情况是否在资产负债表的附注中予以披露

4. 注册会计师李明在检查 ABC 公司本期财务费用时，比较本期各月财务费用，发现下半年财务费用明显比上半年增加，下列情况能解释这一现象的有（　　）。

A. ABC 公司在当期 6 月份采用分期付款的方式购买了一批商品

B. 在 9 月份公司账面显示为扩大生产线融资租入一台设备

C. 由于下半年资金短缺，ABC 公司不再享受供应商的现金折扣政策

D. 由于次年需要增加进口原料采购量，公司借入较多的外汇

5. 为证实被审计单位是否存在未入账的长期借款业务，注册会计师可选用的测试程序有（　　）。

A. 函证银行存款余额的同时函证负债业务

B. 分析财务费用，确定付款利息是否异常高

C. 向被审计单位索取债务声明书

D. 审查一年内到期的长期借款是否列示在流动负债类项目下

6. 下列有关短期借款实质性程序的说法中正确的有（　　）。

A. 注册会计师应在期末对所有的短期借款进行函证

B. 对年度内减少的短期借款，注册会计师应检查相关记录和原始凭证，核实还款数额

C. 注册会计师应根据短期借款的利率和期限，复核被审计单位短期借款的利息计算是否正确

D. 如果被审计单位有外币短期借款，注册会计师应检查外币短期借款的增减变动是否按业务发生时的市场汇率或期初市场汇率折合为记账本位币金额

7. A 注册会计师作为 X 公司 2010 年度财务报表的审计项目负责人，在对借款进行审计时，审计工作底稿中有以下审计结论，正确的有（　　）。

A. 用短期借款购建的固定资产，建议将其达到预定可使用状态前的短期借款利息按照会计准则规定予以资本化

B. 用长期借款购建的固定资产，建议将其交付使用前的长期借款利息予以资本化

C. 为购建固定资产发行债券支付的发行费用大于资金冻结期间产生的利息收入的部分，建议将其差额直接记入“在建工程”

D. 为购建固定资产发行债券支付的发行费用小于资金冻结期间产生的

利息收入的部分,建议将其作为溢价收入处理

8. 下列可以实现对筹资交易发生认定的控制测试有(　　)。

A. 索取借款的授权批准文件,检查审批手续是否齐全

B. 检查支持借款记录的原始凭证

C. 询问会计科目表的使用情况

D. 检查借款合同或协议

9. 投资与筹资循环审计中,注册会计师针对被审计单位实收资本增减变动的情况,应具体采取的措施包括(　　)。

A. 事先询问所有债务人,债务人无异议

B. 查阅其是否与董事会纪要、补充合同、协议及其他有关法律性文件的规定一致

C. 逐笔追查至原始凭证、检查其会计处理是否正确

D. 对首次接受委托的客户,除取得验资报告外,还应检查并复印记账凭证及进账单

10. 下列有关筹资相关控制测试的说法正确的有(　　)。

A. 如果企业应付债券业务不多,注册会计师可根据成本效益原则采取综合性方案

B. 除非注册会计师对管理层的诚信产生疑虑,否则重大错报风险一般应当评估为低水平

C. 如果检查风险的可接受水平较高,注册会计师应主要采用实质性分析程序和有限的细节测试

D. 如果注册会计师拟依赖内部控制,则应实施控制测试

项目9　货币资金审计

知识目标：

通过本项目的学习，使学生了解货币资金的关键内部控制，学会货币资金的重大错报风险的评估，懂得货币资金相关项目的实质性程序。

技能目标：

通过本项目学习，让学生学会库存现金和银行存款的质性测试工作。

引导案例：

某公司出纳员小王由于刚参加工作不久，对于货币资金业务管理和核算的相关规定不甚了解，所以出现了一些不应有的错误，有两件事情让他印象深刻，至今记忆犹新。第一件事是在2010年6月8日和10日两天的现金业务结束后例行的现金清查中，分别发现现金短缺50元和现金溢余20元的情况，对此他经过反复思考也弄不明白原因。为了保全自己的面子和息事宁人，同时又考虑到两次账实不符的金额又很小，他决定采取下列办法进行处理：现金短缺50元，自掏腰包补齐；现金溢余20元，暂时收起。第二件事是公司经常对银行存款的实有数额心中无数，甚至会影响到公司日常业务的核算，公司经理因此指派有关人员检查了一下小王的工作，结果发现，他每次编制银行存款余额调节表时，只根据公司银行存款日记账的余额加或减对账单中企业的未达账款项来确定公司银行存款的实有数，而且每次做完此项工作以后，小王就立即将这些未入账的款项登记入账。

小王对上述两项业务的处理是否正确？为什么？你能给出正确的答案吗？

货币资金是企业资产的重要组成部分，是企业资产中流动性最强的一种资产。任何企业进行生产经营活动都必须拥有一定数额的货币资金,持有货币资金是企业生产经营活动的基本条件,可能关乎企业的命脉。货币资金主要来源于资本的投入和营业收入,主要用于资产的取得和费用的结付。总的来说,只有保持健康的、正的现金流,企业才能够继续生存;如果出现现金流逆转迹象,产生了不健康的、负的现金流,长此以往,企业将会陷入财务困境,并导致对企业的持续经营能力产生疑虑。

根据货币资金存放地点及用途的不同,货币资金分为库存现金、银行存款及其他货币资金。

任务1　货币资金的内部控制测试

货币资金(以现销收入为例)业务的控制目标、关键内控和测试一览表

内控目标	关键内控	常用控制测试
登记入账的现金收入确定为企业已经实际收到的现金(存在性)	1. 现金出纳与现金记账的岗位分离;	1. 观察;
	2. 现金折扣必须经过适当的审批手续。	2. 检查现金折扣是否经过恰当的审批。
收到的现金收入已全部登记入账(完整性)	1. 现金出纳与现金记账的岗位分离;	1. 观察;
	2. 每日及时记录现金收入;	2. 检查是否存在未入账的现金收入;
	3. 定期向顾客寄送对账单;	3. 检查是否向顾客寄送对账单,了解是否定期进行;
	4. 现金收入记录的内部复核。	4. 检查复核标记。
已经收到的现金确实为企业所有(权利和义务)	定期盘点现金并与账面余额核对。	检查是否定期盘点,检查盘点记录。

续表

内控目标	关键内控	常用控制测试
登记入账的现金已经如数存入银行并登记入账(计价和分摊)	1. 定期取得银行对账单; 2. 编制银行存款余额调节表。	检查银行对账单和银行存款余额调节表。
现金收入在资产负债表上的披露正确(列报)	现金日记账与总账的登记职责分开。	观察。

任务2 货币资金的实质性程序

一、审计目标与认定对应关系表

审计目标	财务报表认定				
	存在	完整性	权利和义务	计价和分摊	列报
A. 资产负债表中记录的货币资金是存在的。	√				
B. 应当记录的货币资金均已记录。		√			
C. 记录的货币资金由被审计单位拥有或控制。			√		
D. 货币资金以恰当的金额包括在财务报表中,与之相关的计价调整已恰当记录。				√	
E. 货币资金已按照企业会计准则的规定在财务报表中作出恰当列报。					√

二、审计目标与审计程序对应关系表

(一)库存现金

审计目标	可供选择的审计程序	索引号
D	1. 核对库存现金日记账与总账的金额是否相符,检查非记账本位币库存现金的折算汇率及折算金额是否正确。	略
ABDC	2. 监盘库存现金: (1)制订监盘计划,确定监盘时间; (2)将盘点金额与现金日记账余额进行核对,如有差异,应要求被审计单位查明原因并作适当调整,如无法查明原因,应要求被审计单位按管理权限批准后作出调整; (3)在非资产负债表日进行盘点时,应调整至资产负债表日的金额; (4)若有充抵库存现金的借条、未提现支票、未作报销的原始凭证,需在盘点表中注明,如有必要应作调整。(特别关注数家公司混用现金保险箱的情况)	ZA1-1
ABD	3. 抽查大额库存现金收支。检查原始凭证是否齐全,记账凭证与原始凭证是否相符,账务处理是否正确,是否记录于恰当的会计期间等项内容。	ZA2-6
	4. 根据评估的舞弊风险等因素增加的其他审计程序。	

库存现金监盘表

被审计单位:________	索引号:________
项目:________	财务报表截止日/期间:________
编制:________	复核:________
日期:________	日期:________

检查盘点记录				实有库存现金盘点记录				
项　目	项　次	人民币	某外币	面　额	人民币		某外币	
上一日账面库存余额	①				张	金额	张	金额
盘点日未记账传票收入金额	②							

续表

<table>
<tr><td colspan="2">检查盘点记录</td><td></td><td></td><td></td><td colspan="5">实有库存现金盘点记录</td></tr>
<tr><td colspan="2">项　目</td><td>项　次</td><td>人民币</td><td>某外币</td><td>面　额</td><td colspan="2">人民币</td><td colspan="2">某外币</td></tr>
<tr><td colspan="2">盘点日未记账传票支出金额</td><td>③</td><td></td><td></td><td></td><td>张</td><td>金额</td><td>张</td><td>金额</td></tr>
<tr><td colspan="2">盘点日账面应有金额</td><td>④=①+②-③</td><td></td><td></td><td></td><td></td><td></td><td></td><td></td></tr>
<tr><td colspan="2">盘点实有库存现金数额</td><td>⑤</td><td></td><td></td><td></td><td></td><td></td><td></td><td></td></tr>
<tr><td colspan="2">盘点日应有与实有差异</td><td>⑥=④-⑤</td><td></td><td></td><td></td><td></td><td></td><td></td><td></td></tr>
<tr><td rowspan="6">差异原因分析</td><td>白条抵库(张)</td><td></td><td></td><td></td><td></td><td></td><td></td><td></td><td></td></tr>
<tr><td></td><td></td><td></td><td></td><td></td><td></td><td></td><td></td><td></td></tr>
<tr><td></td><td></td><td></td><td></td><td></td><td></td><td></td><td></td><td></td></tr>
<tr><td></td><td></td><td></td><td></td><td></td><td></td><td></td><td></td><td></td></tr>
<tr><td></td><td></td><td></td><td></td><td></td><td></td><td></td><td></td><td></td></tr>
<tr><td></td><td></td><td></td><td></td><td>合计</td><td></td><td></td><td></td><td></td></tr>
<tr><td rowspan="5">追溯调整</td><td colspan="2">报表日至审计日库存现金付出总额</td><td></td><td></td><td></td><td></td><td></td><td></td><td></td></tr>
<tr><td colspan="2">报表日至审计日库存现金收入总额</td><td></td><td></td><td></td><td></td><td></td><td></td><td></td></tr>
<tr><td colspan="2">报表日库存现金应有余额</td><td></td><td></td><td></td><td></td><td></td><td></td><td></td></tr>
<tr><td colspan="2">报表日账面汇率</td><td></td><td></td><td></td><td></td><td></td><td></td><td></td></tr>
<tr><td colspan="2">报表日余额折合本位币金额</td><td></td><td></td><td></td><td></td><td></td><td></td><td></td></tr>
<tr><td colspan="3"></td><td></td><td></td><td></td><td></td><td></td><td></td><td></td></tr>
<tr><td colspan="3"></td><td></td><td></td><td></td><td></td><td></td><td></td><td></td></tr>
<tr><td colspan="3">本位币合计</td><td></td><td></td><td></td><td></td><td></td><td></td><td></td></tr>
</table>

出纳员：　　会计主管人员：　　监盘人：　　检查日期：

审计说明：

(二)银行存款审计

银行存款		
D	1. 获取或编制银行存款余额明细表: (1)复核加计是否正确,并与总账数和日记账合计数核对是否相符; (2)检查非记账本位币银行存款的折算汇率及折算金额是否正确。	ZA2-1
ABD	2. 计算银行存款累计余额应收利息收入,分析比较被审计单位银行存款应收利息收入与实际利息收入的差异是否恰当,评估利息收入的合理性,检查是否存在高息资金拆借,确认银行存款余额是否存在,利息收入是否已经完整记录。	略
AC	3. 检查银行存单: 编制银行存单检查表,检查是否与账面记录金额一致,是否被质押或限制使用,存单是否为被审计单位所拥有。 (1)对已质押的定期存款,应检查定期存单,并与相应的质押合同核对,同时关注定期存单对应的质押借款有无入账; (2)对未质押的定期存款,应检查开户证实书原件; (3)对审计外勤工作结束日前已提取的定期存款,应核对相应的兑付凭证、银行对账单和定期存款复印件。	ZA2-2
ABD	4. 取得并检查银行存款余额调节表: (1)取得被审计单位的银行存款余额对账单,并与银行询证函回函核对,确认是否一致,抽样核对账面记录的已付票据金额及存款金额是否与对账单记录一致。 (2)获取资产负债表日的银行存款余额调节表,检查调节表中加计数是否正确,调节后银行存款日记账余额与银行对账单余额是否一致。 (3)检查调节事项的性质和范围是否合理: ①检查是否存在跨期收支和跨行转账的调节事项。编制跨行转账业务明细表,检查跨行转账业务是否同时对应转入和转出,未在同一期间完成的转账业务是否反映在银行存款余额调节表的调整事项中; ②检查大额在途存款和未付票据: 检查在途存款的日期,查明发生在途存款的具体原因,追查期后银行对账单存款记录日期,确定被审计单位与银行记账时间差异是否合理,确定在资产负债表日是否需审计调整;	ZA2-3

续表

银行存款		
ABD	检查被审计单位的未付票据明细清单，查明被审计单位未及时入账的原因，确定账簿记录时间晚于银行对账单的日期是否合理； 检查被审计单位未付票据明细清单中是否有记录，但截止资产负债表日银行对账单无记录且金额较大的未付票据，获取票据领取人的书面说明。确认资产负债表日是否需要进行调整； 检查资产负债表日后银行对账单是否完整地记录了调节事项中银行未付票据金额。 (4)检查是否存在未入账的利息收入和利息支出。 (5)检查是否存在其他跨期收支事项。 (6)(当未经授权或授权不清支付货币资金的现象比较突出时)检查银行存款余额调节表中支付异常的领款(包括没有载明收款人)、签字不全、收款地址不清、金额较大票据的调整事项，确认是否存在舞弊。	略
AC	5. 函证银行存款余额，编制银行函证结果汇总表，检查银行回函： (1)向被审计单位在本期存过款的银行发函，包括零账户和账户已结清的银行； (2)确定被审计单位账面余额与银行函证结果的差异，对不符事项作出适当处理。	ZA2-4 ZA2-5
C	6. 检查银行存款账户存款人是否为被审计单位，若存款人非被审计单位，应获取该账户户主和被审计单位的书面声明，确认资产负债表日是否需要调整。	ZA2-1
CE	7. 关注是否存在质押、冻结等对变现有限制或存在境外的款项。是否已作必要的调整和披露。	ZA2-1
E	8. 对不符合现金及现金等价物条件的银行存款在审计工作底稿中予以列明，以考虑对现金流量表的影响。	ZA2-1 ZA2-2
ABD	9. 抽查大额银行存款收支的原始凭证，检查原始凭证是否齐全、记账凭证与原始凭证是否相符、账务处理是否正确、是否记录于恰当的会计期间等项内容。检查是否存在非营业目的的大额货币资金转移，并核对相关账户的进账情况；如有与被审计单位生产经营无关的收支事项，应查明原因并作相应的记录。	ZA2-6

续表

银行存款		
BA	10. 检查银行存款收支的截止日期是否正确。选取资产负债表日前后____张、____金额以上的凭证实施截止测试,关注业务内容及对应项目,如有跨期收支事项,应考虑是否应进行调整。	略
	11. 根据评估的舞弊风险等因素增加的其他审计程序。	

银行存款余额调节表

年　月　日

编制人:　日期:　索引号:

复核人:　日期:　页次:

户别:　　　　币别:

项　目

银行对账单余额(　年　月　日)

加:企业已收,银行尚未入账金额

其中:1. ____________元

2. ____________元

减:企业已付,银行尚未入账金额

其中:1. ____________元

2. ____________元

调整后银行对账单金额

企业银行存款日记账金额(　年　月　日)

加:银行已收,企业尚未入账金额

其中:1. ____________元

2. ____________元

减:银行已付,企业尚未入账金额

其中:1. ____________元

2. ____________元

调整后企业银行存款日记账金额

经办会计人员:(签字)　　会计主管:(签字)

银行询证函

编号：

××(银行)：

本公司聘请的××会计师事务所正在对本公司××年度财务报表进行审计,按照中国注册会计师审计准则的要求,应当询证本公司与贵行相关的信息。下列信息出自本公司记录如与贵行记录相符,请在本函下端“信息证明无误”处签章证明;如有不符,请在“信息不符”处列明不符,项目及具体内容;如存在与本公司有关的未列入本函的其他重要信息,也请在“信息不符”处列出其详细资料。回函请直接寄至××会计师事务所。

回函地址：

邮编：　　　电话：　　　传真：　　　联系人：

截至××年×月×日止,本公司与贵行相关的信息列示如下：

1. 银行存款

账户名称	银行账号	币 种	利 率	余 额	起止日期	是否被质押或用于担保或存在其他限制	备 注

除上述列示的银行存款外,本公司并无在贵行的其他存款。

注:“起止日期”一栏今适用于定期存款,如为活期或保证金存款,可只填写“活期”或“保证金”的字样。

2. 银行借款

账户名称	币 种	余 额	借款日期	还款日期	利 率	其他借款条件	抵(质)押品/担保人	备 注

除上述列示的银行借款外,本公司并无自贵行的银行借款。

注:此项仅函证截至资产负债表日本公司尚未归还的借款。

3. 截至函证日之前12个月内注销的账户

账户名称	银行账号	币　种	注销账户日

除上述列示的账户外，本公司并无截至函证日之前12个月内在贵行注销的其他账户。

（公司盖章）

年　　月　　日

以下仅供被函证银行使用

结论：1. 信息证明无误。

（银行盖章）

年　　月　　日

经办人：

2. 信息不符，请列出不符项目及具体内容（其他未在本函列出的项目，请列出金额及其详细资料）。

（银行盖章）

年　　月　　日

经办人：

货币资金审计

【实训一】对现金是否存在进行测试。

【要求】

1. 编制“库存现金盘点表”。
2. 指出银河公司现金管理中存在的问题。
3. 编制“现金审定表”。

【资料】

注册会计师邹翔2010年2月11日在对银河公司2009年财务报表进行审计时,2009年12月31日,报表数为46 478元。其助理人员王东于2月13日下午5:00对该单位的库存现金进行了监盘,其情况如下:

当天的现金总账余额和现金日记账余额都为45 998元,清点结果如下:

1. 现金实有数:100元币255张;50元币200张;20元币302张;10元币60张;5元币10张;2元币4张。

2. 在保险柜内发现下列凭证,已经付款尚未制证入账:

(1)零星收入2 300元尚未入账;

(2)职工李红1月15日借差旅费2 000元,已经领导批准;

(3)职工赵东借款条一张,日期为1月6日,金额1 500元,未经批准,也没有说明用途。

3. 待领工资548元,单独包封(100元5张;20元2张;2元4张)。

4. 银行核定库存现金限额为30 000元。

5. 本年1月1日至盘点日2月13日止累计现金收入153 200元;累积现金支出153 380元,经审核无误。

6. 12月22日开出转账支票400元付给往来单位,因漏盖负责人图章退回,后以现金付讫,对此退回单位账面未作处理。

7. 该单位现金只有人民币。除库存现金盘点中发现的问题外,其他经审计无误。

参考答案:

1. 库存现金盘点表如下:

库存现金盘点表

客户:银河公司　编制:王东　日期:2010年2月13日　索引号:A1-1-1

项目:货币资金　复核:　日期:　页次:1

会计期间:2009年12月31日

盘点日期:2010年2月13日

检查现金盘点记录				实有现金盘点记录				
项　目	项次	人民币	美元	面　值	人民币		美　元	
					张	金　额	张	金　额
上一日账面库存余额		45 998		1 000元				
盘点日未记账传票收入金额		2 300		500元				

续表

检查现金盘点记录				实有现金盘点记录				
项目	项次	人民币	美元	面值	人民币		美元	
					张	金额	张	金额
盘点日未记账传票支出金额		2 000		100 元	255	25 500		
盘点日账面应有金额		46 298		50 元	200	10 000		
盘点实有现金数额		42 198		20 元	302	6 040		
盘点日应有与实有差异		4 100		10 元	60	600		
差异原因分析：白条抵库(张)		1 500		5 元	10	50		
差异原因分析：短款		2 600		2 元	4	8		
				1 元				
				合计		42 198		
				情况说明及审计结论				
追溯调整：报表日至查账日现金付出总额		153 380						
追溯调整：报表日至查账日现金收入总额		153 200						
追溯调整：报表日库存现金应有余额		42 378						
追溯调整：报表日账面汇率								
追溯调整：报表日余额折合本位币金额								
审定数		42 378						

盘点人：王东　　　　监盘人：　　　　复核：

2. 存在的问题：

(1)入账不及时，如1月15日借差旅费2 000元一直未入账；还有零星收入2 300元没有及时入账。

(2)有白条抵库的情况，如赵东借款1 500元。

(3)库存现金超过库存限额30 000元的部分没有及时送存银行。

(4)现金短款2 600元。因为12月22日开出转账支票400元付给往来单位，因漏盖负责人图章退回后以现金付讫，对此退回账面未作处理，应调整400元，其余短款应由出纳赔偿。

调整分录：

借：其他应收款——赵东　　1 500

　　　　　　——出纳×××　　2 200

借：银行存款　　400

　贷：库存现金　　4 100

3. 现金审定表如下：

现金审定表

被审计单位名称　银河公司

审计项目　货币资金-现金

会计期间或截止日　2009年12月31日

	签　名	日　期	索引号
编制人	王东	2010.02.13	A1-1
复核人			页次
			1

单位：元

索引号	项　目	金　额	备　注
Z5	未审数 调整数 审定数	46 478 -4 100 42 378	

审计说明：

库存盘点现金有差异：1. 有白条抵库1 500元；2. 现金短款2 600元。

调整分录为：

借：其他应收款——赵东　　1 500

　　　　　　——出纳×××　　2 200

　银行存款　　400

　贷：库存现金　　4 100

续表

审计标识说明：   审计结论： 经调整后金额可以确认。

【实训二】银行存款的测试。

【要求】

1. 编制“银行存款调节表”。

2. 指出可能存在的问题。

3. 编制“银行存款审定表”。

【资料】

注册会计师邹翔 2010 年 2 月 13 日继续对银河公司银行存款进行审计。2009 年 12 月 31 日银行存款账面余额为 237 600 元，银行对账单余额为 243 000 元。经核对后，发现如下情况：

1. 银行对账单上存入栏目有而银行存款日记账均无记录的业务：

12 月 5 日收存外地汇款 6 000 元

12 月 14 日存入现金 3 000 元

12 月 21 日转入存款利息 600 元

12 月 31 日存入外地托收货款 1 800 元

2. 银行对账单上支出栏目有而银行存款日记账均无记录的业务：

12 月 7 日开出现金支票 3 000 元

12 月 15 日开出转账支票 5 600 元

12 月 18 日开出现金支票 400 元

12 月 26 日开出现金支票 1 100 元

3. 银行存款日记账有而银行对账单上无记录的业务：

12 月 31 日开出转账支票 3 700 元

4. 12 月 22 日开出转账支票 400 元付给往来单位，因漏盖负责人图章退回后以现金付讫，对此退回单位账面未作处理。

参考答案：

1. 编制“银行存款余额调节表”：

银行存款余额调节表

被审计
单位名称　银河公司

审计项目　货币资金-银行存款

会计期间
或截止日　2009年12月31日

	签 名	日 期	索引号
编制人	邹翔	2010.02.13	A1-2
复核人			页次
			1

单位：元

项 目	金 额	备 注
单位日记账余额	237 600	
加：	11 400	
其中：12月5日收存外地汇款	6 000	
12月14日存入现金	3 000	
12月21日转入存款利息	600	
12月31日存入外地托收货款	1 800	
减：	10 100	
其中：12月7日开出现金支票	3 000	
12月15日开出转账支票	5 600	
12月18日开出现金支票	400	
12月26日开出现金支票	1 100	
调整后余额	238 900	
银行对账单余额	243 000	
加：		
其中：		

续表

项目	金额	备注
减:	3 700	
其中:12月31日开出转账支票	3 700	
调整后余额	239 300	
说明: 调节表不平是因为12月22日开出转账支票400元付给往来单位,因漏盖负责人图章退回后以现金付讫,对此退回账面未作处理,应调整,详情索引A1-1。		

2. 存在的问题:

(1)从对账单上12月5日收到外地汇款6 000元,12月15日支出5 600元,12月18日又开出现金支票400元,而该项资金往来企业银行存款日记账上无任何记录,该企业可能存在出借账户的情况。

(2)"12月14日存入现金3 000元,12月7日开出现金支票3 000元,对账单上都无此记录"这两笔经济业务,审计人员应特别关注出纳可能挪用公司资金。

(3)12月26日开出现金支票1 100元,审计人员应特别关注出纳是否挪用此款。

3. 编制"银行存款审定表"如下:

银行存款审定表

被审计单位名称 银河公司

审计项目 货币资金-银行存款

会计期间或截止日 2009年12月31日

	签名	日期	索引号
编制人	邹翔	2010.02.13	A1-2
复核人			页次
			1

单位:元

<table>
<tr><th>索引号</th><th>项 目</th><th>金 额</th><th>备 注</th></tr>
<tr><td>Z5
A1-1</td><td>未审数
调整数
审定数</td><td>237 600
400
238 000</td><td></td></tr>
<tr><td colspan="4">审计说明：</td></tr>
<tr><td colspan="4">审计标识说明：

审计结论：
经调整后金额可以确认</td></tr>
</table>

一、单项选择题

1. 为查明被审计单位是否存在利用其银行账户替其他单位或个人转移资金、使不法资金合法化等违法行为，最应实施的程序是(　　)。

A. 列示未提现支票清单，注明开票日期和收票人姓名或单位名称

B. 追查截止日银行对账单上的在途存款，在银行存款余额调节表上注明存款日期

C. 追查截止日银行对账单已收、企业未收的款项性质及款项来源

D. 检查截止日仍未提现的大额支票和其他已签发一个月以上的未提现支票

2. 检查银行存款余额调节表是证实财务报表所列的银行存款是否真实的重要程序，但检查银行存款余额调节表并不能发现下列(　　)不当行为。

A. 年末最后一天开出支票,但没有入账,并要求顾客年后办理转账手续

B. 某项支出已记入银行存款日记账,但没有开出转账支票

C. 将资产负债表日后收到的银行存款记入被审计年度

D. 应付票据已由银行付讫,但被审计单位并未入账

3. 函证银行存款时,在询证函的“本公司为出票人且由贵行承兑而尚未支付的银行承兑汇票”表格下特别注明“除上述列示的银行承兑汇票外,本公司并无由贵行承兑而尚未支付的其他银行承兑汇票”主要是针对银行存款交易的(　　)认定。

A. 存在　　B. 完整性　　C. 计价和分摊　　D. 权利和义务

4. 注册会计师选择被审计单位某一有余额的账户向开户银行发出询证函,注册会计师实施这一程序的主要目的是要证实(　　)。

A. 是否有欠银行的债务　　B. 是否有充作抵押担保的存货

C. 银行存款存在性　　D. 是否有漏列的负债

5. N 公司某银行账户的银行对账单余额与银行存款日记账余额不符,A 注册会计师应当执行的最有效的审计程序是(　　)。

A. 重新测试相关的内部控制

B. 审查银行对账单中记录的该账户资产负债表日前后的收付情况

C. 审查银行存款日记账中记录的该账户资产负债表日前后的收付情况

D. 审查银行存款余额调节表

6. 下列各项中,符合现金监盘要求的是(　　)。

A. 要求被审计单位会计主管回避

B. 审计人员帮助出纳员进行现金清点

C. 监盘时间最好安排在当日现金收付业务进行过程中

D. 不同存放地点的现金最好同时进行监盘

7. A 注册会计师在 2011 年 3 月 25 日对 B 企业现金实施监盘审计程序,实际的现金盘点金额为 1 325 元,已知被审计单位账面显示 2010 年资产负债表日至现金盘点日企业共收到现金 266 500 元,付出现金 271 109 元,假设上面的数据都正确,B 企业资产负债表日现金余额为(　　)元。

A. 5 582　　B. 5 627　　C. 5 870　　D. 5 934

8. 下列工作中,出纳还可以从事的工作是(　　)。

A. 会计档案保管　　B. 记录收入、支出、费用的明细账

C. 记录银行存款、现金日记账　　D. 编制银行存款余额调节表

9. 针对被审计单位下列与库存现金相关的内部控制,注册会计师应提出的

改进建议是(　　)。

A. 每日及时记录现金收入并定期向顾客寄送对账单

B. 担任登记现金日记账的人员负责登记现金总账

C. 现金折扣需经过适当审批

D. 每日盘点库存现金并与账面余额核对

二、多项选择题

1. 注册会计师李明负责对天星公司 2010 年度财务报表中银行存款项目进行审计。天星公司编制的 2010 年 12 月末银行存款余额调节表显示存在 80 000 元的未达账项,其中包括天星公司已付而银行未付的材料采购款 40 000 元。李明执行的以下审计程序中,可能为该材料采购款未达账项的真实性提供审计证据的有(　　)。

A. 就 2010 年 12 月末银行存款余额向银行寄发银行询证函

B. 向相关的原材料供应商寄发询证函询证该笔购货业务

C. 检查 2011 年 1 月份的银行对账单中是否存在该笔支出

D. 检查相关的采购合同、供应商销售发票和相应的验收报告及付款审批手续

2. 函证银行存款是证实银行存款是否存在的重要程序,注册会计师寄发的银行询证函(　　)。

A. 属于积极式、有偿询证函

B. 是以被审计单位的名义发往开户银行的

C. 要求银行直接回函至会计师事务所

D. 可以证实银行存款但不能证实银行借款

3. 下列对函证银行存款的处理正确的有(　　)。

A. 注册会计师委托出纳将函证信送交银行

B. 对存款余额为零的开户银行也进行了函证

C. 对存款余额较小的开户行采用的是消极式函证

D. 函证银行存款的同时,也对银行借款和借款抵押的情况进行了函证

4. 注册会计师在审计 A 公司 2010 年度财务报表时,监盘了 A 公司的库存现金,并负责监盘了存货。这两种程序的不同之处包括(　　)。

A. 盘点的参与人员不同

B. 监盘时间安排不同

C. 因盘点对象特点而执行的监盘方式不同

D. 监盘计划中与被审计单位管理层的沟通程度不同

5. 注册会计师拟对A公司的货币资金实施实质性程序。以下审计程序中，属于实质性程序的有(　　)。

A. 检查银行预留印鉴是否按照规定保管

B. 检查库存现金是否妥善保管，是否定期盘点、核对

C. 检查银行存款余额调节表中未达账项在资产负债表日后的进账情况

D. 检查外币银行存款年末余额是否按年末汇率折合为记账本位币金额

6. 下列描述的各种情形中，符合现金监盘要求的有(　　)。

A. 参与盘点的人员必须有出纳员、乙公司会计主管和注册会计师

B. 盘点之前应将已办理现金收付款手续的收付凭证记入现金日记账

C. 不同存放地点的现金应同时进行盘点

D. 监盘时间必须安排在当日现金收付业务进行中采取突击盘点

7. 在盘点现金时，下列处理不恰当的有(　　)。

A. 盘点应采用预告方式进行

B. 盘点时应有出纳人员在场

C. 盘点表只能由出纳人员签字，以明确责任

D. 盘点前由注册会计师结出现金结余额

下篇

审计终结

本篇主要介绍审计差异汇总表和试算平衡表的编制，要求学生掌握出具不同审计报告应具备的条件，同时，要求学生能对审计工作底稿进行整理、归档。

项目10　完成审计工作

知识目标：

通过本项目的学习，使学生认识审计差异调整表的内容，掌握试算平衡表的编制。

技能目标：

通过本项目的学习，让学生学会编制资产负债表和利润表的试算平衡表。

任务引入：

在审计终结阶段，审计人员面对众多的审计证据，该如何来形成审计意见，是审计人员在出具审计报告前需要首先解决的问题。

在完成按业务循环进行的控制测试、财务报表项目的实质性程序的审计后，对审计项目组成员在审计中发现的被审计单位的会计处理方法与企业会计准则的不一致，即审计差异内容，审计项目经理应根据审计重要性原则予以初步确定并汇总，并建议被审计单位进行调整，使经审计的财务报表所载信息能够公允地反映被审计单位的财务状况、经营成果和现金流量。这一对审计差异内容的初步确定并汇总直至形成已审计的财务报表的过程，主要是通过编制审计差异调整表和试算平衡表得以完成的。

任务1 编制审计差异调整表

审计差异内容按是否需要调整账户记录可分为核算错误和重分类错误。核算错误是因企业对经济业务进行了不正确的会计核算而引起的错误;重分类错误是因企业未按企业会计准则列报财务报表而引起的错误。例如,企业在应付账款项目中反映的预付账款、在应收账款项目中反映的预收账款等。

无论是核算错误还是重分类错误,在审计工作底稿中通常都是以会计分录的形式反映的。由于审计中发现的错误往往不止一两项,为便于审计项目的各级负责人综合判断、分析和决定,也为了便于有效编制试算平衡表和代编经审计的财务报表,通常需要将这些建议调整的不符事项、未调整不符事项和重分类错误分别汇总至"账项调整分录汇总表""重分类调整分录汇总表"和"未更正错报汇总表"。三张汇总表的参考格式分别见表1、表2和表3。

表1 账项调整分录汇总表

被审计单位:____________	索引号: EA
项目:____________	财务报表截止日/期间:____________
编制:____________	复核:____________
日期:____________	日期:____________

序　号	内容及说明	索引号	调整内容				影响利润表+(-)	影响资产负债表+(-)
			借方项目	借方金额	贷方项目	贷方金额		

与被审计单位的沟通：

参加人员：

被审计单位：____________________

审计项目组：____________________

被审计单位的意见：

____

____

____

结论：

是否同意上述审计调整：__________

被审计单位授权代表签字：__________ 日期：______

表2 重分类调整分录汇总表

被审计单位：__________	索引号：EB
项目：__________	财务报表截止日/期间：______
编制：__________	复核：__________
日期：__________	日期：__________

序　号	内容及说明	索引号	调整项目和金额			
			借方项目	借方金额	贷方项目	贷方金额

与被审计单位的沟通：

参加人员：

被审计单位：________________

审计项目组：________________

被审计单位的意见：

____

____

____

____

结论：

是否同意上述审计调整：________

被审计单位授权代表签字：________日期：________

表3　未更正错报汇总表

被审计单位：________	索引号：ED
项目：________	财务报表截止日/期间：________
编制：________	复核：________
日期：________	日期：________

序　号	内容及说明	索引号	未调整内容				备　注
			借方项目	借方金额	贷方项目	贷方金额	

续表

未更正错报的影响：			
项　目	金　额	百分比	计划百分比
1. 总资产	________	________	________
2. 净资产	________	________	________
3. 销售收入	________	________	________
4. 费用总额	________	________	________
5. 毛利	________	________	________
6. 净利润	________	________	________
结论：			
被审计单位授权代表签字：________________		日期：________	

注册会计师确定核算错误和重分类错误后，应以书面方式及时征求被审计单位的意见。若被审计单位予以采纳，应取得其同意调整的书面确认；若被审计单位不予采纳，应分析原因，并根据错报的性质和重要程度，确定是否在审计报告中予以反映，以及如何反映。

任务2　编制试算平衡表

试算平衡表是注册会计师在被审计单位提供未审财务报表的基础上，考虑调整分录、重分类分录等内容以确定已审数与报表披露数的表式。需要说明以下几点：

①试算平衡表中的“期末未审数”和“审计前金额”列，应根据被审计单位提供的未审计财务报表填列。

②试算平衡表中的“账项调整”和“调整金额”列，应根据经被审计单位同意的“账项调整分录汇总表”列示。

③试算平衡表中的“重分类调整”列，应根据经被审计单位同意的“重分类调整分录汇总表”填列。

任务3　获取管理层声明书

管理层声明,是指被审计单位管理层向注册会计师提供的关于财务报表的各项陈述。管理层声明具有以下两个基本作用:一是明确管理层对财务报表的责任。被审计单位管理层在声明书中对提供给注册会计师的有关资料的真实性、合法性和完整性作出正面陈述,并明确承认对财务报表负责。二是提供审计证据。被审计单位管理层声明书把管理层对注册会计师的询问所做的答复以书面方式予以记录,可作为书面证据。

一、总体要求

当要求管理层提供声明书时,注册会计师应当要求将声明书径送注册会计师本人。声明书应当包括要求列明的信息,标明适当的日期并经签署。

二、主要内容

管理层声明一般包括以下三个方面的内容:

1. 关于财务报表

①管理层认可其对财务报表的编制责任;

②管理层认可其设计、实施和维护内部控制以防止或发现并纠正错报的责任;

③管理层认为注册会计师在审计过程中发现的未更正错报,无论是单独还是汇总起来考虑,对财务报表整体均不具有重大影响。

2. 关于信息的完整性

①所有财务信息和其他数据的可获得性;

②所有股东会和董事会会议记录的完整性和可获得性;

③就违反法规行为事项,被审计单位与监管机构沟通的书面文件的可获得性;

④与未记录交易相关的资料的可获得性;

⑤涉及下列人员舞弊行为或舞弊嫌疑的信息的可获得性:a. 管理层;b. 对内部控制具有重大影响的雇员;c. 对财务报表的编制具有重大影响的其他人员。

3. **关于确认、计量和列报**

①对资产或负债的确认或列报具有重大影响的计划或意图；

②关联方交易，以及涉及关联方的应收或应付款项；

③需要在财务报表中披露的违反法规行为；

④需要确认或披露的或有事项，对财务报表具有重大影响的承诺事项和需要偿付的担保等；

⑤对财务报表具有重大影响的合同的遵循情况；

⑥对财务报表具有重大影响的重大不确定事项；

⑦被审计单位对资产的拥有或控制情况，以及抵押、质押或留置资产；

⑧持续经营假设的合理性；

⑨需要调整或披露的期后事项。

上述事项，因其复杂程度和重要程度的不同，注册会计师可以将其全部列入管理层声明书中，也可以就其中某个事项向管理层获取专项声明。

管理层声明书

××会计师事务所并××注册会计师：

本公司已委托贵事务所对本公司20××年12月31日的资产负债表、20××年度的利润表、股东权益变动表和现金流量表以及财务报表附注进行审计，并出具审计报告。

为配合贵事务所的审计工作，本公司就已知的全部事项作出如下声明：

1. 本公司承诺，按照《企业会计准则》和《××会计制度》的规定编制财务报表是我们的责任。

2. 本公司已按照《企业会计准则》和《××会计制度》的规定编制20××年度财务报表，财务报表的编制基础与上年度保持一致，本公司管理层对上述财务报表的真实性、合法性和完整性承担责任。

3. 设计、实施和维护内部控制，保证本公司资产安全和完整，防止或发现并纠正错报，是本公司管理层的责任。

4. 本公司承诺财务报表符合适用的会计准则和相关会计制度的规定，公允反映本公司的财务状况、经营成果和现金流量情况，不存在重大错报，包括漏报。贵事务所在审计过程中发现的未更正错报，无论是单独还是汇总起来，对财务报表整体均不具有重大影响。未更正错报汇总(见附件)附后。

5. 本公司已向贵事务所提供了：

(1)全部财务信息和其他数据；

(2)全部重要的决议、合同、章程、纳税申报表等相关资料；

(3)全部股东会和董事会的会议记录。

6. 本公司所有经济业务均已按规定入账，不存在账外资产或未计负债。

7. 本公司认为所有与公允价值计量相关的重大假设是合理的，恰当地反映了本公司的意图和采取特定措施的能力；用于确定公允价值的计量方法符合《企业会计准则》的规定，并在使用上保持了一贯性；本公司已在财务报表中对上述事项作出恰当披露。

8. 本公司不存在导致重述比较数据的任何事项。

9. 本公司已提供所有与关联方和关联方交易相关的资料，并已根据《企业会计准则》和《××会计制度》的规定识别和披露了所有重大关联方交易。

10. 本公司已提供全部或有事项的相关资料。除财务报表附注中披露的或有事项外，本公司不存在其他应披露而未披露的诉讼、赔偿、承兑、担保等或有事项。

11. 除财务报表附注披露的承诺事项外，本公司不存在其他应披露而未披露的承诺事项。

12. 本公司不存在未披露的影响财务报表公允性的重大不确定事项。

13. 本公司已采取必要措施防止或发现舞弊及其他违反法规行为，未发现：

(1)涉及管理层的任何舞弊行为或舞弊嫌疑的信息；

(2)涉及对内部控制产生重大影响的雇员的任何舞弊行为或舞弊嫌疑的信息；

(3)涉及对财务报表的编制具有重大影响的其他人员的任何舞弊行为或舞弊嫌疑的信息。

14. 本公司严格遵守了合同规定的条款，不存在因未履行合同而对财务报表产生重大影响的事项。

15. 本公司对资产负债表上列示的所有资产均拥有合法权利，除已披露事项外，无其他被抵押、质押资产。

16. 本公司编制财务报表所依据的持续经营假设是合理的，没有计划终止经营或破产清算。

17. 本公司已提供全部资产负债表日后事项的相关资料，除财务报表附注中披露的资产负债表日后事项外,本公司不存在其他应披露而未披露的重大资产负债表日后事项。

18. 本公司管理层确信:

(1)未收到监管机构有关调整或修改财务报表的通知;

(2)无税务纠纷。

19. 其他事项。

注册会计师认为重要而需声明的事项,或者管理层认为必要声明的事项。如:

(1)本公司在银行存款或现金运用方面未受到任何限制。

(2)本公司对存货均已按照《××会计制度》的规定予以确认和计量;受托代销商品或不属于本公司的存货均未包括在会计记录内;在途物资或由代理商保管的货物均已确认为本公司存货。

(3)本公司不存在未披露的大股东及关联方占用资金和担保事项。

××有限责任公司(盖章)
法定代表人(签名并盖章)
财务负责人(签名并盖章)
二〇××年×月×日

任务4　完成质量控制复核

业务执行工作核对表格式

一、项目负责经理复核

复核事项	是/否/不适用	备　注
1. 是否已复核已完成的审计计划,以及导致对审计计划作出重大修改的事项? 2. 是否已复核重要的财务报表项目? 3. 是否已复核特殊交易或事项,包括债务重组、关联方交易、非货币性交易、或有事项、期后事项、持续经营能力等?		

续表

复核事项	是/否/不适用	备 注
4. 是否已复核重要会计政策、会计估计的变更？ 5. 是否已复核重大事项概要？ 6. 是否已复核建议调整事项？ 7. 是否已复核管理层声明书，股东大会、董事会相关会议纪要，与客户的沟通记录及重要会谈记录，律师询证函复函？ 8. 是否已复核审计小结？ 9. 是否已复核已审计财务报表和拟出具的审计报告？ 10. 实施上述复核后，是否可以确定下列事项： (1)审计工作底稿提供了充分、适当的记录，作为审计报告的基础。 (2)已按照中国 CPA 审计准则的规定执行了审计工作。 (3)对重大错报风险的评估及采取的应对措施是恰当的，针对存在特别风险的审计领域，设计并实施了针对性的审计程序，且得出了恰当的审计结论。 (4)作出的重大判断恰当合理。 (5)提出的建议调整事项恰当，相关调整分录正确。 (6)未更正错报无论是单独还是汇总起来对财务报表整体均不具有重大影响。 (7)已审计财务报表的编制符合企业会计准则的规定，在所有重大方面公允反映了被审计单位的财务状况、经营成果和现金流量。 (8)拟出具的审计报告措辞恰当，已按照中国 CPA 审计准则的规定发表了恰当的审计意见。		

签字：________________ 日期：__________

二、项目负责合伙人复核

复核事项	是/否/不适用	备 注
1. 是否已复核已完成的审计计划，以及导致对审计计划作出重大修改的事项？ 2. 是否已复核重大事项概要？		

续表

复核事项	是/否/不适用	备　注
3. 是否已复核存在特别风险的审计领域,以及项目组采取的应对措施? 4. 是否已复核项目组作出的重大判断? 5. 是否已复核建议调整事项? 6. 是否已复核管理层声明书,股东大会、董事会相关会议纪要,与客户的沟通记录及重要会谈记录,律师询证函复函? 7. 是否已复核审计小结? 8. 是否已复核已审计财务报表和拟出具的审计报告? 9. 实施上述复核后,是否可以确定: (1)对项目负责经理实施的复核结果满意。 (2)对重大错报风险的评估及采取的应对措施是恰当的,针对存在特别风险的审计领域,设计并实施了针对性的审计程序,且得出了恰当的审计结论。 (3)项目组作出的重大判断恰当合理。 (4)提出的建议调整事项恰当合理,未更正错报无论是单独还是汇总起来对财务报表整体均不具有重大影响。 (5)已审计财务报表的编制符合企业会计准则的规定,在所有重大方面公允反映了被审计单位的财务状况、经营成果和现金流量。 (6)拟出具的审计报告措辞恰当,已按照中国 CPA 审计准则的规定发表了恰当的审计意见。		

签字:________________________ 日期:____________

三、项目质量控制复核

复核事项 （由独立的项目质量控制复核人员进行复核。项目质量控制复核适用于上市公司财务报表审计或会计师事务所规定的其他类型审计业务）	是/否/不适用	备　注
1. 项目质量控制复核之前进行的复核是否均已得到满意的执行?		

续表

复核事项 （由独立的项目质量控制复核人员进行复核。项目质量控制复核适用于上市公司财务报表审计或会计师事务所规定的其他类型审计业务。）	是/否/不适用	备 注
2. 是否已复核项目组针对本业务对本所独立性作出的评价，并认为该评价是恰当的？ 3. 是否已复核项目组在审计过程中识别的特别风险以及采取的应对措施，包括项目组对舞弊风险的评估及采取的应对措施，认为项目组作出的判断和应对措施是恰当的？ 4. 是否已复核项目组作出的判断，包括关于重要性和特别风险的判断，认为这些判断恰当合理？ 5. 是否确定项目组已就存在的意见分歧、其他疑难问题或争议事项进行适当咨询，且咨询得出的结论是恰当的？ 6. 是否已复核项目组与管理层和治理层沟通的记录以及拟与其沟通的事项，对沟通情况表示满意？ 7. 是否认为所复核的审计工作底稿反映了项目组针对重大判断执行的工作，能够支持得出的结论？ 8. 是否已复核已审计财务报表和拟出具的审计报告，认为已审计财务报表符合企业会计准则的规定，拟出具的审计报告已按照中国CPA审计准则的规定发表了恰当的审计意见？		

签字:______________ 日期:__________

试算平衡表的填制

审计人员在审计A公司2011年财务报表时索取了资产负债表和利润表如下所示。

资产负债表

编制单位:A公司　　　　2011年12月31日　　　　单位:元

资产			负债及所有者权益		
项　目	期末余额	年初余额	项　目	期末余额	年初余额
流动资产:			流动负债:		
货币资金	815 128	1 406 112	短期借款	50 000	300 000
交易性金融资产		15 000	应付票据	100 000	200 000
应收票据	66 000	246 000	应付账款	1 953 800	952 012
应收账款	1 598 000	349 100	预收账款		
			其他应付款:		
			应付职工薪酬	183 012	113 800
预付账款	100 000	100 000	应交税费	223 731	34 600
应收股利			应付利息		1 000
应收补贴款			应付股利	32 215	
其他应收款	5 200	5 200	其他应付款	50 000	50 000
存货	2 534 715	2 580 000			
待转其他业务支出					
其他应收款			一年内到期的非流动负债		1 000 000
待处理流动资产净损失			其他流动负债		
一年内到期的非流动资产					
其他流动资产					
流动资产合计	5 169 043	4 751 412	流动负债合计	2 592 758	2 651 412
长期投资:			长期负债:		
长期股权投资	250 000	250 000	长期借款	1 160 000	600 000

续表

资 产			负债及所有者权益		
项 目	期末余额	年初余额	项 目	期末余额	年初余额
固定资产			应付债券		
固定资产原价			长期应付款		
减:累计折旧			其他长期负债		
固定资产净值	2 208 500	1 100 000	其中:住房周转金		
固定资产清理					
在建工程	628 000	1 700 000			
工程物资	300 000		长期负债合计		
			递延税项:		
固定资产合计			递延税款贷项		
无形资产及递延资产:			非流动负债合计	1 160 000	600 000
无形资产	540 000	600 000	负债合计	3 752 758	3 251 412
递延资产			所有者权益:		
			实收资本	5 000 000	5 000 000
无形资产及递延资产合计			资本公积		
其他长期资产:			盈余公积	124 771	100 000
其他长期资产			其中:公益金		
递延税项:			未分配利润	218 014	5 150 000
递延税款借项					
非流动资产合计	3 926 500				
			所有者权益合计	5 342 785	5 150 000
资产总计	9 095 543	8 401 412	负债及所有者权益总计	9 095 543	8 401 412

利润表

编制单位:A 公司　　时间:2011 年　　单位:元

项　目	本期金额	上期金额
一、营业收入	4 258 900	
减:营业成本	3 054 700	
营业税金及附加	2 820	
销售费用	20 000	
管理费用	657 100	
财务费用	41 500	
资产减值损失	30 900	
加:公允价值变动收益(损失以"-"号填列)		
投资收益(损失以"-"号填列)	31 500	
其中:对联营企业和合营企业的投资收益		
二、营业利润(亏损以"-"号填列)	483 383	
加:营业外收入	50 000	
减:营业外支出	19 700	
其中:非流动资产处置损失		
三、利润总额(亏损以"-"号填列)	513 680	
减:所得税费用	18 420	
四、净利润(亏损以"-"号填列)	385 260	
五、每股收益		
(一)基本每股收益		
(二)稀释每股收益		

在审计过程中发现了以下问题,记录在审计工作底稿中,A 公司接受所有审计调整事项。(所得税税率为 25%,营业税税率为 5%,城建税税率为 7%,教育费附加为 3%,盈余公积的计提比例为 10%)

①有一笔购买 200 万元的原材料欠款未登记入账。

②实施函证发现应向某单位收取的 80 万元销货款不存在,该笔业务没开出增值税专用发票,也没有结转相应的产品销售成本。

③将该年度的出租固定资产收入 120 万元,挂记在应付账款中未作处理。

④有一笔 100 万元的 3 年期长期借款,于 2011 年 11 月底到期,依然挂在"长期借款"项目列报。

⑤将一笔 50 万元的广告费计入管理费用。

要求:根据上述资料编制审计差异调整表和试算平衡表。

参考答案：

账项调整分录汇总表

序号	内容及说明	调整内容				影响利润表+(-)	影响资产负债表+(-)
		借方项目	借方金额	贷方项目	贷方金额		
1	漏记购买材料欠款	存货	2 000 000	应付账款	2 000 000		+2 000 000
2	多记销售收入	营业收入	800 000	应收账款	800 000	-800 000	-800 000
3	将出租固定资产收入挂在应付账款项目	应付账款	1 200 000	营业收入	1 200 000	+1 200 000	-1 200 000
4	调增出租固定资产收入应交的营业税	营业税金及附加	66 000	应交税费	66 000	-66 000	+66 000
5	由于调增利润而调增所得税费用	所得税费用	83 500	应交税费	83 500	-83 500	+83 500
6	结转调整事项损益	营业收入	400 000	营业税金及附加 所得税费用 净利润	66 000 83 500 250 500		
7	由于损益调整而调增留存收益	净利润	250 500	未分配利润 盈余公积	225 450 25 050		+250 500

重分类调整分录汇总表

序号	内容及说明	索引号	调整项目和金额			
			借方项目	借方金额	贷方项目	贷方金额
1	将一年内到期的长期借款列在“长期借款”项目		长期借款	1 000 000	一年内到期的长期借款	1 000 000
2	将应计入销售费用的支出计入管理费用		销售费用	500 000	管理费用	500 000

1. 资产负债表试算平衡表

项目	期末未审数	账项调整		重分类调整		期末审定数	项目	期末未审数	账项调整		重分类调整		期末审定数
		借方	贷方	借方	贷方				借方	贷方	借方	贷方	
货币资金	815 128					815 128	短期借款	50 000					50 000
交易性金融资产							交易性金融负债						
应收票据	66 000					66 000	应付票据	100 000					100 000
应收账款	1 598 000		800 000			798 000	应付账款	1 953 800	1 200 000	2 000 000			2 753 800
预付账款	100 000					100 000	预收账款						
应收利息							应付职工薪酬						
应收股利							应交税费						
其他应收款	5 200					5 200	应付利息						
存货	2 534 715	2 000 000				4 534 715	应付股利	32 215					32 215
一年内到期的非流动资产							其他应付款	50 000					50 000
其他流动资产	50 000					50 000	一年内到期的非流动负债					1 000 000	1 000 000
可供出售金融资产							其他流动负债						
持有至到期投资							长期借款	1 160 000			1 000 000		160 000
长期应收款							应付债券						

长期股权投资	250 000					250 000	长期应付款						
投资性房地产							专项应付款						
固定资产	2 208 500					2 208 500	预计负债						
在建工程	628 000					628 000	递延所得税负债						
工程物资	300 000					300 000	其他非流动负债						
固定资产清理							实收资本（或股本）	5 000 000					5 000 000
无形资产	540 000					540 000	资本公积						
开发支出							盈余公积	124 771		25 050			149 821
商誉							未分配利润	218 014		225 450			443 464
长期待摊费用													
递延所得税资产													
其他非流动资产													
资产合计	9 095 543	2 000 000	800 000			10 295 543	负债和所有者权益合计	9 095 543	1 200 000	2 400 000	1 000 000	1000 000	10 295 543

2. 利润表试算平衡表

项　目		未审数	调整金额		审定数	索引号
			借　方	贷　方		
一、	主营业务收入	4 258 900	800 000	1 200 000	4 658 900	
	减:营业成本	3 054 700			3 054 700	
	营业税金及附加	2 820	66 000		68 820	
	销售费用	20 000	500 000		520 000	
	管理费用	657 100		500 000	157 100	
	财务费用	41 500			41 500	
	资产减值损失	30 900			30 900	
	加:公允价值变动收益					
	投资收益	31 500			31 500	
二、	营业利润	483 380	1 366 000	1 700 000	817 380	
	加:营业外收入	50 000			50 000	
	减:营业外支出	19 700			19 700	
三、	利润总额	513 680	1 366 000	1 700 000	847 680	
	减:所得税费用	128 420	341 500	425 000	211 920	
四、	净利润	385 260	1 024 500	1 275 000	635 760	
五、	未分配利润					

项目11 出具审计报告

知识目标：

通过本项目的学习，使学生学会出具不同审计意见类型要满足什么样的条件。

技能目标：

通过本项目的学习，让学生会根据不同的被审计单位的具体情况，出具恰当类型的审计报告。

引导案例：

能否对上市公司的会计信息说声"不"

1998 年 4 月 29 日，重庆渝港钛白粉有限公司（以下简称渝钛白）公布了 1997 年年度报告，其中在财务报告部分刊登了重庆会计师事务所于 1998 年 3 月 8 日出具的否定意见审计报告。这是我国证券市场中有关上市公司的首份否定意见审计报告。该份审计报告一经宣布，立即在平静的中国证券市场上掀起了一场"风暴"，渝钛白怎么了？发表该份审计报告的重庆会计师事务所怎么了？连篇累牍的评论文章纷纷聚焦在这件事件上。事实上，这份不同凡响的审计报告确实对我国的证券市场以及相关的会计、审计行业都有着巨大的理论与现实意义。

一般来说，在注册会计师出具的审计报告中，无保留意见的审计报告或保留意见的审计报告较为常见，发表否定意见的审计报告则不经常遇到，无论是注册会计师还是被审计单位，都不希望发表此类意见的审计报告。与无保留意见审计报告不同，审计报告表示否定意见就意味着会计报表的表达是不公允、不客观的，会计报表的可靠性是不值得信赖的。

那么重庆会计师事务所为什么会对渝钛白公司签发否定意见审计报告呢？我们首先来看一下审计报告中所指出的问题。报告指出："1997 年度应计入财务费用的借款即应付债券利息 8 064 万元，贵公司将其资本化计入了钛白粉工程成本；欠付中国银行重庆市分行的美元借款利息 89.8 万元（折人民币 743 万元），贵公司未计提入账，两项共影响利润 8 807 万元。"

"我们认为，由于本报告第二段所述事项的重大影响，贵公司 1997 年 12 月 31 日资产负债表、1997 年度利润及利润分配表、财务状况变动表未能公允地反映贵公司 1997 年 12 月 31 日财务状况和 1997 年年度经营成果及资金变动情况。"

从上述内容来看，导致注册会计师出具否定意见审计报告的仅仅只有两个会计事项。那么，这两个会计事项是否足以导致注册会计师出具这样的审计报告呢？

任务 1　审计报告概述

一、审计意见的形成

（一）评价根据审计证据得出的审计结论

CPA 应当评价根据审计证据得出的结论，以作为对财务报表形成审计意见的基础。在对财务报表形成审计意见时，CPA 应当根据已获取的审计证据，评价是否已对财务报表整体不存在重大错报获取合理保证。

（二）评价财务报表的合法性应当考虑的内容

①选择和运用的会计政策是否符合适用的会计准则和相关会计制度，并适合于被审单位的具体情况。会计政策是被审单位在会计确认、计量和报告中采用的原则、基础和会计处理方法。CPA 在考虑被审单位选用的会计政策是否适当时，应当关注重要的事项。重要事项包括重要项目的会计政策和行业惯例、重大和异常交易的会计处理方法、在新领域和缺乏权威性标准或共识的领域采用重要会计政策产生的影响、会计政策的变更等。

②管理层作出的会计估计是否合理。会计估计通常是指被审单位以最近可利用的信息为基础对结果不确定的交易或事项所作的判断。由于会计估计

的主观性、复杂性和不确定性，管理层作出的会计估计发生重大错报的可能性较大。因此，CPA 应当判断管理层作出的会计估计是否合理，确定会计估计的重大错报风险是否是特别风险，是否采取了有效的措施予以应对。

③财务报表反映的信息是否具有相关性、可靠性、可比性和可理解性。财务报表反映的信息应当符合信息质量特征，具有相关性、可靠性、可比性和可理解性。CPA 应当根据《企业会计准则——基本准则》的规定，考虑财务报表反映的信息是否符合信息质量特征。

④财务报表是否作出充分披露，使财务报表使用者能够理解重大交易和事项对被审单位财务状况、经营成果和现金流量的影响。

(三)评价财务报表公允性应当考虑的内容

①经管理层调整后的财务报表，是否与 CPA 对被审单位及其环境的了解一致。在完成审计工作后，如果财务报表存在重大错报，CPA 应当要求管理层进行调整。管理层作出调整或拒绝调整后，CPA 可以确定已审计财务报表是否还存在重大错报，并形成恰当的审计意见。为了进一步确定已审计财务报表是否符合被审单位的实际情况，CPA 尚需对财务报表作出总体复核，并判断是否与其对被审单位及其环境的了解一致。

②财务报表的列报、结构和内容是否合理。企业会计准则和相关会计制度中对财务报表的列报、结构和内容作了规定。CPA 应当根据《企业会计准则第30号——财务报表列报》及其指南，考虑财务报表的列报、结构和内容是否合理。

③财务报表是否真实地反映了交易和事项的经济实质。

二、审计报告的含义

审计报告是指 CPA 根据中国 CPA 审计准则的规定，在实施审计工作的基础上对被审单位财务报表发表审计意见的书面文件。

审计报告是 CPA 在完成审计工作后向委托人提交的直接“产品”，具有以下特征：

项　目	特　征
产品的质量标准是中国 CPA 审计准则。	审计准则是用以规范 CPA 执行审计业务的标准，包括一般原则与责任、风险评估与应对、审计证据、利用其他主体的工作、审计结论与报告以及特殊领域审计等六个方面的内容，涵盖了 CPA 执行审计业务的整个过程和各个环节。

续表

项　目	特　征
产品的生产过程是在实施审计工作的基础上才能出具审计报告。	CPA 应当实施风险评估程序,以此作为分别评估财务报表层次和认定层次重大错报风险的基础。风险评估程序本身并不足以为发表审计意见提供充分、适当的审计证据,CPA 还应当实施进一步审计程序,包括实施控制测试(必要时或决定测试时)和实质性程序。CPA 通过实施上述审计程序,获取充分、适当的审计证据,得出合理的审计结论,作为形成审计意见的基础。
产品的功能是 CPA 通过对财务报表发表意见履行委托责任。	财务报表审计的目标是 CPA 通过执行审计工作,对财务报表的合法性和公允性发表审计意见。因此,在实施审计工作的基础上,CPA 需对财务报表形成审计意见。
产品的形式是以书面形式出具审计报告。	审计报告具有特定的要素和格式,CPA 只有以书面形式出具报告,才能传递清楚对财务报表发表的审计意见。

三、审计报告的作用

注册会计师签发的审计报告,主要具有鉴证、保护和证明三方面的作用。

(一)鉴证作用

注册会计师签发的审计报告,不同于政府审计和内部审计的审计报告,是以超然独立的第三者身份,对被审计单位财务报表的合法性、公允性发表意见。这种意见具有鉴证作用,得到了政府及其各部门和社会各界的普遍认可。政府有关部门,如财政部门、税务部门等了解、掌握企业的财务状况和经营成果的主要依据是企业提供的财务报表。财务报表是否合法、公允,主要依据注册会计师的审计报告作出判断。股份制企业的股东主要依据注册会计师的审计报告来判断被投资企业的财务报表是否公允地反映了财务状况和经营成果,以进行投资决策等。

(二)保护作用

注册会计师通过审计,可以对被审计单位财务报表出具不同类型审计意见的审计报告,以提高或降低财务报表信息使用者对财务报表的信赖程度,能够在一定程度上对被审计单位的财产、债权人和股东的权益及企业利害关系人的利益起到保护作用。如投资者为了减少投资风险,在进行投资之前,必须要查阅被投资企业的财务报表和注册会计师的审计报告,了解被投资企业的经营情况和财务状况。投资者根据注册会计师的审计报告做出投资决策,可以降低其投资风险。

(三)证明作用

审计报告是对注册会计师审计任务完成情况及其结果所作的总结,它可以表明审计工作的质量并明确注册会计师的审计责任。因此,审计报告可以对审计工作质量和注册会计师的审计责任起证明作用。通过审计报告,可以证明注册会计师在审计过程中是否实施了必要的审计程序,是否以审计工作底稿为依据发表审计意见,发表的审计意见是否与被审计单位的实际情况相一致,审计工作的质量是否符合要求。通过审计报告,可以证明注册会计师审计责任的履行情况。

任务2 审计报告的类型

一、审计报告要素(如下表)

专业术语	含 义	具体要求
(1)标题	审计报告的标题应当统一规范为“审计报告”。	考虑到这一标题已广为社会公众所接受,因此,我国CPA出具的审计报告中标题没有包含“独立”两个字,但CPA在执行财务报表审计业务时,应当遵守独立性的要求。
(2)收件人	是指CPA按照业务约定书的要求致送审计报告的对象,一般是指审计业务的委托人。	①审计报告应当载明收件人的全称;②对整套通用目的财务报表出具的审计报告,审计报告的致送对象通常为被审单位的全体股东或董事会。
(3)引言段	是指审计报告中用于描述已审计会计报表的段落。	应当说明被审单位的名称和财务报表已经过审计,并包括:①指出构成整套财务报表的每张财务报表的名称;②提及财务报表附注;③指明财务报表的日期和涵盖的期间。

续表

专业术语	含 义	具体要求
(4)管理层对财务报表的责任段	是指审计报告中用于描述管理层对财务报表的责任的段落。	应当说明,按照适用的会计准则和相关会计制度的规定编制财务报表是管理层的责任,包括:①设计、实施和维护与财务报表编制相关的内控,以使财务报表不存在由于舞弊或错误而导致的重大错报;②选择和运用恰当的会计政策;③作出合理的会计估计。
(5)CPA 的责任段	是指审计报告中用于描述 CPA 责任的段落。	应当说明:①CPA 的责任是在实施审计工作的基础上对财务报表发表审计意见。CPA 按照中国 CPA 审计准则的规定执行了审计工作。中国 CPA 审计准则要求 CPA 遵守职业道德规范,计划和实施审计工作以对财务报表是否不存在重大错报获取合理保证。②审计工作涉及实施审计程序,以获取有关财务报表金额和披露的审计证据。选择的审计程序取决于 CPA 的判断,包括对由于舞弊或错误导致的财务报表重大错报风险的评估。在进行风险评估时,CPA 考虑与财务报表编制相关的内控,以设计恰当的审计程序,但目的并非对内控的有效性发表意见。审计工作还包括评价管理层选用会计政策的恰当性和作出会计估计的合理性,以及评价财务报表的总体列报。③CPA 相信已获取的审计证据是充分、适当的,为其发表审计意见提供了基础。
(6)审计意见段	是指审计报告中用于描述 CPA 对会计报表发表意见的段落。	应当说明:财务报表是否按照适用的会计准则和相关会计制度的规定编制,是否在所有重大方面公允反映了被审单位的财务状况、经营成果和现金流量。
(7)CPA 的签名和盖章	审计报告应当由 CPA 签名并盖章。	按《财政部关于 CPA 在审计报告上签名盖章有关问题的通知》(财会[2001]1035 号)的规定执行。
(8)事务所的名称、地址及盖章	审计报告应当载明事务所的名称和地址,并加盖事务所公章。	CPA 在审计报告中载明事务所地址时,标明事务所所在的城市即可。

续表

专业术语	含 义	具体要求
(9)报告日期	是指CPA在审计报告上签署的日期,准则将审计报告日规定为完成审计工作的日期。	审计报告应当注明报告日期。审计报告的日期不应早于CPA获取充分、适当的审计证据(包括管理层认可对财务报表的责任且已批准财务报表的证据)并在此基础上对财务报表形成审计意见的日期。CPA在确定审计报告日期时,应当考虑:①应当实施的审计程序已经完成;②应当提请被审单位调整的事项已经提出,被审单位已经作出调整或拒绝作出调整;③管理层已经正式签署财务报表。 审计报告的日期非常重要。CPA对不同时段资产负债表的日后事项有着不同的责任,而审计报告的日期是划分时段的关键时点。在实务中,CPA在正式签署审计报告前,通常把审计报告草稿和已审计财务报表草稿一同提交给管理层。如果管理层批准并签署已审计财务报表,CPA即可签署审计报告。CPA签署审计报告的日期通常与管理层签署已审计财务报表的日期为同一天,或晚于管理层签署已审计财务报表的日期。在审计报告日期晚于管理层签署已审计财务报表日期时,CPA应当获取自管理层声明书日到审计报告日期之间的进一步审计证据,如补充的管理层声明书。

二、审计报告的类型

审计报告可按不同标准进行分类。按照审计报告的性质可分为标准审计报告和非标准审计报告,如图11.1所示。

(一)标准审计报告

当CPA出具的无保留意见的审计报告不附加说明段、强调事项段或任何修饰性用语时,该报告称为标准审计报告。

标准审计报告包含的审计报告要素齐全,属于无保留意见,且不附加说明段、强调事项段或任何修饰性用语。否则,不能称为标准审计报告。

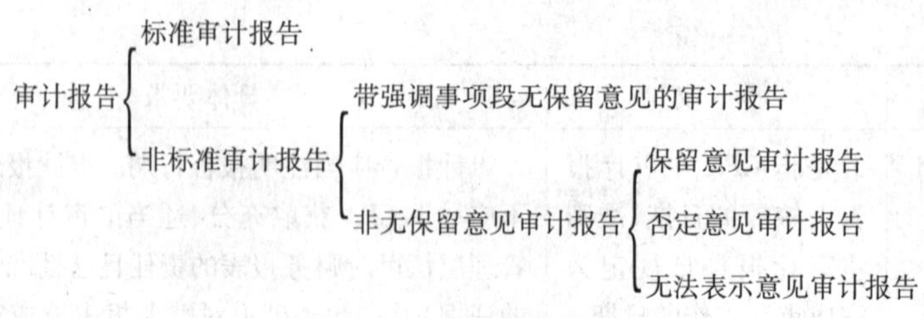

图 11.1　审计报告类型

(二)非标准审计报告

非标准审计报告是指标准审计报告以外的其他审计报告,包括:

①带强调事项段的无保留意见的审计报告;

②非无保留意见的审计报告,其中包括保留意见的审计报告、否定意见的审计报告和无法表示意见的审计报告。

(三)审计意见类型的确定

我们根据《中国 CPA 审计准则第 1501 号——审计报告》和《中国 CPA 审计准则第 1502 号——非标准审计报告》,对审计报告的意见类型归纳如下表:

项 目	无保留意见	保留意见	否定意见	无法表示意见
出具条件	如果认为财务报表符合下列所有条件: (1)财务报表已经按照适用的会计准则和相关会计制度的规定编制,在所有重大方面公允反映了被审单位的财务状况、经营成果和现金流量。 (2)CPA 已经按照中国 CPA 审计准则的规定计划和实施审计工作,在审计过程中未受到限制。	如果认为财务报表整体是公允的,但还存在下列情形之一: (1)会计政策的选用、会计估计的作出或财务报表的披露不符合适用的会计准则和相关会计制度的规定,虽影响重大,但不至于出具否定意见的审计报告; (2)因审计范围受到限制,不能获取充分、适当的审计证据,虽影响重大,但不至于出具无法表示意见的审计报告。	如果认为财务报表没有按照适用的会计准则和相关会计制度的规定编制,未能在所有重大方面公允反映被审单位的财务状况、经营成果和现金流量。	如果审计范围受到限制,可能产生的影响非常重大和广泛,不能获取充分、适当的审计证据,以至于无法对财务报表发表审计意见。

续表

项 目	无保留意见	保留意见	否定意见	无法表示意见
术语	应当以"我们认为"作为意见段的开头,并使用"在所有重大方面""公允反映"等。	在审计意见段中使用"除……的影响外"等术语。如果因审计范围受到限制,CPA 还应当在 CPA 的责任段中提及这一情况。	使用"由于上述问题造成的重大影响""由于受到前段所述事项的重大影响"等。	应当删除 CPA 的责任段,并在审计意见段中使用"由于审计范围受到限制,可能产生的影响非常重大和广泛""我们无法对上述财务报表发表意见"等。
说明段		当出具非无保留意见的审计报告时,CPA 应当在 CPA 的责任段之后、审计意见段之前增加说明段,清楚地说明导致所发表意见或无法发表意见的所有原因,并在可能情况下,指出其对财务报表的影响程度。		
强调事项段	同时符合下列条件: (1)可能对财务报表产生重大影响,但被审单位进行了恰当的会计处理,且在财务报表中作出充分披露; (2)不影响 CPA 发表的审计意见。			

附 1:标准审计报告

审计报告

ABC 股份有限公司全体股东:

我们审计了后附的 ABC 股份有限公司(以下简称 ABC 公司)财务报表,包括 20×1 年 12 月 31 日的资产负债表,20×1 年度的利润表、股东权益变动表和现金流量表以及财务报表附注。

一、管理层对财务报表的责任

按照企业会计准则和《××会计制度》的规定编制财务报表是 ABC 公司管

理层的责任。这种责任包括:①设计、实施和维护与财务报表编制相关的内部控制,以使财务报表不存在由于舞弊或错误而导致的重大错报;②选择和运用恰当的会计政策;③作出合理的会计估计。

二、注册会计师的责任

我们的责任是在实施审计工作的基础上对财务报表发表审计意见。我们按照中国注册会计师审计准则的规定执行了审计工作。中国注册会计师审计准则要求我们遵守职业道德规范,计划和实施审计工作以对财务报表是否存在重大错报获取合理保证。

审计工作涉及实施审计程序,以获取有关财务报表金额和披露的审计证据。选择的审计程序取决于注册会计师的判断,包括对由于舞弊或错误导致的财务报表重大错报风险的评估。在进行风险评估时,我们考虑与财务报表编制相关的内部控制,以设计恰当的审计程序,但目的并非对内部控制的有效性发表意见。审计工作还包括评价管理层选用会计政策的恰当性和作出会计估计的合理性,以及评价财务报表的总体列报。

我们相信,我们获取的审计证据是充分、适当的,为发表审计意见提供了基础。

三、审计意见

我们认为,ABC 公司财务报表已经按照企业会计准则和《××会计制度》的规定编制,在所有重大方面公允反映了 ABC 公司 20×1 年 12 月 31 日的财务状况以及 20×1 年度的经营成果和现金流量。

××会计师事务所　　　　　　　　中国注册会计师:×××
（盖章）　　　　　　　　　　　　（签名并盖章）
　　　　　　　　　　　　　　　　中国注册会计师:×××
　　　　　　　　　　　　　　　　（签名并盖章）
中国××市　　　　　　　　　　　二○×二年×月×日

附 2:带强调事项段的无保留意见的审计报告

审计报告

ABC 股份有限公司全体股东:

我们审计了后附的 ABC 股份有限公司(以下简称 ABC 公司)财务报表,包括 20×1 年 12 月 31 日的资产负债表,20×1 年度的利润表、股东权益变动表和现金流量表以及财务报表附注。

一、管理层对财务报表的责任

按照企业会计准则和《××会计制度》的规定编制财务报表是ABC公司管理层的责任。这种责任包括:①设计、实施和维护与财务报表编制相关的内部控制,以使财务报表不存在由于舞弊或错误而导致的重大错报;②选择和运用恰当的会计政策;③作出合理的会计估计。

二、注册会计师的责任

我们的责任是在实施审计工作的基础上对财务报表发表审计意见。我们按照中国注册会计师审计准则的规定执行了审计工作。中国注册会计师审计准则要求我们遵守职业道德规范,计划和实施审计工作以对财务报表是否存在重大错报获取合理保证。

审计工作涉及实施审计程序,以获取有关财务报表金额和披露的审计证据。选择的审计程序取决于注册会计师的判断,包括对由于舞弊或错误导致的财务报表重大错报风险的评估。在进行风险评估时,我们考虑与财务报表编制相关的内部控制,以设计恰当的审计程序,但目的并非对内部控制的有效性发表意见。审计工作还包括评价管理层选用会计政策的恰当性和作出会计估计的合理性,以及评价财务报表的总体列报。

我们相信,我们获取的审计证据是充分、适当的,为发表审计意见提供了基础。

三、审计意见

我们认为,ABC公司财务报表已经按照企业会计准则和《××会计制度》的规定编制,在所有重大方面公允反映了ABC公司20×1年12月31日的财务状况以及20×1年度的经营成果和现金流量。

四、强调事项

我们提醒财务报表使用者关注,如财务报表附注×所述,ABC公司在20×1年发生亏损×万元,在20×1年12月31日,流动负债高于资产总额×万元。ABC公司已在财务报表附注×充分披露了拟采取的改善措施,但其持续经营能力仍然存在重大不确定性。本段内容不影响已发表的审计意见。

××会计师事务所　　　　　　　　中国注册会计师:×××
(盖章)　　　　　　　　　　　　　　(签名并盖章)
　　　　　　　　　　　　　　　　中国注册会计师:×××
　　　　　　　　　　　　　　　　　　(签名并盖章)
中国××市　　　　　　　　　　　二〇×二年×月×日

附3:保留意见的审计报告(审计范围受到限制)

审计报告

ABC股份有限公司全体股东:

我们审计了后附的ABC股份有限公司(以下简称ABC公司)财务报表,包括20×1年12月31日的资产负债表,20×1年度的利润表、股东权益变动表和现金流量表以及财务报表附注。

一、管理层对财务报表的责任

按照企业会计准则和《××会计制度》的规定编制财务报表是ABC公司管理层的责任。这种责任包括:①设计、实施和维护与财务报表编制相关的内部控制,以使财务报表不存在由于舞弊或错误而导致的重大错报;②选择和运用恰当的会计政策;③作出合理的会计估计。

二、注册会计师的责任

我们的责任是在实施审计工作的基础上对财务报表发表审计意见。除本报告"三、导致保留意见的事项"所述事项外,我们按照中国注册会计师审计准则的规定执行了审计工作。中国注册会计师审计准则要求我们遵守职业道德规范,计划和实施审计工作以对财务报表是否存在重大错报获取合理保证。

审计工作涉及实施审计程序,以获取有关财务报表金额和披露的审计证据。选择的审计程序取决于注册会计师的判断,包括对由于舞弊或错误导致的财务报表重大错报风险的评估。在进行风险评估时,我们考虑与财务报表编制相关的内部控制,以设计恰当的审计程序,但目的并非对内部控制的有效性发表意见。审计工作还包括评价管理层选用会计政策的恰当性和作出会计估计的合理性,以及评价财务报表的总体列报。

我们相信,我们获取的审计证据是充分、适当的,为发表审计意见提供了基础。

三、导致保留意见的事项

ABC公司20×1年12月31日的应收账款余额×万元,占资产总额的×%。由于ABC公司未能提供债务人地址,我们无法实施函证以及其他替代审计程序,以获取充分、适当的审计证据。

四、审计意见

我们认为,除了前段所述未能实施函证可能产生的影响外,ABC公司财务报表已经按照企业会计准则和《××会计制度》的规定编制,在所有重大方面公允反映了ABC公司20×1年12月31日的财务状况以及20×1年度的经营成果和现金流量。

××会计师事务所　　　　　　　　　　　中国注册会计师：×××
（盖章）　　　　　　　　　　　　　　　（签名并盖章）
　　　　　　　　　　　　　　　　　　中国注册会计师：×××
　　　　　　　　　　　　　　　　　　　（签名并盖章）
中国××市　　　　　　　　　　　　　　二〇×二年×月×日

附4：否定意见的审计报告

审计报告

ABC股份有限公司全体股东：

我们审计了后附的ABC股份有限公司（以下简称ABC公司）财务报表，包括20×1年12月31日的资产负债表，20×1年度的利润表、股东权益变动表和现金流量表以及财务报表附注。

一、管理层对财务报表的责任

按照企业会计准则和《××会计制度》的规定编制财务报表是ABC公司管理层的责任。这种责任包括：①设计、实施和维护与财务报表编制相关的内部控制，以使财务报表不存在由于舞弊或错误而导致的重大错报；②选择和运用恰当的会计政策；③作出合理的会计估计。

二、注册会计师的责任

我们的责任是在实施审计工作的基础上对财务报表发表审计意见。我们按照中国注册会计师审计准则的规定执行了审计工作。中国注册会计师审计准则要求我们遵守职业道德规范，计划和实施审计工作以对财务报表是否存在重大错报获取合理保证。

审计工作涉及实施审计程序，以获取有关财务报表金额和披露的审计证据。选择的审计程序取决于注册会计师的判断，包括对由于舞弊或错误导致的财务报表重大错报风险的评估。在进行风险评估时，我们考虑与财务报表编制相关的内部控制，以设计恰当的审计程序，但目的并非对内部控制的有效性发表意见。审计工作还包括评价管理层选用会计政策的恰当性和作出会计估计的合理性，以及评价财务报表的总体列报。

我们相信，我们获取的审计证据是充分、适当的，为发表审计意见提供了基础。

三、导致否定意见的事项

如财务报表附注×所述,ABC公司的长期股权投资未按企业会计准则的规定采用权益法核算。如果按权益法核算,ABC公司的长期投资账面价值将减少×万元,净利润将减少×万元,从而导致ABC公司由赢利×万元变为亏损×万元。

四、审计意见

我们认为,由于受到前段所述事项的重大影响,ABC公司财务报表没有按照企业会计准则和《××会计制度》的规定编制,未能在所有重大方面公允反映ABC公司20×1年12月31日的财务状况以及20×1年度的经营成果和现金流量。

××会计师事务所（盖章）

中国注册会计师:×××（签名并盖章）

中国注册会计师:×××（签名并盖章）

中国××市

二○×二年×月×日

附5:无法表示意见的审计报告

审计报告

ABC股份有限公司全体股东:

我们接受委托,审计后附的ABC股份有限公司(以下简称ABC公司)财务报表,包括20×1年12月31日的资产负债表,20×1年度的利润表、股东权益变动表和现金流量表以及财务报表附注。

一、管理层对财务报表的责任

按照企业会计准则和《××会计制度》的规定编制财务报表是ABC公司管理层的责任。这种责任包括:①设计、实施和维护与财务报表编制相关的内部控制,以使财务报表不存在由于舞弊或错误而导致的重大错报;②选择和运用恰当的会计政策;③作出合理的会计估计。

二、导致无法表示意见的事项

ABC公司未对20×1年12月31日的存货进行盘点,金额为×万元,占期末资产总额的40%。我们无法实施存货监盘,也无法实施替代审计程序,以对期末存货的数量和状况获取充分、适当的审计证据。

三、审计意见

由于上述审计范围受到限制可能产生的影响非常重大和广泛，我们无法对ABC公司财务报表发表意见。

××会计师事务所（盖章） 中国注册会计师：×××（签名并盖章）

中国注册会计师：×××（签名并盖章）

中国××市 二〇×二年×月×日

一、单项选择题

1. 当存在可能对财务报表产生重大影响的不确定事项，且不影响已发表的意见时，注册会计师应当考虑审计报告的类型是（　　）。

A. 在意见段之后增加强调事项段　　B. 在意见段之前增加说明段

C. 出具保留意见　　D. 出具无法表示意见

2. 当前任注册会计师针对上期财务报表出具的审计报告为非无保留意见的审计报告时，如果导致非无保留意见的事项虽已解决，但对本期仍很重要，注册会计师应当考虑的是（　　）。

A. 出具标准无保留意见　　B. 出具否定意见

C. 出具保留意见　　D. 出具非无保留意见

3. 如果需要修改已审计财务报表而被审计单位拒绝修改，并且该事项的存在使注册会计师发表无保留意见的条件不再具备，注册会计师应当出具的审计报告类型是（　　）。

A. 带强调事项段的无保留意见　　B. 否定意见

C. 保留意见　　D. 保留意见或否定意见

二、多项选择题

1. 注册会计师在评价财务报表的合法性时，应当评价管理层的下列事项（　　）。

A. 选择和运用的会计政策是否符合适用的会计准则和相关会计制度并

适合于被审计单位的具体情况

B. 管理层作出的会计估计是否合理

C. 管理层是否承诺财务报表不存在重大错报,包括舞弊

D. 财务报表是否作出充分披露

2. 注册会计师在评价财务报表的公允性时,应当考虑的内容有(　　)。

A. 经管理层调整后的财务报表是否与注册会计师对被审计单位及其环境的了解一致

B. 财务报表的列报、结构和内容是否合理

C. 财务报表是否真实地反映了交易和事项的经济实质

D. 财务报表使用者是否确认不存在重大错报

3. 审计报告的引言段应当说明被审计单位的名称和财务报表已经过审计,并包括下列内容(　　)。

A. 指出构成整套财务报表的每张财务报表的名称

B. 提及财务报表附注

C. 指明财务报表公允反映了被审计单位的财务状况、经营成果和现金流量

D. 指明财务报表的日期和涵盖的期间

4. 标准审计报告包含的要素有(　　)。

A. 审计报告要素齐全

B. 属于无保留意见

C. 不附加说明段

D. 不附加强调事项段或任何修饰性用语

5. 注册会计师在确定审计报告日期时,应当考虑的事项有(　　)。

A. 应当实施的审计程序已经完成

B. 应当提请被审计单位调整的事项已经提出,被审计单位已经作出调整或拒绝作出调整

C. 管理层已经正式签署财务报表

D. 该会计师事务所内部控制已经审核

项目12　整理及归档审计档案

知识目标：

通过本项目的学习，使学生学会区分永久性档案和当期档案。

技能目标：

通过本项目的学习，让学生会进行审计档案的整理、装订、归档工作。

任务　整理及归档审计档案

审计档案是会计师事务所在完成审计项目之后，将审计报告、审计工作底稿、各种审计证据和资料，按一定的要求归类、装订、立卷的文件总称。它是审计工作的真实记录，是考察审计工作，研究审计历史的必要资料。审计档案也是会计师事务所档案的重要组成部分。

审计档案应当按照集中统一管理的原则来建立。会计师事务所要设立档案管理机构，配备专职或兼职的档案人员，集中统一管理事务所的档案。

审计档案主要包括两大部分，一部分是永久档案，一部分是当期档案。因此，在整理审计档案的过程中，首先要区分清楚哪些属于永久性档案，哪些属于当期档案。永久性档案是指那些记录内容相对稳定，具有长期使用价值，并对以后审计工作具有重要影响和直接作用的审计档案。当期档案是指那些记录内容经常变化，主要供当期和下期审计使用的审计档案。例如，总体审计策略和具体审计计划。

下面以永久性档案为例完成审计档案的整理。

一、建立永久性档案的封面

封面至少包括以下要素：

①客户名称；

②报告编号；

③会计期间；

④项目组成员；

⑤其他。

永久性档案的封面：

<table>
<tr><td colspan="5">永久性档案</td></tr>
<tr><td colspan="3">客户名称</td><td colspan="2">福建冠福现代家用股份有限公司</td></tr>
<tr><td colspan="3">报告编号</td><td colspan="2">中闽瑞审字[2011]第 A0001-01-1 号</td></tr>
<tr><td colspan="3">会计期间</td><td colspan="2">2010 年度</td></tr>
<tr><td colspan="5">项目组成员</td></tr>
<tr><td>姓　名</td><td>李　明</td><td>王　勇</td><td>张　浩</td><td>黄　维</td></tr>
<tr><td>职　位</td><td>项目经理</td><td>审计助理</td><td>审计助理</td><td>审计助理</td></tr>
<tr><td colspan="3">装订人</td><td colspan="2">张三</td></tr>
<tr><td colspan="3">装订日期</td><td colspan="2">2011 年 5 月</td></tr>
</table>

二、编制档案目录

永久性档案主要包括三个部分：

①审计项目管理资料，主要包括被审单位基本情况、审计业务约定书等资料。

②被审单位背景资料，主要包括企业的组织结构、投资各方的情况等资料。

③法律事项资料，包括有关设立、经营的文件的复印件、董事会会议纪要、验资报告等资料。

三、审计档案的装订

按照建立的档案目录把审计项目中涉及的相关资料分类整理后，按索引号进行排序。这样审计档案的整理工作基本就完成了。整理好的档案要装订起来。

装订前,要准备好铁锤、装订机或小手电钻,以及线绳、铁夹、胶水、档案封皮、打号机等。审计档案的装订要牢固、整齐、美观、不丢页、不错页、不压字、不订反、不损坏文件、不妨碍利用。主要应注意以下几个方面:

①将档案资料中的金属物去掉,如订书针、大头针、曲别针等。

②档案材料装订时应以左侧和下侧为准取齐。

③审计档案通常均为A4纸张大小,对大于A4的资料应该折成A4纸大小后再装订,对未留装订线的或纸面小于A4纸张的档案资料需在左边粘贴纸条或托裱在A4纸张上再装订。

④装订的档案资料一般不应超过两百页(厚度1.5~2.0厘米),超过的部分按审计文件资料的顺序适当分卷装订。

⑤审计档案的装订可以采用订本式装订法。这种方法要用三孔一线方法装,即在案卷左边,以7~8厘米间隔采孔,自左下第一个空始起,顺次穿过空洞,线结打在背面。

⑥通常应在档案装订完毕之后再统一编制档案号码。每卷均独立编写页号。一个审计项目立若干卷时,每卷均应重新编写页号。

四、审计档案的归档

审计档案装订完成之后,应在规定时间内移交档案室保管。档案管理人员在接受审计档案前要先按照档案管理的要求检查审计档案要件是否齐全、卷内文件排列是否规范、装订是否符合要求等。验收合格后,档案交接双方在交接单上签字,并登记业务档案管理台账。

在审计档案归档过程中要注意以下几点:

①在交接过程中,要以审计项目案卷为单位进行交接。

②根据档案项目案卷的使用价值确定保管期限。

③审计档案在划定保管期限的基础上,采用"年度——委托单位"的方法排列和编目录。审计案卷排列方法一经确定,不得随意变动。

④按卷内文件的最高机密及其保密期限确定审计档案的密级及其保密期限,并由档案管理室管理人员按有关规定作出标志。

⑤将新归档的审计档案编入业务档案案卷索引目录(总目录)以及业务档案的分类目录或专题目录(如客户目录等)。

参考文献

[1] 熊南永. 审计学[M]. 北京:立信会计出版社,2005.
[2] 中国注册会计师协会. 中国注册会计师执业准则指南[M]. 北京:中国财政经济出版社,2006.
[3] 邢玉敏. 审计学 [M]. 北京:电子工业出版社, 2009.
[4] 周海彬. 审计实务[M]. 成都:西南财经大学出版社,2009.
[5] 罗文. 审计[M]. 长春:吉林大学出版社,2009.
[6] 王娜. 审计学 [M] . 北京:中国经济出版社,2010.
[7] 滕萌. 审计实务[M] . 北京:清华大学出版社,2010.
[8] 胡中艾. 审计学[M]. 大连:东北财经大学出版社,2010.
[9] 高贵銮. 企业财务审计 [M] . 北京:清华大学出版社,2011.
[10] 涂申清. 审计业务操作 [M] . 北京:北京大学出版社,2011.
[11] 中国注册会计师协会. 审计[M] . 北京:中国财政经济出版社,2011.

参考答案

上篇　审计准备

一、单项选择题

1—5:DCDAD　6—10:ACCDB　11—15: AAACC　16—19:CBAB

二、多项选择题

1. BCD　2. CD　3. ABCD　4. ABD　5. BCD　6. AC

7. BC　8. CD　9. ABCD　10. ABC　11. ABC　12. AD

三、简答题

1.(1)产生不利影响。如果审计客户长期未支付应付的审计费用,尤其是大部分费用在下一年度出具审计报告之前仍未支付,可能因自身利益产生不利影响。

(2)不产生不利影响。会计师事务所可以提供这样的帮助,但借调员工不应为审计客户提供不允许提供的非鉴证服务或承担审计客户的管理层职责。该注册会计师从事的记账凭证输入工作不属于编制鉴证业务对象的数据和其他记录,并且该注册会计师不属于鉴证小组成员,不产生自我评价对独立性的不利影响。

(3)产生不利影响。执行公众利益实体审计业务的关键审计合伙人,其任职时间不应超过5年。在这段时间结束后的2年内,该人员不应再次成为项目组成员。

(4)产生不利影响。ABC会计师事务所受降低收费的压力而不恰当地缩小了审计范围,形成了对独立性的不利影响。

(5)不产生不利影响。为V公司提出会计政策选用及会计处理调整的建议等属于审计工作的一部分。

2.(1)不能依赖。验收单属于内部证据。当内部控制制度具有严重缺陷的情况下,内部证据的可靠性是较低的。

(2)可以依赖。该证据是注册会计师亲自参与监盘得到的证据,因此它的可靠程度较高。

(3)不能依赖。被审计单位管理层声明书是一种可靠性较低的内部证据。在内部控制有严重缺陷的情况下它的可靠性较低。

(4)可以依赖。分析程序通过对一些趋势、比率等分析可以发现会计资料中的异常变动,在内部控制具有严重缺陷的条件下这种异常波动将更为突出,从而确定出审计重点。

中篇　项目四

一、单项选择题

1—5:DCCAB　6—10:BCCDB

二、多项选择题

1. ABC　2. ABCD　3. ABD　4. ACD　5. ABCD　6. ABC

中篇　项目五

一、单项选择题

1—5:DDBDB　6—10:BBCCC　11—13:CBC

二、多项选择题

1. ABCD　2. AC　3. ABD　4. ABD　5. ABCD　6. ABCD

7. AD　8. AC　9. ABCD　10. ABC　11. BCD　12. ABCD

三、简答题

1. 内容(1)中可能存在两个问题:

一是坏账准备年末余额 1 655.3 万元 ÷ 应收账款年末余额 16 553 万元 = 10%,仍然按期末应收账款余额的 10% 计提坏账准备,没有进行会计估计变更,按照账龄分析法计提坏账准备,实际应计提 10 915 ×1% +1 399 ×5% +1 365 × 10% +2 874 ×60% =2 040(万元);

二是应收账款账龄分析中,"2 ~3 年"和"3 年以上"这两部分的年初数之和仅 2 582 万元,而"3 年以上"的年末数却为 2 874 万元,通常,在公司 2010 年度未发生并购、分立和债务重组行为等的前提下是不可能的。

内容(2)中可能存在一个不合理之处:X 产品 2010 年销售毛利率为

17.56%，大大高于2009年的5%，既然公司2010年的供产销形势与上年相当，通常应维持大致相当的销售毛利率水平。

2.(1)A注册会计师执行的截止测试的具体方法是，从资产负债表日前后若干天的销售明细账记录追查至记账凭证，检查其发票存根和发运凭证，其目的是证实已入账的收入是否在同一期间开具发票并发货，有无多记或漏记收入的情况。

(2)X公司销售明细账中2010年12月30日(发票号:7892)和2010年12月31日(发票号:7893)均属于提前入账的销售业务。调整分录为：

借:营业收入　　23.00

　应交税费——应交增值税(销项税额)　　3.91

　贷:应收账款　　26.91

借:存货　　13.8

　贷:营业成本　　13.8

(3)X公司不一定存在推迟入账的问题。尽管通过截止测试发现有1笔2011年1月2日入账的销售业务其发票和发运凭证均是2010年12月31日的，但这并不能完全表明该销售已经符合销售商品收入确认的条件。在审计时，对此情况注册会计师还应结合具体的情况确定在2010年12月31日是否能确认为收入。如果在2010年末能够确认收入，则X公司存在推迟入账的问题；否则，就不存在。

四、综合题

1.(1)利润表中的重点审计项目包括：

第一，营业收入。2010年度的营业收入较2009年度增长了43%，而Y公司2010年度的经营形势、管理及组织结构与2009年度比较未发生重大变化，且未发生重大重组行为，所以，这种大幅度增长属于异常。

第二，营业成本。Y公司2009年度的平均毛利率为15%，而2010年度的平均毛利率却高达22.7%，在当年的经营形式与上年相当的情况下，毛利率的大幅增长属于异常。

第三，管理费用。在2010年度收入大幅增加的同时，管理费用不增反降属于异常。

第四，营业外收入。2010年度取得大额营业外收入，较2009年大幅增长。营业外收入属于非经营性项目，且金额较大，所以应将营业外收入作为重点项目。

第五,所得税费用。2009 年度的所得税为当年利润总额的 30%,而 2010 年的所得税仅为当年利润总额的 15.8%,与 25% 的所得税税率存在重大差异,对此注册会计师应引起注意。

(2)管理费用应重点审计的项目包括办公费项目和业务招待费。这两个项目在 2010 年度较 2009 年度均有所降低,在收入增长的情况下,这属于异常,注册会计师应特别关注。

(3)资料三中的(1)能确认收入。

资料三中的(2)不确认收入。该销售退回属于应调整的资产负债表日后事项,而 Y 公司作为新年度的事项处理。注册会计师应建议的调整分录为:

借:营业收入　　1 000

　应交税费——应交增值税(销项税额)　　170

　贷:应收账款　　1 170

借:存货　　850

　贷:营业成本　　850

(4)针对资料四中的(1),注册会计师应首先检查与丙公司的销售合同,确认合同规定的收款日期;其次检查 2010 年 12 月 29 日及以后的银行存款对账单和银行存款日记账以及相关会计记录,确定 Y 公司收到货款的日期,若 12 月 31 日以后收到,则只能确认该应收账款的存在。如果在 12 月 31 日前 Y 公司已经收到货款,则提请 Y 公司冲减该应收账款。

针对资料四中的(2),注册会计师应检查 Y 公司该业务的发票、发运凭证和相关的货运单据,以确认收入是否属实。如果证实该货物尚未发出,则可确定 Y 公司提前确认收入并提请冲减收入和应收账款等。

针对资料四中的(3),注册会计师如果能够获取到正确的地址,可以再发函询证;如果无法获取正确的地址就应检查与销售有关的合同、发票、发运凭证等,以验证应收账款的真实性。

(5)对事项(1)建议调整,补提长期股权投资减值准备:

借:资产减值损失 3 000

　贷:长期股权投资——长期股权投资减值准备 3 000

对事项(2)建议 Y 公司在财务报表附注中披露。

对事项(3)建议调整,计提存货跌价准备:

借:资产减值损失　　12

　贷:存货——存货跌价准备　　12

中篇　项目六

一、单项选择题

1—5:ABCAD　6—10:CBCDA

二、多项选择题

1. ABC　2. ACD　3. BC　4. ABD　5. AB

6. ACD　7. ABC　8. BC　9. ABC

三、1.(1)①存在缺陷:采购部门的人员不能验收商品;

理由:采购与验收是不相容的岗位。

建议:验收商品应当由验收部门的人员进行验收。

②没有缺陷。

③存在缺陷:超过剩余赊销信用额度的销售,在职员 E 审批后,还需获得经授权的信用审核部门经理 F 的审批。

理由:如果超过赊销信用额度的销售,则全部销售应该由经授权的信用审批部门经理 F 批准,而不仅仅是超过部分的销售。

建议:超过赊销信用额度的销售,则全部销售应该由经授权的信用审批部门经理 F 批准。超过信用审核部门经理 F 的授权,这应该集体决策。

④存在缺陷:会计部门职员 G 一人登记主营业务收入和应收账款的明细账。

理由:登记收入明细账和应收账款明细账的职员应当是两个人。

建议:由两个人分别登记收入明细账和应收账款明细账。

(2)第一项与已经发生的购货业务均已记录这一控制目标相关。

控制测试是:检查订货单连续编号的完整性。检查验收入库单的完整性。

(3)对于第(1)事项主要和存货、应付账款的计价和分摊有关。

第(2)事项与存货和应付账款的存在认定相关。

中篇　项目七

一、单项选择题

1—5:CBBAC　6—10:DDDBD　11—15:DADCC　16—18:BAB

二、多项选择题

1. ABC　2. BD　3. ABC　4. BCD　5. ABCD

6. ABD　7. ACD　8. BC　9. BC　10. AC

三、简答题

1.(1)对所有权不属于被审计单位的存货,注册会计师应当取得其规格、数量等有关资料,确定是否已分别存放、标明,应当建议XYZ公司把代管和自身的存货单独摆放,并关注XYZ公司是否把代管存货纳入存货盘点表中。

(2)如果检查时发现差异,注册会计师应当查明原因,及时提请被审计单位更正。如果差异较大,注册会计师应当扩大抽查范围或提请被审计单位重新盘点。

(3)注册会计师应当追加审计程序,查阅有关的购销协议、结算凭证,以证实运输部门的乙产品的所有权。同时,结合截止测试证实销售是否实现,如果销售尚未实现,则产品乙应列入XYZ公司的存货盘点范围之中。

(4)如果由于被审计单位存货的性质或位置等原因导致无法实施存货监盘,注册会计师应当考虑能否实施替代审计程序,获取有关期末存货数量和状况的充分、适当的审计证据。注册会计师实施的替代审计程序主要包括:检查进货交易凭证或生产记录以及其他相关资料;检查资产负债表日后发生的销货交易凭证;向顾客或供应商函证。

(5)对被审计单位已作质押的存货,注册会计师应当向债权人函证。如果此类存货的金额占流动资产或总资产的比例较大,注册会计师还应当考虑实施存货监盘或利用其他注册会计师的工作。

2.(1)监盘是现场监督被审计单位各种实物资产及现金、有价证券等的盘点;并进行适当抽查,可以获取实物证据。但是现金监盘与存货监盘还是存在下列不同之处:

①盘点的范围不同。注册会计师对全部现金进行监盘,而对于存货,注册会计师只是在监督的基础上进行适当的检查。

②盘点的内容不同。注册会计师对现金监盘,监盘的对象是现金,而进行存货监盘,监盘的对象是存货。

③盘点的程序有所不同。注册会计师进行存货监盘,要进行盘点问卷调查,而进行现金监盘则不需要。

④盘点的时间不同。现金监盘一般是在外勤审计过程中进行,而存货监盘一般是在资产负债表日或在接近资产负债表日进行。

⑤盘点的要求不同。现金监盘要求实施突击性检查,而存货监盘则要求事先通知,并召开盘点预备会议。

中篇　项目八

一、单项选择题

1—6:BDBCBB

二、多项选择题

1. AB　2. ACD　3. ABD　4. ABCD　5. ABC
6. BCD　7. AD　8. AD　9. BCD　10. BCD

中篇　项目九

一、单项选择题

1—5:CABCD　6—9:DDCB

二、多项选择题

1. BCD　2. ABC　3. BD　4. ABCD　5. CD　6. ABC　7. ACD

下篇　项目十一

一、单项选择题

1—3:ADC

二、多项选择题

1. ABD　2. ABC　3. ABD　4. ABCD　5. ABC